情感忽视

如何克服母亲情感缺席的影响

[美]贾丝明·李·科里 著　赵晓曦 译
Jasmin Lee Cori

The
Emotionally
Absent
Mother

How to Recognize and Heal the Invisible Effects
of Childhood Emotional Neglect

THE EMOTIONALLY ABSENT MOTHER, 2ND EDITION: HOW TO RECOGNIZE AND HEAL THE INVISIBLE EFFECTS OF CHILDHOOD EMOTIONAL NEGLECT by JASMIN LEE CORI

Copyright © 2010, 2017, 2024 by Jasmin Lee Cori
Originally published in the U.S. in 2017 by The Experiment, LLC. This edition published by arrangement with The Experiment, LLC.

© 中南博集天卷文化传媒有限公司。本书版权受法律保护。未经权利人许可，任何人不得以任何方式使用本书包括正文、插图、封面、版式等任何部分内容，违者将受到法律制裁。

著作权合同登记号：图字 18-2024-008

图书在版编目（CIP）数据

情感忽视：如何克服母亲情感缺席的影响 /（美）贾丝明·李·科里（Jasmin Lee Cori）著；赵晓曦译. -- 长沙：湖南文艺出版社，2024.4
书名原文：The Emotionally Absent Mother, 2nd edition: How to Recognize and Heal the Invisible Effects of Childhood Emotional Neglect
ISBN 978-7-5726-1693-8

Ⅰ. ①情… Ⅱ. ①贾… ②赵… Ⅲ. ①心理学 Ⅳ. ① B84

中国国家版本馆 CIP 数据核字（2024）第 052016 号

上架建议：畅销·心理学

QINGGAN HUSHI:RUHE KEFU MUQIN QINGGAN QUEXI DE YINGXIANG
情感忽视：如何克服母亲情感缺席的影响

著　　者：	［美］贾丝明·李·科里
译　　者：	赵晓曦
出 版 人：	陈新文
责任编辑：	张子霏
监　　制：	董晓磊
策划编辑：	鞠　素
特约编辑：	张　雪
营销编辑：	木七七七_
版权支持：	张雪珂
版式设计：	李　洁
封面设计：	潘雪琴
内文排版：	百朗文化
出　　版：	湖南文艺出版社
	（长沙市雨花区东二环一段 508 号　邮编：410014）
网　　址：	www.hnwy.net
印　　刷：	河北鹏润印刷有限公司
经　　销：	新华书店
开　　本：	875 mm×1270 mm　1/32
字　　数：	269 千字
印　　张：	12
版　　次：	2024 年 4 月第 1 版
印　　次：	2024 年 4 月第 1 次印刷
书　　号：	ISBN 978-7-5726-1693-8
定　　价：	59.80 元

若有质量问题，请致电质量监督电话：010-59096394
团购电话：010-59320018

赞　誉

贾丝明·李·科里以其慈悲与通透之心描绘了母爱缺失的影响以及克服这一困境的方法。对真正想为孩子打造满怀爱意的养育环境的新手妈妈、终于打定主意要填补心中空洞的成年子女，以及对理解和治愈母爱创伤感兴趣的临床医生而言，本书都具有重要价值。

——伊夫琳·巴索夫博士
心理治疗师，著有《母亲与女儿：爱与放手》
（*Mothers and Daughters: Loving and Letting Go*）

本书对没有得到足够养育的人来说是一种启示。作者将发展原则融入富有同情心的理解之中，以敏锐而可信的方式描述了母爱缺失的影响。

——康妮·道森博士
与贾丝明共同著有《重新长大：养育自己，养育我们的孩子》
（*Growing Up Again: Parenting Ourselves, Parenting Our Children*）

贾丝明·李·科里出色地描述了童年期依恋需求的重要性，以及当情感缺失型母亲无法充分满足这些需求时所造成的心理创伤。她步步精心地为遭受创伤的成年人列出了可以参照的明确步骤，来帮助其识别自己的内在力量并治愈依恋创伤。我由衷地推荐本书，希望所有曾与情感缺失型母亲共处，且有意了解并治愈因此而产生的创伤的子女都能从中获益。

——雪莉·简·施密特

心理学硕士，持照心理咨询师，著有《发展需求满足策略：治疗童年创伤和依恋创伤的成人自我状态疗法》（*The Developmental Needs Meeting Strategy: An Ego State Therapy for Healing Adults with Childhood Trauma and Attachment Wounds*）

贾丝明·李·科里以高度共情及坚定不移的笔触引导读者了解那些在成长过程中没有得到充分情感养育的成年人所面临的困境。依托作为心理治疗师的个人经历和实践经验，她提供了洞见与工具，以此帮助读者克服痛苦童年的挑战，充分享受成年生活的乐趣。

——凯瑟琳·布莱克

心理学硕士，心理治疗师，著有《没有地图的养育：寻找内心的好妈妈》（*Mothering Without a Map: The Search for the Good Mother Within*）

本书驾轻就熟地将神经科学与临床洞察交织在一起，这是一部极富深度的优秀作品。贾丝明·李·科里对母职重要性的分析引人入胜而又令人心碎，这使得本书具备了可与爱丽丝·米勒的《童年囚徒》（*Prisoners of Childhood*）相提并论的重要价值。该书通俗实用，是准父母、职业助人者以及因父母养育疏忽而遭受创伤的成年人的必读书目。

——凯特·克劳利

职业治疗博士，注册职业治疗师，南加州大学兼职教师，

婴儿心理健康专家

献给在缺失中侥幸存活,

即便母亲就在眼前,

却从未感受到母爱的小孩。

本书为你们而作。

妈妈，你在哪里

我最初蹒跚学步，
踉跄站立，骄傲至极，
一如小鸟学会飞翔，欣喜若狂，
回头望去，笑容即刻就要绽放，
却找不到你。
妈妈，你在哪里？

我首次步入学堂，
校车嘈杂，咔嗒作响，
载我去往新鲜地方，
孩童拥挤，大人目送，
举目处处，皆为陌生景象。
妈妈，你在哪里？

我初次哭着回家，
成为笑柄，被同伴轻狂，
刺耳话语，萦绕心间，
我渴望得到安慰，
你却默不作声，当作无妨。

老照片上有你的身影，

记忆中你却从不在我身旁。
想不起曾被你拥抱或是安抚,
也忆不出有过什么特别的时刻,只有我俩在场,
记不清你的味道,
脑海中也没有你抚摸我时,我满足的模样。

我只记得你眼睛的色彩,
眼底的痛苦——
那痛苦隐匿在深处,
一如那深埋于面具之下的其他事物,
令我找不到方向。

你看向我,却从没看见过我。
母爱的温暖从未抵达过女儿的心房。
妈妈,为何我们会错失彼此?
你在哪里?
是不是因为我,你才做了这些事情?

——贾丝明·李·科里

目 录
Contents

本书介绍 /001

第一部分　我们需要从母亲那里得到什么

第一章　母亲的养育

母亲是我们的生命之树，为我们提供庇护，带来滋养。如果我们从母亲那里得到了足够好的养育，我们便能够拥有健康的自信、主动性、修复能力、信任感、合理的力量感、自尊心，以及在这个充满挑战的世界上"升级打怪"所必备的许多其他特质。

母亲是生命之树 /004

生命源于母亲 /006

什么样的人才能成为"好妈妈" /007

足够好的妈妈 /009

"好妈妈"传达出的信息 /010

当"好妈妈"缺席时会发生什么 /015

母爱缺席意味着什么 /018

第二章 "好妈妈"的多种面貌

母亲可作为你的"脚手架",让你放心依赖;可作为你的"啦啦队长",为你加油喝彩;也可作为你的"镜子",让你更好地看清自己……如果母亲能发挥这些功能,我们就能少走很多弯路,少体验很多悲伤。

作为源泉的母亲 /023

作为依恋对象的母亲 /025

作为第一响应者的母亲 /027

作为调节器的母亲 /029

作为养育者的母亲 /032

作为镜子的母亲 /034

作为啦啦队长的母亲 /037

作为导师的母亲 /039

作为保护者的母亲 /043

作为大本营的母亲 /045

第三章 依恋:最初的基石

依恋关系是孩子和其依恋对象之间的黏合剂,它对孩子的大脑发育,以及自尊感、安全感、情绪灵活性、社交能力、认知能力、开创性等的发展至关重要。哪怕你从没产生过安全依恋,也可以从现在起去尝试建立它,任何时候开始都不晚。

依恋如何产生,什么是安全依恋 /048

依恋为何如此重要 /050

怎么知道我和母亲的依恋关系是否安全 /053

不安全的依恋关系的特点 /054

什么是依恋创伤 /060

也许我与母亲之间的依恋并不安全，但那真的是她的错吗 /061

过往的依恋关系并不完备，我还有救吗 /063

判断自己的依恋风格 /064

同一个人可以属于多种依恋风格吗 /067

我与母亲的关系会影响我在未来的人际关系吗 /068

改变依恋模式有多难 /069

第四章 其他养育模块

除了健康的依恋关系外，对安全感、归属感的培养，给予我们幸福的环境，尊重我们的天性，等等，都有助于我们进一步发展自我意识。这些都仰赖于爱的存在。爱本身就是一种媒介，它是我们成长的最佳土壤，每颗心都只有在被爱的时候才能得到滋养。

安全感 /072

幸福家园 /074

出了问题也是可以解决的 /076

归属感 /077

萌芽中的自我 /077

成长环境 /078

支持孩子做孩子 /080

抚触 /082

爱是媒介，爱是信息 /085

第二部分　当养育出现问题

第五章　妈妈，你在哪里

当感觉到自己对母亲并不重要时，我们心中就会出现一个空洞。那感觉就像是心被掏空，留下一片荒芜。我们会为自己被母亲拒绝而感到痛苦，会误以为这是因为自己的需求太多、太过分。反过来，我们甚至会因此渐渐在内心筑起高墙，阻止母亲的进入，以此回应母亲曾经的情感缺席。

母亲失职留下的空洞 /090

对母亲陪伴的需求 /093

当母亲情感缺席时会发生什么 /094

母亲为什么会在情感上缺席 /097

孩子会如何理解母亲在情感上的缺席 /099

"丧偶式育儿"家庭 /100

为什么有些孩子遭受的痛苦更多 /101

"双向奔赴"的对抗 /103

第六章　与情感缺席型母亲一起生活

有的母亲外表看似称职，事实上在养育过程中却是情感缺席的。这类母亲通常能够满足孩子的生理需求，但却无法履行"好妈妈"的许多基本功能。情感缺席型母亲会让我们觉得她就像一具雕像，或者一个机器人。我们也许会在认知层面相信自己被爱，却无法在感受层面真正体会到被爱的感觉。

那个戴面具的女人是谁 /106

母亲能给的东西很少 /108

缺乏对孩子的指导 /109

错失连接的机会 /111

机器人妈妈 /112

有人照看和关心你吗 /115

毫无头绪的母亲 /116

求助无门的子女 /117

我就像个没妈的孩子 /119

消失的"锚" /121

没有母亲，就没有自我 /122

第七章　童年期的情感忽视与虐待

情感虐待是父母对我们做了某事——它是一种行动,是有意为之;而情感忽视则恰恰相反,它是不行动,是无心之失。受到情感虐待和情感忽视的孩子面临的心理健康问题与受到身体虐待或性虐待的孩子十分相似,有时甚至更加严重。

什么是情感忽视 /126

情感忽视与情感虐待的不同 /127

情感忽视和情感虐待带来的伤害 /130

童年期情感忽视的影响 /132

情感虐待的附加影响 /138

第八章　母亲出了什么问题

一个情感缺席的母亲,即使在其他方面无可挑剔,也会有所缺失;而情感虐待型母亲缺失的东西会更多。也许母亲真的不知道怎样才是更好的养育方式,或者她自身就存在情感或心理缺失,又或者她的工作与生活失衡,等等,由此在养育我们的过程中呈现出冷漠、善妒、易怒、刻薄等状态。

母亲不知道什么才是更好的养育 /150

情感封闭的母亲 /151

母亲从未长大 /153

母亲为何无法给予 /154

母亲是否患有心理疾病 /155

小心母亲的愤怒 /160

刻薄的母亲 /161

"疯狂"的母亲 /162

总在"变脸"的母亲 /163

不懂关系的母亲 /165

母亲究竟为什么要"蒙住双眼" /166

第三部分　疗愈养育创伤

第九章　疗愈的过程

要开启康复过程，我们需要在保护自己免受内心深处的伤害的同时，揭开创伤，释放淤积已久的情绪。在此过程中，我们需要学会面对自己的情感，包括震惊、愤怒、孤独、恐惧、羞耻、困惑、痛苦、悲伤。

掩饰 /172

发现创伤 /173

将"缺陷"修正为不足 /175

处理感受 /176

写日记 /179

愤怒对疗愈的力量 /180

悲伤 /185

告别过去 /188

第十章 与"好妈妈的能量"建立连接

为了达到疗愈的效果,我们不仅要承认及哀悼有些东西已经失去,还要想办法弥补。我们可以选择与"好妈妈"的原型建立连接,找到其他能够代替"好妈妈"的人,或在重要关系中解决那些未解决的问题,满足我们未被满足的需求。

向"好妈妈"敞开心扉 /192

原型 /193

使用意象与符号 /195

接受"好妈妈"的"好" /196

寻找"好妈妈"的第二次机会 /197

与伴侣共同填满养育的匮乏 /199

过往的复现 /202

安全浪漫依恋的疗愈力量 /204

你的"便携式好妈妈" /207

第十一章 聚焦内在小孩的疗愈工作

孩童时期会为人的成年生活打下根基。遗憾的是,我们中的一些人在童年时期承受了太多的创伤,即便长大了,也只是变成了伤痕累累的大人。这些创伤会时不时涌上心头,让我们做出不成熟的举动。好在,疗愈童年创伤,什么时候开始都不晚。

内在小孩疗愈工作概述 /212

孩子是自我之母 /215

"各部分的工作" /216

天赋与负担 /221

当内在小孩的疗愈工作变得复杂 /222

此时的困境源于彼时的艰难 /225

从母亲那里解脱 /226

成为自己的最佳母亲 /232

为孩子创设一个安全的环境 /236

共处时间 /237

利用"好妈妈"的信息 /238

疗愈不被爱的小孩 /241

改变想法 /242

第十二章 心理治疗：有关母亲的议题及养育需求

处理情感忽视和虐待是一项相当缓慢的工作，有时需要心理治疗师的介入和帮助。大多数类型的治疗里都会有一些也许能够奏效的疗法，我们可以选择其中一种或多种疗法。倘若治疗的过程顺利，我们就会获得成长，学会容忍自己的脆弱，并允许他人进入自己的内心。

治疗与"好妈妈"的相似之处 /246

依恋导向治疗工作中的一些特殊问题 /248

治疗中的身体接触 /250

重新养育 /252

从孤立到安全依恋 /256

从挫折到满足 /259

作为"榜样母亲"的治疗师 /260

给治疗师的建议 /261

第十三章　更多治疗步骤及实操技巧

与其回望缺席的母亲，继而陷入无法填补的空洞感中，不如从这种感受中走出来，评估自己心中有哪些具体的空洞需要填补，从中识别出自身需求，来主动采取行动去满足。我们会发现，几乎所有需求的满足都会带来自信感的萌发。

识别特定的"空洞" /265

主动采取行动 /267

缺乏支持所导致的空洞 /269

现在就去获取支持 /271

自信的感觉 /274

找到自己的力量 /276

保护珍视之物 /277

展现自我，让自己被看见 /279

在生活之网中占据一席之地 /280

驾驭情感的海洋 /282

悦纳自己的需求 /285

培养亲密的能力 /288

接受有益的抚触 /289

走出匮乏意识 /290

接纳美好 /292

练习好好照顾自己 /295

"万金油" /298

第十四章　改写你的故事

理解母亲的故事，探索它如何影响我们自己的故事，以及这种影响是如何在代与代间传递的。尽管疗愈的过程永远不会真正结束，但伤害却是有终点的，多年后的我们或许会将创伤视为一份遥远的回忆。

母亲的故事 /300

你的故事 /305

母子共舞 /306

评估可能性 /307

保持礼貌但有距离的关系 /309

强化边界 /310

说出真相 /312

离开母亲 /314

体验内在的分离 /316

迈向更疗愈的关系 /316

我该选择宽恕吗 /319

要是自己就没得到过良好的养育，我还能成为好父母吗 /322

坚持做自己，保持自我 /324

疗愈是否有尽头 /325

附录　三种母亲，三种信息：可视化指导 /327

注　释 /332

资　源 /342

致　谢 /352

关于作者 /354

本书介绍

人生中很少有体验会如子女对母亲的情感一般深刻。在这些情感中，某些部分的根源已经迷失在了前语言期的黑暗之处，无从探究。其枝杈却延伸向了四面八方，有的枝杈生逢其时，能沐浴在阳光之下，另一些则惨遭折断，留下锋利棘手且参差不齐的边缘部分。而落到我们头上的，可能恰好就是后一种。"母亲"这个话题，远比我们想象得复杂。

无论是在文化层面还是心理层面上，我们对母亲的感觉都常常是反复无常和矛盾纠结的。"母亲"与"苹果派"一样，作为美国的民族精神，它们都备受推崇，但反观我们的国家政策，二者却总被忽视，比方说，相比于其他发达国家，我们的家庭休假政策尤显不足，这说明我们对母亲不够重视。倘若我们真的看重母职，就该为母亲提供更多的经济支持、家庭辅助以及教育保障。但目前的情况是：人们将母亲捧上神坛，可给予她们的支撑却少得可怜。

成年人对此是有觉知的。我们中很少有人会否认"母亲值得尊重"，大部分人也都能意识到，母爱常被视作一种理所当然的情感，而母亲的牺牲并未得到应有的感激。但是，我们当中有许多人都会隐晦地（或不那么隐晦地）对母亲所给予的东西感到不满，或是因为母亲未能提供他们所需的重要资源而心怀怨怼——无论这是不是母亲的错。而且，我们正在承受这种匮乏所带来的后果。

这些问题很敏感——不仅对母亲，对我们所有人来说都是这样。有的人为了不让母亲受到指摘，就会转而攻击那些表达不满的人，他们指责我们对母亲提出批评，认为我们是在为自身的痛苦推卸责任，这种推卸责任并不公平。诚然，我并不否认，的确有人可能会用责备母亲来转移注意力，以此逃避接受治疗的艰巨责任，但身为治疗师，我更常见到的是，人们在决定不再继续维护母亲之后，常常不得不经历巨大的愧疚感与抵触情绪。那种感觉就好像哪怕只是在心里偷偷非议一下母亲都会让人感到害怕。我们维护内在母亲的形象，否认一切可能破坏母子关系的事件，以此来保护彼此间脆弱的连接，也使自己免遭不必要的失望、愤怒及痛苦的伤害。正如我要在接下来的章节中所讲的那样，许多人不敢揭开母爱缺失的痛苦真相，因为他们还没准备好去面对真相背后所带来的一切。

任何一种关系，当其复杂程度可与母子关系比肩时，都会变得令人爱恨交织。大多数幼儿在需求被拒或愿望受挫的时候，都会体验到片刻的仇恨，尽管很多孩子不敢表达出来，因为他们与妈妈之间的纽带太过脆弱。而几乎所有的孩子都能感受到对妈妈的爱，即便这种爱意可能会被掩藏或是隔离。正如罗伯特·卡伦（Robert Karen）在其依恋研究集中所痛陈的那样：

> 几乎所有的孩子，甚至是遭到了虐待的孩子，都爱他们的父母。这是孩子的天性。他们可能会受伤、失望、陷入毁灭性的生存模式，以致无法获得自己所渴望的爱，但

依恋，哪怕是焦虑型依恋，也是一种爱。每过一年，这份爱意就会变得更遥不可及；每过一年，孩子都可能更加坚决地否认想要与他人产生连接的愿望，他甚至可能会赌咒发誓不再理会自己的父母，否认对他们的丁点爱意。但是，爱就在那里，与主动表达爱、把爱找回来的渴望一样，如烈日一般无法隐藏。[1]

卡伦的话彰显了依恋关系的复杂性。人人都需要母爱。

对母亲本人来说，母爱同样是个敏感的话题。在写作本书之初，我与已经做了妈妈的女性们分享我的写作内容，我从她们身上觉察到了些许内疚和防御。她们想表达的是："别给我这么大权力。还有很多其他因素会影响孩子的人生。他们会变成后来那样并不全是我的问题。"一点不错。人自出生之始就带着惊人的个体差异。除了母亲的养育，童年期还有许多其他因素会对孩子产生影响，包括出生顺序、与父亲的关系及父亲是否称职、环境和遗传对孩子基本生理机能的影响、家庭关系动态及家庭中的重大事件（如重大疾病），以及更广泛的文化中面临的压力。

尽管存在上述诸多因素，但对孩子来说，母亲的影响仍是无可比拟的。一个细心、能干、体贴的母亲能帮助弥补许多其他方面的不利条件，而缺失这样的母爱或许会成为孩子成长过程中最大的障碍。因为一旦母亲没有去做那必不可少且非比寻常的工作，孩子就会从根基上出现严重缺陷。

我之所以把重点放在母亲身上，并不是因为母亲需要背负比旁人更多的内疚感或是承担更大的责任，而是因为母亲所提供的养育质量会强有力地影响我们的成长。我希望读者们能在了解这些影响的过程中更好地理解自身，更重要的是，完成发展任务，治愈因母爱缺失所造成的伤害。

我希望我在此对母性角色的拆解，以及对养育的核心重要性的强调，能够帮助已为人母或将为人母的读者们调整自己的关注点。尽管在某些方面，母爱出于本能，它来自受到优质母育的母亲的代际传递，但对许多女性来说，育儿仍是需要有意识地去学习的事情。假如你不曾得到充分的养育，那么你将面临的是双线任务——治愈自己的创伤，并用一种不同于你母亲的方式来与你的孩子相处。

我曾在自己的圈子里和心理治疗实践中遇到过没有得到充分养育的人，刚开始工作时，我希望扩展对这部分人的理解，于是我发布信息召集此类人来我这里接受访谈。很快，我就收到了大量的回复。不出所料，我发现女性比男性更愿意与陌生人谈论自己的经历——不过我接触的女性样本也确实比男性更多。我的抽样方法算不上科学，所以我也不能妄言我已经抽取到了在人口学或社会学意义上"缺乏母爱"的人群样本，但我认为，他们在自我暴露中所展现出的勇气和富有的洞察力，对我们每个人都具备一定的价值。我的研究发现散见于各个章节，但大部分都集中在第六章"与情感缺席型母亲一起生活"，在这一章中，我不仅描述了受访者所经历的童年环境，还对他们成年后要面临的挑战进行了说明。

在本书的第一版中，我将重点放在了情感缺席型母亲在抚养子女时会对孩子产生怎样的影响上。在上一版问世后的几年里，我扩展了对情感缺席型母亲的多元理解，也认识到了情感忽视与情感虐待二者通常是如何相互交织的。在这个增订版中，我进一步探讨了有关虐待的方方面面，以及母亲实施虐待行为的种种原因。

本书包含三个部分：第一部分检视了孩子需要从母亲那里得到哪

些资源，该部分着眼于良好养育的构成要素以及第一依恋关系的重要性；第二部分介绍了当母亲无法提供充分的养育时会带来什么结果、情感忽视及虐待会有哪些影响，以及母亲缘何实施上述行为并致使孩子受挫；第三部分处理的是疗愈问题，我们首先对疗愈的过程进行了概述，接着分别在几个章节中深入探讨了有关疗愈的具体内容，包括心理治疗、如何重新养育自己的内在小孩、弥补未被满足的需求，以及如何在成年后处理与母亲的关系。

本书附有许多练习，读者可自行选择是否完成。此外，我们也在书中设置了一些"问题"，以供读者消化内容并结合自身情况加以反思。即便你并不打算正式地逐个回答这些问题，我也鼓励你花些时间好好想想，仔细倾听你读到它们时脑中产生的想法。

在阅读本书时，你能收获一项重要的益处，即从所读到的内容中收获对自己的理解和疗愈，所以，我建议你放慢脚步。在这个过程中，你要为自己把关，假如面对某些特定素材会激发你的痛苦，想一想你可能需要什么样的支持。无论何时，只做自己搞得定的事情，做自己的"好妈妈"。你可以择机重新回到素材中来。有些读者会发现，刚开始读到第一部分中关于良好养育的内容时，自己的许多情绪就会被唤起，所以他们更愿意把这部分留着，稍后再读。基于上述情形，尽管章节之间的确存在递进关系，但你还是可以按照自己的喜好来调整阅读节奏。

本书包含四大目标：

- 帮助你更清晰地了解自己所接受的是何种类型的养育。
- 帮助你看到你所接受的养育与你生活中的挫折存在何种关联。通过这种方式，你能在所谓个体"缺陷"（编者注：本书中部分字、词采用楷体，以示强调，此种处理与英文原版书保持一致）与养育"匮乏"之间建立起联系，从而减轻自责感。
- 给出建议，帮助弥补过往缺失——无论是通过治疗、亲密关系还是自我建设。
- 帮助你决定在成年后要如何定位与母亲的关系，增补可用的工具及选项。

好消息是，缺乏母爱所导致的缺陷是能在日后得到弥补的——也许无法完全补足，但效果仍然超乎想象。我们有能力治愈不被爱的内在小孩，并成为有力量、有爱心的大人。这是一段值得一走的旅程。

第一部分

我们需要从母亲那里得到什么

第一章　母亲的养育

母亲是我们的生命之树，为我们提供庇护，带来滋养。如果我们从母亲那里得到了足够好的养育，我们便能够拥有健康的自信、主动性、修复能力、信任感、合理的力量感、自尊心，以及在这个充满挑战的世界上"升级打怪"所必备的许多其他特质。

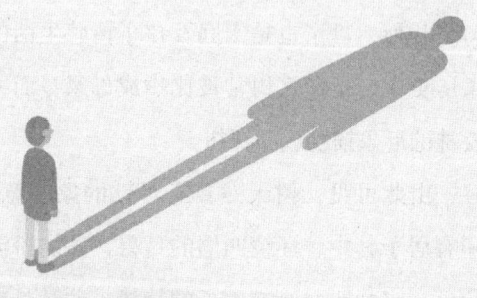

母亲是生命之树

《人类大家庭》(The Family of Man)是一个图片摄影展,它在全球巡回展出摄影图片,并将其以作品集的形式记录保存下来。我永远记得其中有这样一幅图片:一位瘦高的黑人妇女和两个年幼的孩子站在一起,他们面庞黝黑,身边阴影密布。书的首页上引用了《圣经·旧约》在《箴言篇》(Proverbs)中的一句话:她是他们的生命之树。

生命之树。一棵提供庇护、筑造家园、护你周全的树。一棵你可以爬上去觅食的树。一棵外表壮硕,身形是你数倍的树。那是一棵属于你的树。

世界神秘传统文化认为,生命围绕着生命之树这根纵轴旋转。与之相似,母亲也是家庭及孩子情感生活的轴心。在公元前的漫长历史中,生命之树常被比喻成母亲,而人们也常将伟大母亲或女神的形象描绘成一棵树。

由此可见,树天然具有母性的象征意义。它与自身的花果,还有居于其中、环绕四周的鸟兽,共同扮演着庇护所和补给站的角色。它朝四面八方生长的趋势,尤其是向外扩张时延展出的弧

第一章 母亲的养育

形,使它看起来好似一股丰饶的源泉。在生命之树的原型中,有一部分呈现的就是这种慷慨和给予的感觉。

谢尔·希尔弗斯坦(Sheldon Alan Silverstein)的童书《爱心树》(The Giving Tree)就有这一原型的具体体现。该书最初出版于1964年,被奉为彰显爱与奉献的经典寓言。书中讲述了一个男孩与一棵树的故事,这棵树非常爱这个男孩,并将自己的一切都给了这个男孩。她允许他在树干上荡秋千,替他遮阳,喂他苹果,用树枝给他盖房子。她甚至砍下自己的枝干为男孩造船。在故事的结尾,起初的男孩已垂垂老矣,而树也以其余下的最后一段树桩,给了他一个休憩之处。

正如许多人明确指出的那样,男孩和树之间的关系就很像是孩子与母亲之间的关系。树总把男孩的需求放在首位。她不断地给予、给予、再给予。这是母性角色的一部分,有时,这会和女性发展自身的需求形成冲突,也就是说,除了母职和与他人的关系之外,女性还有发展独立自我的需要。许多女性都曾慨叹在结婚生子的路上迷失了自我。然而,倘若一个女人还没打定主意去优先照顾他人的需求(至少是在生命中的某段时期),那她就不算为承担母职做好了准备。

女性无法完全承担起养育的重任,的确存在许多合理原因,但不幸的是,女性在这方面往往并没有选择权(或者感觉不到自己有选择权)。她们可能会因为意外怀孕或迫于社会期待而被动成为母亲。通常这类女性自己都还没有完全长大成人,也没有准备好面对眼前的变化。

要在自身难保的时候去奉献自己，并不是件容易的事情。可是，做母亲就是需要不断付出的。好妈妈会在孩子感到寒冷时用体温给他取暖，会在孩子需要营养时为其提供母乳，会不惜给出自己骨骼中的钙质，来哺育腹中的胎儿或是仍在吃奶的婴孩。这些都是最基本的奉献。难怪大家都说：母亲啊，你的名字是牺牲！

生命源于母亲

"生命源于母亲"这一说法涵盖两个重要的层面：首先，这是一个显而易见的生物学事实——我们在母体中成形，并经由母体来到人间；其次，在心理层面上，母亲是我们人格、心理及（心理）结构的一部分。这就好像她真的居于我们内心的某一个层面之上。在接下来的几章中，你会对此有更深入的理解。

我们何以整合自身，如何看待自己、我们的自尊心，以及我们对人际关系的无意识信念——这些都带有母亲的深刻烙印。她并非唯一的影响因素，但她本人及她与我们的互动会为这些提供基本的建构素材。

我们会如何判断这些素材——是认为它们能够滋养我们还是毒害我们，很大程度上取决于我们与母亲的互动质量。重要的不是母亲做了什么，而是她与我们相处时是否能量充沛并饱含爱意。她在喂奶的时候有没有生气或是走神？当妈妈怀抱着爱意"在场"

时，你会感觉乳汁中也携带着她的心意；而当她实际上已经神游四方时，泌乳过程就会很容易中断。宝宝在吃奶时可能会感觉到别扭，因为他体验不到被慷慨给予的感觉，又或者他在吃奶的过程中捕捉到了令他抗拒的东西。

正如一首童谣所言：互动愉悦，感受就愉悦；互动糟糕，感受就糟糕。当然，相比于实际生活中的常规状况，这种说法有点非黑即白，但是，幼儿对世界的体验就是非常强烈的。你可能会在与母亲的互动中感觉到她是你内在的一个层面，在这里，她对你的爱意与支持是永存的；你也可能会体验到一种死气沉沉或是毒性大发的感觉。这种有毒的感觉可能是在你与母亲的互动中产生的，也可能源于母亲本身。

什么样的人才能成为"好妈妈"

虽然我在整本书中使用的都是"母亲"（mother）一词，但这并不表示我会将养育的责任框定在某个生下了孩子的女性身上——尽管这种关系，就算在分娩后没有进一步发展（由于母亲离世或将婴儿送走），也会在人的一生中留下重要印记。当我在本书中问到"你的母亲"时，我所指的是在你成长过程中承担了母职的那个人，而"好妈妈"（good mother）一词指的可以是任何一个在你生活中扮演了照料者、养育者和保护神的角色，是履行了我要在下一章所讲述的那些职能的成年人。

这些人可以是你的养母、祖母或者继母，如果你有个靠谱的父亲，也可以把他算进来。处于家庭圈子外部的其他人也可以帮忙满足孩子的某些需求（甚至在孩子成年后也是如此）：老师、姑姑、姨母、朋友的母亲、治疗师或是伴侣。等我们真的长成大人、足够成熟之后，我们甚至可以自给自足，自我疗愈，我们会理解自己：那个缺乏养育的内在小孩依然留存在这个成年人的心中，他仍在渴求那些从儿时起就盼望得到的东西。

虽然并非所有女性都能胜任母职，但大自然已经在进化过程中尽其所能地为生身母亲们创造优势了。研究支持这样一种观点：母亲这个群体具备一种本能，这种本能会驱使她们做出婴儿喜欢的举动。瑞典的研究发现：即便在母亲外出工作，父亲才是主要照料者的时候，婴儿对与母亲共处的偏好也更为强烈。[1]

大自然对生身母亲的支持还体现在激素的分泌上（特别是催产素），看起来，母体所分泌出的激素会促使母亲产生某种情绪，来帮助她们建立亲子连接，并直接实施某些与之相关的具体行为。在母乳喂养中，母婴之间会保持一个完美的距离，此时，婴儿刚好能将注意力集中在母亲的眼睛上。当然，婴儿早在还是发育中的胚胎时，就已经在子宫中与母亲建立起了关联，在那时，他们就已经能对母亲的心跳、声音、隔着腹壁的抚触，甚至是母亲本身释放出的能量场做出反应。

遗憾的是，这些生物学上的优势并不足以帮助一部分女性克服她们在养育过程中所表现出的准备不足。从这个角度来说，"除生母之外的人也能承担母职"其实是一件好事。

第一章 母亲的养育

足够好的妈妈

母亲无须完美,也不可能完美。假使真有这种完美,它也只存在于孩子的眼中——只要母亲能很好地满足孩子的基本需求,孩子就会全身心地爱她们。这一点很有用,因为当你全心全意地依赖一个人时,你就会愿意相信这个人能做到这件事。忽略小的疏漏和没能完美同调的时刻,转而强调积极的一面,这既是好的心理策略,也是好的进化策略,因为孩子的良好体验也更能稳固孩子与母亲之间的连接。

"足够好的妈妈"(good-enough mother)这一术语是由著名儿科医生兼精神分析学家唐纳德·温尼科特(D. W. Winnicott)所开创的,他以此来形容这样一种母亲:能为孩子提供足够适切的条件,促其拥有良好的人生开端。温尼科特认为,要成为"足够好的妈妈",首要任务就是适应婴儿。他描述的这种母亲会在一开始几乎百分百地适应婴儿的需求,然后随着婴儿受挫能力的提高,再逐渐减少这种适应。要是母亲自始至终都完美、即刻地响应婴儿的所有需求,就会剥夺孩子们学习新行为、发展新技能,提高延迟满足和耐挫能力的需要。

近期研究进一步证实了这一观点,即母亲无须做到百分百的同调与支持,只要能在 30% 的时间里与孩子保持调谐(意思就是母子双方和谐相处,母亲与孩子保持同调)即可。[2] 这个要求应该不过分吧?

按照心理治疗师及作家戴安娜·福莎(Diana Fosha)的说法:

"与天生的同调能力同等重要（如果不是更重要的话）的是能修复不同调从而重建最优连接的能力。"[3] 足够好的妈妈需要修复每一段关系中不可避免的断裂。她不用总是表现得恰到好处，但她必须知道如何在出现问题时做出弥补。

研究表明，在这方面，孩子会成为母亲的好帮手。婴儿自打呱呱坠地起就自带一种与母亲保持紧密连接的冲动与能力。他们甚至还能充分利用母亲的修复能力。[4] 对孩子而言，修复关系中不可避免的中断可以增强自己的力量。相反，如果孩子得不到母亲的关注，或是在关系断裂后无法重建与母亲的连接，那他就会从人际关系中体验到极度的无助，或是因自身需求未被满足而感到气馁。

假如母亲不能对孩子的需求做出足够的同调回应，孩子最终就会转而适应母亲的交往模式，而不是反过来，坚持自己的需求。然而，一旦失去了与其核心体验的关联，孩子就会发展出温尼科特所说的"虚假自体"（false self）。

"好妈妈"传达出的信息

母亲对我们基本需求的回应会告诉我们自己对她有多重要。她在满足我们需求时是表现得慷慨大方（甚至欢天喜地），还是带着一种负担重重、好像在说"你可真烦"的态度？在给我们换尿布和穿衣服的时候，她的抚摸是轻柔慈爱的，还是草草了事并且略

第一章 母亲的养育

显粗鲁的？也有可能她只是凭着肌肉记忆在机械作业。她的眼神如何？她脸上的表情怎样？她的行为和选择传达了什么信息？这些都是母婴沟通的一部分，都会塑造我们与母亲的关系。它们综合到一起，共同构成了我们所接收到的信息的底色。

我们先来看看"好妈妈会传达出的信息"[5]，然后再想一想缺乏母爱的人接收到的是哪些相反的内容。

以下是"好妈妈"会传达出的十条基本信息：

- 我很高兴你在这里。
- 我看见你了。
- 你对我来说是特别的。
- 我尊重你。
- 我爱你。
- 你的需求对我很重要。你可以向我寻求帮助。
- 我就在这里。我会抽时间陪你。
- 我会确保你的安全。
- 你可以在我这里休息。
- 我以你为乐。

我们来详细了解一下：

我很高兴你在这里。

"我很高兴你在这里"是孩子们听到的第一条重要信息。孩子从一些行为中感受到"我有价值,我被需要",进而接收到这条信息。

许多人认为,这种被需要的基本感觉始于子宫内。当然,孩子会在自己的一生中多次产生被需要或不被需要的感受。我认为这不是一种全有或全无的体验,而是一个程度问题,在很大程度上,只要更多时候孩子体验到的是被重视的感觉,就能抵消那种遭到孤立、不被需要的感觉。

"我很高兴你在这里"这一信息会让我们为自己存在而感到喜悦。它会帮助我们感到待在世上、待在自己的躯体中是舒适的。

我看见你了。

母亲主要通过精确的镜映(mirroring)和同调的回应(参见"作为镜子的母亲",第34页)来传达这一信息。例如,她知道我们喜欢什么、不喜欢什么。她了解我们的兴趣所在,也知道我们对事物的感受。被看见就是被懂得。

你对我来说是特别的。

"你对我来说是特别的"的信息(通常是用非言语形式表达的)会告诉我们,我们是受到珍视的。与其他信息一样,这句话需要与"被看见"的感受结合起来,我们才不会将"特别"与一些肤浅的、外在的品质或是形象关联在一起。

我尊重你。

当母亲支持孩子的独特性,不在非必要的情况下试图控制孩子，接纳孩子的喜好与决定，并表达她重视孩子所呈现出的价值时，她就会传达出"我尊重你"的信息。感受到真正的尊重与爱的孩子，就会允许自己发现和表达独特的自我，而不是成为双亲的翻版或是机械地遵从父母为之规划的蓝图。

我爱你。

"我爱你"往往是通过简单的言语信息传达出来的，但接收者必须要从中体验到诚恳与真心，这句话才会产生意义。很多孩子每天都能从大人那里听到好几次这样的话，也有些人终其一生没被说过"我爱你"。重点在于，不要让孩子从这些话中体验到他人的控制欲，也不要让他们感觉成人说这些话是为了要求孩子做些什么。

爱意在通过非言语手段传递出的时候效果最好，这包括触摸、语调、眼神、面部表情、肢体语言以及专注度。如果环境本身能够传达出一种被安全抱持并受到涵容的感受（比如通过边界和规则来传达），人也会从中体验到爱意。

你的需求对我很重要。你可以向我寻求帮助。

"你的需求对我很重要"表达的是一种优先级。此时的妈妈传达出的不仅是"我得照顾你，因为我不得不这么做"或者"等我能做到再说"，而是"因为这真的很重要"。我们会从中感受到母亲的关注出自爱意与真心的关怀。"你可以向我寻求帮助"会提供一种许可，它会告诉你：不必隐藏自己的需求，也不必强求独自消化。

我就在这里。我会抽时间陪你。

"我就在这里"表达的是：你可以依靠我，我不会离开你。通常这句话关系到某些特定的需求，但除此之外，它也有这层意思——我会成为你生命中始终如一的存在。

与此相关的信息是"我会抽时间陪你"。它表达的是我对你永远有空、你永远排在第一位以及我始终重视你的需求。很遗憾，有太多的孩子都会感觉父母没时间陪伴自己。

我会确保你的安全。

"我会确保你的安全"也可以表述为"我会保护你。我会让你免遭（不必要的）伤害或是打击"。

安全感是孩子能够放松和探索世界的必要条件。如果没有安全感，我们可能永远都无法感觉自己已经为进入这个世界做好了准备。倘若没有监护人的照看，我们唯一的自保措施就只能是停止成长，并在人格中建立起防御机制。

你可以在我这里休息。

"你可以在我这里休息"有几层意思。首先，它象征一个受保护的空间，如果必须保持警惕，你就无法获得真正的休息。它还代表一种易得性（需要母亲在场，孩子才能在此栖息）与接纳。这就像是在说："有了我，你就有了家。"人人都希望能有一个允许我们做自己的地方，在那里，我们可以卸下伪装，并在另一个人的陪伴下体验到平静与安慰。

我以你为乐。

"我以你为乐"是在肯定孩子的珍贵。它向孩子传达出的信息是——"你真是个开心果""在你身边，我很快乐"。当母亲看到我们眼睛发亮，当她一见我们就笑时——我们就会感受到这一点。

当"好妈妈"缺席时会发生什么

当"好妈妈"缺席时，孩子心中就会留下特定的"漏洞"或是产生匮乏的感受。根据前述列表，他们所接收到的信息可能是这样的：

我很高兴你在这里。

在感觉自己不受欢迎或是不被需要时，我们可能会得出结论：也许我不在这里会更好。这也会导致人们对被遗弃有着极大的恐惧感。有一位女士从小就没体验过被需要的感觉，每次和母亲去餐厅或是自助洗衣店，她都很害怕母亲会离开她，并且会再也不回来。对年幼的孩子来说，感觉不被需要，就等于丧失了坚实的根基。

我看见你了。

如果妈妈看不见我们或者不了解我们,那她就无法有的放矢地回应我们。比如,她或许会试图引导,但却会从一开始就找错地方。

倘若我们始终无法被看见,就会感觉自己像个"隐形人",无法确定自己是否真的存在。这种不真实的感觉可能是微妙且普遍无意识的,也可能是无处不在且让人迷失方向的。

你对我来说是特别的。

倘若体会不到自己在父母心中的独特性,我们就不会觉得自己是个值得珍惜的人。我们甚至会想,要是我变成别的什么人,妈妈可能会更喜欢。

我尊重你。

如果我们感觉不到自己有能力、有边界,感觉不到自己的喜好受到尊重,那我们就无法学会尊重自己。我们可能会因此而产生不配感和羞耻感,或是不能实现自己真实的潜能。这也会让我们变得过度讨好他人,而不能坚持自我,为自己说话。

我爱你。

倘若没有得到足够的爱意,我们可能就会得出结论:真实的自己并不值得被爱。结果就是,我们会扭曲对自己的认知,认为:如果我顺从别人的要求,也许他们就会爱我。

第一章 母亲的养育

你的需求对我很重要。

如果我们感到母亲并不想要满足我们的需求,就会认为:我的需求是可耻的,我的需求对别人是一种负担。我不该有需求。

我就在这里。

如果感觉不到母亲的在场,我们就会体验到孤独。这会让我们觉得:我只能依靠自己。

我会确保你的安全。

如果没有那种被保护的感觉,我们就会被生活压垮,并就此得出结论:世界是危险的。

你可以在我这里休息。

如果在母亲身边还不能安全地做自己,我们就会错失情感连接的一个重要层面。要是和母亲在一起时还需要保持警惕或是伪装防御,我们就永远无法在她那里体验到舒服自在的感觉。

我以你为乐。

要是我们感觉不到母亲对我们的喜爱,就可能会得出这样的结论:我是个累赘,没人想要我。我要是消失就好了。我活着也只是白占空间。我们会就此变得畏首畏尾,并学会收起锋芒,掩藏自己的闪光点。

> 你接收到的是何种信息?
>
> - 逐一阅读这十条"好妈妈信息",记下你对每条信息的情绪反应。这些信息是否似曾相识(请记住,这些信息更多是通过行为而非言语来传达的)?它们与你曾以为自己接收到的那些信息是否一致?你有哪些身体反应?
> - 你可以逐条对照两份清单中的信息,并看看哪种描述更贴合你的实际情况,同时,尽量多关注你的想法、情绪以及身体感觉。

与本书中的任何练习一样,这种觉察可能会让你产生不舒服的感觉,所以你要有意识地调整自己的节奏。如果感到力不从心,可以先放一放,等准备好了再回来,或者在有能帮你的人在场的时候再来做这个练习。

母爱缺席意味着什么

按照"好妈妈"会传达出的信息,结合第二章要讲到的功能、第三章要提及的安全依恋,或是第四章对有滋养功能的抚触、爱和其他建构模块的描述来看,如果你没有得到这些内容中所称的

"足够好的养育",那便可以认定,你是"缺乏母爱"的。诚然,你所接收到的养育足以令你存活下来,却不足以为你打下一片江山,使你能够拥有健康的自信、主动性、修复能力、信任感、合理的力量感、自尊心,也不足以为你提供在这个充满挑战的世界上"升级打怪"所必备的许多其他特质。

越是清楚地看到自己在养育过程中有哪些缺失,你就越能积极主动地弥补这些缺陷。让我们来进一步看看自己到底错过了什么。

第二章 "好妈妈"的多种面貌

母亲可作为你的"脚手架",让你放心依赖;可作为你的"啦啦队长",为你加油喝彩;也可作为你的"镜子",让你更好地看清自己……如果母亲能发挥这些功能,我们就能少走很多弯路,少体验很多悲伤。

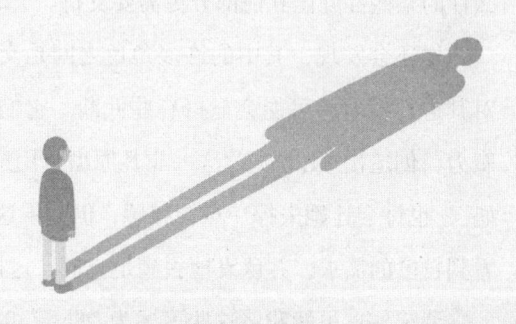

婴儿的感知世界（尤其是视觉世界）包含了对相同客体的多种体验，然而，这些体验之间是如此截然不同，以至于从婴儿的角度来看，它们就像是若干个不同的客体。与之类似，我们可以将"好妈妈"的形象拆解成不同的体验，我称之为"好妈妈"的多种面貌。每种"面貌"都代表着她所扮演的一个角色，或是一种对孩子成长至关重要的心理功能。

读完本章，你可能会想，一个人怎么可能完成这么多既重要又看起来无休无止的任务呢？当然，没人能做到完美，因此我们所描绘的"好妈妈"是一种理想化的典范。但是，通过反思你的母亲对这些心理职能的完成度，你会更明白她在你心灵中留下的印记，并对自己的感受、信念与行为有更深入的理解，会懂得为什么你的某些部分比其他部分更需要支持。

你还会发现，其中的许多角色之间是交互重叠的，如若强行对其进行拆解，可能会显得有些武断。它们协同作用，共同施展魔力，创造出"好妈妈"这一非凡原型。用这种方式来剖析"好妈妈"，也许会让她失掉一点神秘感，但如果这能帮助我们更清楚地看到自己的需求，并认真地去满足它们，这样做或许就是值得的。

请记住：虽然我将这些表述为"母亲"的职能，但任何实际上

第二章 "好妈妈"的多种面貌

的养育者都可以实现这些职能,并不仅限于生母。父亲、祖父母、保姆、日托工作者、大家庭成员,甚至是在之后的生活中发现的"母性形象",都能提供一部分这些重要的养分。

这十种面貌可表述如下:

- 作为源泉的母亲
- 作为依恋对象的母亲
- 作为第一响应者的母亲
- 作为调节器的母亲
- 作为养育者的母亲
- 作为镜子的母亲
- 作为啦啦队长的母亲
- 作为导师的母亲
- 作为保护者的母亲
- 作为大本营的母亲

作为源泉的母亲

"母亲"是生命的源泉,我们在母体中成形,并经由母体来到人间。在神话与宗教中,这个源泉通常被描述为某种母神,比如海洋女神。就像人们认为生命从海洋中进化而来一样,人类也是从母体——具体而言——是从子宫中产生的。因此,无论是在神话层面还是在世俗层面，母亲都是生命之源。

如果孩子对母亲有积极的体验，他就会感到：我是妈妈的孩子，我从她而来，我是她的一部分，我很像她。这些感受会成为个体身份认同的基石。

遗憾的是，并非每个人都能以积极的方式体验到"母亲是生命之源"。一些成年人会通过催眠或是其他深度工作中的退行体验，恢复在子宫里的记忆——那是个有毒的牢笼。虽然他们有强烈的归属感——但那是种让人厌恶的"归属感"，一种让人宁可不要的归属感。和吞噬型母亲相处也会带来这种感觉——那可算不上什么美好的体验。

还有被领养的孩子，在他们的体验中，自己是被"源泉"拒绝的——至少在主观感受上是这样。他们处境复杂：既"属于"第一位母亲（因为她生下了他们），又不"属于"她（因为她丢下了他们）。有些时候，这类孩子很难培养出对养母坚定不移的归属感。

归属感是必不可少的，将母亲视为源泉只是其中的一部分。正如我们即将在下文中提到的，当我们将母亲看作依恋对象时，这一点也会发挥作用。

尽管其中有些部分的确不受母亲控制，但她还是可以做些事情，让孩子能用积极的方式将其体验为"源泉"。打生命之初，母亲就可以创设一个宜人的环境。她可以成为一种正能量，让孩子愿意待在她身边，并从中得到滋养。她可以寻找与孩子之间的共通点，同时注意给孩子留出空间，好让他们发展自己的独特之处。她也可以成为一个积极的榜样，让孩子终其一生都能以她为傲。

第二章 "好妈妈"的多种面貌

> **你的母亲是个怎样的"源泉"?**
> - 在想到母亲的子宫时,你是否感觉那是个令人向往的地方?如果你想象不出来,就问问自己,假如你被母亲的能量团团围住,那会是种什么样的感觉。你喜欢那种感觉吗?
> - 你希望成为像你母亲那样的人吗?还是你希望尽可能与她不同(抑或是介于两者之间)?如果有人说:"你和你妈妈真像!"你会有什么感觉?
> - 你是否会有因为作为母亲的孩子而自豪的感觉?你认同自己与母亲的关系吗?

作为依恋对象的母亲

母亲是我们与这个世界最初的联系。在这里,母亲不仅象征人类缘起的海洋,更重要的是,她是我们直接的依恋(attachment)对象,一如藤壶紧紧附着于船底。母亲就是供孩子牢牢依附的船舱。

安全依恋型的婴儿和幼儿与母亲待在一起时,会不断地与之进行身体接触,他们攀爬、拉扯、吸吮和拥抱母亲的身体。就连大一点的孩子,也会在感到害怕时拉住母亲的手。正如我们将在下文中所要探讨的，依恋不仅通过身体接触产生，也通过母亲对需求的同调以及回应产生。依恋是个非常重要的主题，重要到我们会用接下来的整整一章来专门讨论这个问题。

对幼儿来说，依恋会催生出一种"我属于你"的感觉。因为我属于你，所以我有处可去。如果没有这种感觉，我们就会失去羁绊，无根漂泊，就这样进入成年期。有一位女性觉得自己就像在海上漂流的一块浮木；而另一位女性与母亲的关系太过冷淡，以至于她几乎确信自己是在白菜叶子下捡到的弃婴——也说不定真是这样。这些都会导致深度的孤独感、疏离感以及无归属感。

处于安全依恋下的孩子会感觉自己被安全地抱持着，并体验到不会受到伤害。这项功能与母亲作为第一响应者的功能是重叠的，因为在很大程度上，依恋关系正是通过对需求的响应形成的。

你的母亲是个怎样的依恋对象？

- 在1~10分量表上（10分代表最为紧密），你认为你与母亲的联系有多紧密？
- 这种联系在你的一生中发生过哪些变化？
- 你是否还记得，曾在早年与母亲发生身体接触的情形？在接触的当下，你体验到的是母亲可作为你的"脚手架"，让你放心依赖，还是她身上贴着"请勿靠近"的标签，令你感到被拒绝？

第二章 "好妈妈"的多种面貌

- 幼年时期,你是否能够明显感觉到自己是家庭中的一员?你对家庭关系的印象是彼此紧密的还是疏远漂泊的?
- 你是否曾感觉自己像个孤儿?

作为第一响应者的母亲

确保母亲能作为依恋对象的一个重要方面,就是我在这里所说的,母亲要成为"第一响应者"。现代社会中的"第一响应者"往往是消防员和警察这样的角色,也就是你在遭遇紧急状况时会首先呼叫的人。想象一下,如果你家着火了,却无人问津,那你还会相信在你需要的时候会有人来帮你吗?

正如许多作者所明确指出的:对婴儿来说,每一种需求都很迫切,所以它们都算紧急状况。婴儿是无法自给自足的,他们只能靠依赖他人、向他人呼救来获得帮助。如果需求被持续满足,我们就会感到安全,并相信会有人来帮我们。但如果需求得不到满足,我们就会感到没人会关心我们,世上没有好人,也没人会来帮我们,并因此强化不安全感和不信任感。那种对"可获得"的不确定感会破坏我们最基本的信任感。

与此相关的"好妈妈"的信息是"我会照顾你。你的需求对我很重要。我就在这里。你可以在我这里休息"。

当然，要做到这一点，母亲需要准确地理解孩子。第一响应者一定要找准问题，才能提供帮助，要是她在你需要食物的时候提供住所，或是固执己见硬塞给你你不想要的东西，这样的响应就是无效的。心理学上将这种准确响应称为"同调"（attunement）。作为第一响应者的母亲能为孩子提供多少帮助，取决于她能在多大程度上同调回应孩子的需求，这一点在生命早年的前语言期尤为重要。

这种对需求的同调与回应会创设出一种"抱持"的环境（holding environment）。在这样的环境下，孩子会感到被包容与被接纳。这一功能也通往"自我调节"（self-regulation），这部分将在下一节"作为调节器的母亲"中讲到。

你的母亲是个怎样的第一响应者？

- 也许你已经想不起来在婴童时期母亲是如何回应你的了，但你还是可以从自己对当下需求的感受中寻找线索。你是会尊重和关注自己的需求，还是会因为有需求而感到羞耻，进而试图隐藏这种需求？又或许，你的要求很高。除非你曾有过一些重大且印象深刻的经历，它们给你提供了不同的参照点，否则，你对自己需求的反应和你母亲对你需求的反应方式应该是类似的。

第二章 "好妈妈"的多种面貌

- 你还知道哪些关于母亲回应你需求的信息吗？有没有听过什么故事？能从照片上看出什么端倪吗？
- 抛开你的童年不谈，你知道你的母亲是怎样回应他人的需求的吗？她是召之即来的那种人吗？她常常生气吗？她称不称职？她是否亲切？她用不用别人三催四请？她是会自以为是地为别人服务，还是能识别出他人的真正需求？

作为调节器的母亲

"调节器"的功能与"第一响应者"的功能之间存在密切的关联，尽管这二者只是在侧重的场景以及名称上存在微小的差异，我们看待它们的视角也是大不相同的。

当母亲作为第一响应者在场时，事态是不会失控的。仅举一例，小婴儿觉得饿时，只要吃饱了奶就可以恢复身心平衡的安宁状态。想象一下，如果他一直处于饥饿之中，那种不适会是多么难以忍受。

而所谓调节，就是确保某件事情既不会太强，也不会太弱，要让它保持在一个更为理想的范围之内。母亲通过满足孩子的特定需求来帮助管理他们的生理状态，比如饥饿或是寒冷。而大部分时候，治疗师所说的"调节"都是指调节情绪。倘若没有母亲这个有效的调节器，我们就没法学会有效地管理自己的情绪——要么切断情感，要么情绪失控。生气变成暴怒，哭泣变成歇斯底里，兴奋、沮丧、性冲动或是其他情绪都无法受到控制。

  学会调节自己的内在状态，就是自我管理或自我调节。调节的功能主要是由神经系统来控制的，但在生命之初，孩子的神经系统发育尚不完全，此时需要由母亲替代执行神经系统功能，并在孩子彻底陷入崩溃之前满足他的需要，进而帮助他习得调节的能力。在孩子脆弱的神经系统发育完全之前，作为调节器的母亲可以起到缓冲作用。

  母亲可以通过多种方式来达到这一目的，她可以安抚苦恼的孩子（通过抚摸、言语或是单纯的照料和陪伴）；帮助孩子识别自己的需求和情绪；引导孩子将注意力从烦恼中转移出来，从而对其进行调节并提供安慰。一位患有终身焦虑症的人曾告诉我说，她从未听到过母亲说"一切都会好的"。她的母亲从没给过她安慰，也从没能让她感觉好受一点。

  当母亲执行调节器的功能时，她会帮助我们从消极的情绪体验过渡到积极的情绪体验中来。要做到这一点，有一种方法是：先对眼下的一切表达共情，然后引导孩子进入更为舒适的领域。母亲要向我们展示如何放下一种情绪，转向另一种，而她自身若能保持愉悦，也会激发我们更加向往光明。我们在一位母亲身上见证过这样的奇迹：当她面带悲伤地回应孩子朦胧的泪眼时，孩子很快就破涕为笑了。

  在更为微观的层面上，母亲可以通过近期研究中所称的"边

第二章 "好妈妈"的多种面貌

缘共振"（limbic resonance）或"边缘调节"（limbic regulation）来管理孩子的痛苦情绪。边缘调节的过程认为，当某个人的情绪脑裹挟了另一个人的情绪脑，后者的情绪脑就会主动与前者匹配。所有的哺乳动物都有这种能力，它被视为母亲直接调节婴幼儿内在状态的主要机制。只需凝视孩子的眼睛，母亲就能与孩子展开脑对脑的交流，并促使孩子的边缘系统与自己的保持一致（当母亲自身的状态积极且易于调节时，这大有裨益；但当母亲自身感到吹毛求疵且躁动不安时，效果就另说了）。

调节生理唤醒功能不足的情况，常见于在童年期遭受过双亲的情感忽视和虐待，并被诊断为患有复杂性创伤的个体身上。这类人在被某些刺激因素触发情绪时，会体验到高度的不安，以至于无法清晰地思考或是完全处于当下。那种感觉就好像是他们的系统里根本就没有设置调节器，所以也无法将身心反应保持在可控的或是最佳的范围内。虽然我们也能在日后的生活中习得自我调节的功能，但如果母亲能帮助我们尽早掌握这项关键技能的话，我们就能少走很多弯路，少体验很多悲伤。

你的母亲是个怎样的调节器？

- 关于母亲在婴儿时期如何回应你的需求，你了解多少？你是否很容易得到她的帮助？除了你之外，她还要照顾几个孩子？她会情绪低落或是总在开小差吗？

031

- 她的育儿理念是什么？她是否受到劝诫父母要让孩子"哭出来"的思想流派的影响？
- 你是否记得母亲曾在你遇到困难时给予你安慰，让你松弛下来？她帮到你了吗？
- 你母亲现在（或是过去）善于调节自己的生理需求吗——比如对饥饿、口渴、睡眠或是肢体接触的需求？她的情绪调节能力怎样？她能在真正感受到情绪的同时，又将它们保持在适度范围内吗？
- 在倾听你的情绪状态时，你的母亲能与你保持同频吗？你感觉她在乎你的情绪吗？她有没有教过你要如何建设性地管理情绪，而不是简单地压抑它们？她是否能以身作则，向你示范怎样健康地表达情绪？

作为养育者的母亲

养育是"好妈妈"原型的一个基本方面。作为养育者的母亲，要为孩子提供身体和情感的双重滋养。通常这二者是同时发生的，比如在母乳喂养中，母亲会同时为婴儿提供乳汁和爱。而两者都是婴儿生存及茁壮成长所必需的。

孩子们似乎天生就能分辨出情感养育真心与否（真正的情感

第二章 "好妈妈"的多种面貌

养育会让孩子感到自己真的得到了滋养）。母亲可以自称对孩子掏心掏肺，与孩子关系密切，并因此而广受外界认可，但如果这份爱不够真诚，孩子依然会体验到心灵的空洞。无论妈妈说了多少冠冕堂皇的大道理，也不管她对孩子身体的照顾有多么无懈可击，倘若母亲和孩子间没有产生真正的连接与关怀，孩子就不会觉得母亲是能滋养自己的源泉。

触觉是孩子的第一语言，所以，母亲对婴儿的抚触与拥抱以及在其成长过程中与孩子接触的一贯方式，都会传达出很多信息。这种抚摸是出于真心的关怀与爱，还是只为了完成任务，给婴儿的感受是不一样的。

与这一功能相关的主要信息是"我爱你"。这对自尊心的培养至关重要。当真正的情感养育出现时，孩子会想：妈妈爱我，所以，我是很重要的。

你的母亲是个怎样的养育者？

- 儿时的你是否能从母亲身上感受到爱？有哪些记忆可以支持这种感觉？
- 成年后的你又是如何理解这个问题的？也许你会意识到，她的确爱你，但她对爱的表达能力严重受限，又或者她就是个"爱无能"的人。也可能，你会发现自己无法接受这种爱意。

- 在 1~10 分量表上（10 分代表最大程度的滋养），你认为你的母亲在养育方面表现如何？她在养育其他孩子方面的表现怎样？

作为镜子的母亲

提供镜映是母亲最重要的职能之一，它会让孩子感到自己被理解了，进而能够逐渐认识自己。

镜映包括言语和非言语两种形式，而且可以分为好几个层面。第一个层面是让孩子感到被连接、被看见。当孩子感到被看见时，他就能意识到自己是一个正在成长中的人。但如果孩子觉得自己像个"隐形人"，他往往就体验不到全然的真实感。因此，镜映所传递的最基本的信息就是——"我看见你了，你是真实存在的"。

心理学家和其他人类研究者们都指出：当孩子具备的特质能被成人所认可时，它们就会得到发展，反之则会消失。回想一下儿童是如何学习语言的：正如语言学家们所言，一开始，他们会发出许许多多的声音，但是，只有那些与父母的语言重合的声音才会得到强化，而其他的则会从儿童的词汇表中被剔除出去。同样，没被看见的情绪、不受认可的行为，以及得不到支持的特质，要么就会呈现出发展不足的状态，要么就会被隐藏起来。

言语镜映涉及一些具体的话语，比如"你真的很生气"或者"你现在很伤心"之类的话。它不仅能够帮助幼儿识别感受，还能促使所有年龄段的人都从中体验到被倾听的感觉。能够被镜映的也并不只是情感，还包括特质，比如"你真是个漂亮的姑娘""天哪，你真聪明"等。

前语言期的镜映更多是在躯体层面。它包括复制孩子的表情：在孩子大笑的时候大笑，在孩子皱眉的时候皱眉，等等。处于生命早期阶段的婴儿还不具备自我反思或感知的能力，所以，他们需要一面"镜子"来看见自己。

"我看见你了"所传达出的基本信息会因为说话人语气的不同而发生变化。它可以是"我看见你了，你很好"，也可以是"我看见你了，你很糟糕"。我们将前者称为"赞美镜映"（admiring mirror），将后者称为"羞辱镜映"（shaming mirror）。赞美镜映有助于我们保持自信，以己为荣，相信我们有权利来到这个世界上，而我们能来到世上是件好事。我们的价值感很大程度上源于这种积极的镜映。赞美镜映（如果足够诚恳并真实的话）有助于我们发展自尊。

要让人真正感觉被看见，镜映就必须准确。扭曲的镜映会带来几种结果：一是使人认同他人对你的看法，像是觉得自己学习缓慢或者只会捣蛋；二是会让获取准确镜映的尝试演化成一种停不下来的执念。有的孩子和成人会在没被准确看到的时候产生愤怒，继而一意孤行地寻求理解。而另一些人则会放弃挣扎，变成隐形人。即便是具备强大力量的赞美镜映，如果以一种扭曲的形式表达出来，也无法让人感觉到被看见，因此不会带来任何好处。

当母亲的镜映功能得到进一步的升华时,她就会成为一枚"指南针"。具备"指南针"功能的母亲通常都非常了解孩子,她会在你对自己不够忠诚的时候直截了当地指出:"那不是真正的你。"孩子会在认识自己的过程中做出多种不同的尝试,倘若能有个非常了解我们的人,她就能(在恰当的时候)发出提示:"亲爱的,这不太适合你。"这对我们会很有帮助。我之所以使用"指南针"一词,是因为处于这个角色之上的母亲会在我们偏离航向时及时校正,以免孩子"找不到北"。

镜映非常重要,倘若得到的镜映不足,个体对它的渴望往往就会持续终身。

你的母亲是一面怎样的镜子?

- 你觉得你的母亲是否看见了真正的你?哪些事情给了你这样的印象?
- 在母亲对你的反应中,哪些非言语表达给你留下了难忘的记忆(包括语气)?它们传达了怎样的信息?
- 你的母亲是否擅长用言语说出并反映你的感受和需求?如果不擅长,你觉得是出于什么原因?
- 你的母亲擅长镜映你的哪些方面,又在哪些方面不得要领?(比如,她能承认你很聪明,但不愿承认你的感受。)

第二章 "好妈妈"的多种面貌

- 你的母亲是否足够了解你？她能充当你的"指南针"，识别出你有没有忠于本性吗？

作为啦啦队长的母亲

"啦啦队长"能为孩子提供鼓励。这与母亲实施赞美镜映的功能有异曲同工之处。不过，这一角色的外延更为广阔，它包含更积极的激励、赞扬以及支持。它传递出的是"你能做到！我知道你行。我支持你"的信息。

"这种支持与鼓励在孩子初涉世界的探索阶段（18个月~3岁）非常重要。此时的我们不仅需要被人支持，还需要有人能积极地陪伴在侧。"在《给予有治愈力的爱：父母指南》（Giving the Love That Heals: A Guide for Parents）一书中，畅销书作者哈维尔·亨德里克斯（Harville Hendrix）和海伦·亨特（Helen Hunt）描述了"好妈妈"是如何做到这一点的："她始终保持温暖，一直陪伴左右，她花时间满足孩子的好奇心并与之分享。她赞赏孩子的成就，为孩子的发现鼓掌。她为孩子创造机会，让孩子发现那些独自探索时无法看到的东西，并有意识地为这些探索行为增添乐趣与欢笑。"[1]

啦啦队长所传递出的信息也可能是"我与你同在"或是"我就

在这里"——当孩子迈着跟跟跄跄的步子踏入社会时,这些信息很有帮助。

人在生命的不同时期都需要啦啦队的助力,在碰上某个棘手的任务并产生畏难情绪的时候,这种帮助尤其有用。当我们不具备完成任务所需的全部技能时,倘若母亲能同时履行啦啦队长和导师的职能,效果最好。有关导师的部分,我会在下一节讨论。

母亲可能会出于以下几个原因而无法胜任啦啦队长的工作:她本身就缺乏母爱与支持,根本不知道怎么做啦啦队长;她也许更关注自己的支持性需求;她可能没有意识到孩子的需求;她在孩子的成就和日益增长的自主性中感受到了威胁。她还可能因为工作太忙或是情绪太差而无暇当好一个啦啦队长。

只有当鼓励是为孩子量身打造并且贴合实际的时候,它才会产生效果。如果有鼓励,却没有足够的支持,或者鼓励总是伴随着某些不切实际的期望,孩子就会将之体验为一种逼迫。另一方面,对我们已经熟练掌握的事情妄加鼓励,我们会感到被过度保护,那就好像是母亲根本注意不到或是看不到我们的能力一样。

如果母亲无法庆祝孩子取得的平凡而微小的成就,我们也可能会感觉受到了忽视,或者觉得非得做点什么惊天动地的事情(无论好坏)才能引起她的注意。

第二章 "好妈妈"的多种面貌

> 你的母亲是个怎样的啦啦队长？
> - 你觉得你容易得到母亲的鼓励吗？她是否能够支持你早年对世界的探索？
> - 你的母亲是如何对你的成就表现出热情的？
> - 你觉得母亲对你有信心吗？（你可能感觉到了她相信你的能力，不过她还算不上个啦啦队长。）
> - 你是否能回想起某个需要得到更多鼓励的时刻？在那一刻，你最希望听到什么话？

作为导师的母亲

想象一下，假如你是一个四五岁的孩子，这时候有人把你放在一辆自行车上，然后一走了之，你会有多么害怕。当母亲作为导师出现时，她的作用就类似于自行车上的辅助轮，她能在你学骑车的时候帮你保持稳定、提供支持，以免你摔得鼻青脸肿。

我们在这个角色中所关注的母性功能是支持与指导——一种校准式的协助。你也可以将母亲视为老师或是向导。有时母亲可能得为孩子做点示范，比如教他们怎么骑自行车。发展心理学家与作家路易丝·卡普兰（Louise Kaplan）将这个角色类比为剧院

039

里的舞台助理——提供幕后支持，以此帮助台上的演员成功完成表演。作为导师的母亲要为孩子提供足够的支持与指导，帮助他们发展自己的能力。

此处的母亲不应是某个孤立学科的指导教师，而应是一种通识型人才，其职责是引领孩子在世界上站稳脚跟。她得教导孩子如何与人相处、如何正确决策、如何管理时间、履行责任、追求目标。从这个意义上说，母亲是孩子生命中的第一个"生活技能教练"。这些能力中的每一个都很重要，任何一名女性都可能比他人更擅长教授其中某些技能。

母亲在生活技能上的"偏科"可能会对她的教学有所帮助，但也可能会成为一种阻碍。她能够言传，还是只能身教？她的讲解是否清晰，并且符合孩子的需求与发展水平？好的导师不能只是自顾自地过着日子，等着别人自然而然地学会她所知道的那些东西，而是要积极地帮助他人学习。她必须有足够的洞察力，能注意到对方需要哪些技能，还能有足够的耐心把这些教给对方。

众所周知，帮忙这回事，尺度很难把控，有时候可能过量，有时候犹显不足。如果帮得太多，就会越俎代庖，剥夺对方自主学习的机会；但要是帮得太少，又会让人不知所措，感到孤立无援。到底该帮多少，要根据对方的需求来加以调整。就养育子女而言，帮忙的限度也要与孩子的年龄相匹配。在孩子还小时，帮他完成家庭作业，或是在需要某种支持时打电话给他的小学老师，这是一回事；但如果孩子已经成年，只是因为觉得他工作太多就

第二章 "好妈妈"的多种面貌

要找他的老板算账,那就是另一回事了。

"好妈妈"在指导孩子的时候会尊重孩子的局限性,她们既不会让孩子过度关注这些局限,也不会让他们感觉自己要是做得比现在再好些就好了。成熟的指导给人的感觉应该是一种安慰,而非控制或是侵犯。

有关母亲的导师角色,我还想补充一点要求:母亲应该了解孩子的发展需求和能力。最爱挑剔孩子和惩罚孩子的父母,通常都对孩子有过高的期望,并且执意将孩子的表现不佳归咎为故意捣乱——比如,孩子喝牛奶的时候总是把奶洒出来,家长会认为他们是有意不听话,但其实只是因为孩子还没有发展出不让杯子打翻的精细运动协调能力。

好的导师需要具备以下几点素质:

- 发展好自己的技能。
- 能够将学习任务分解为多个步骤,并通过清晰的口授或演示来逐步指导。
- 与他人的需求同调。
- 有时间和耐心来进行指导。

这项功能与作为啦啦队长的母亲存在诸多交集:二者都会为我们的学习提供鼓励和正面强化作用。

你的母亲是个怎样的导师?

- 你的母亲在哪些方面对你的指导最多?

○ 与同伴相处

○ 学习倾诉和表达自我体验

○ 理解并掌控情绪

○ 装扮及外貌

○ 学习使用小玩意儿、工具和技术

○ 尊重他人(礼貌)

○ 学习各种社交技能

○ 宗教或灵性教育

○ 发展学术技能

○ 学习承担责任

○ 体育或健身

○ 良好的卫生习惯

○ 艺术和手工艺技能

○ 家政技能

○ 批判性思维

○ 教导你保持自信,能为自己挺身而出

○ 应对失望与挫折

- 你在哪些方面需要更多指导?

- 她对你的帮助是否符合你的需要？她是否会帮得太多或者帮得太少？
- 她在帮助的过程中传达了一种怎样的态度？（例如：你是个麻烦；她视你如珍宝并且愿意帮助你；虽然你需要帮助，但这不代表你不值得尊重；或者你学得真慢/真快；她乐意教你……）

作为保护者的母亲

母亲保护孩子的方式要因其不同的成长阶段而异。在生命之初，她的作用就像是一个"安全围栏"。子宫是孩子最初的庇护所，而与母亲（未分化）的共生关系是第二个。在这样的环境中，母子二人是一体的，因此，母亲本身及其对孩子的感受都是孩子所处环境的一部分。孩子需要在这个环境中体验到安全。

分离会带来危险。此时，母亲最好能为孩子提供保护。年幼的孩子常常会认为母亲是无所不能的，她能冲破黑暗，赶走吵闹的小孩，吓跑狂吠的恶犬。如果母亲能始终如一地保护孩子，使其免受侵入性和压倒性的刺激，孩子就会感到安全。此时，妈妈的形象就会从安全围栏变成守护女神。

随着孩子的进一步成长，他们会获得自主权，开始能够四处走动并探索世界,但即便是在此时,母亲也不会远离,只要一有危险,她们就会出现,然后不顾一切地保护自己的子女。与这一功能相关的信息是"我会确保你的安全"。

再往后,孩子被送到外面的世界。这个世界有一套规则和边界,它们就像一道无形的栅栏,使孩子远离危险。如果成人没有以孩子能接受的方式来传授这些规则,或者孩子为了反抗父母的控制而拒绝接受规则,他们就会体验到被遗弃的感觉,因为他们的判断力还不足以帮助其保护自己。为了充分履行保护者的职责,母亲必须教给孩子边界意识和自我保护技能。

当然,母亲也可能会过度保护,进而侵占孩子体验世界所需要的自主空间。又或者她的保护方式会传达出对孩子能力的不信任,也可能是她自己对世界的不信任。要判断一个母亲履行保护职能的程度如何,不能光看她"是否"提供了保护,还要看她"如何"提供这种保护。

你的母亲是个怎样的保护者?

- 在想象母亲是"安全围栏"的时候,你会产生怎样的情绪反应?
- 有没有哪些时候,你遭受了挫折和危险,她却没能保护好你?
- 你能说说她是用什么方式保护你的吗?

第二章 "好妈妈"的多种面貌

- 母亲教过你要如何保护自己吗?她是在什么样的情况下教给你的?
- 有哪些关于自我保护的知识是你希望母亲教给你,但她却没有教的?
- 她保护你的方式会让你感到舒适还是窒息?你能从中体验到关爱吗?

作为大本营的母亲

与此相关的信息是"我就在这里等着你"。一旦你真正接受了这个信息,即使在成年后,你也会把母亲当作可以随时回来蓄能、寻求安慰或支持的"加油站"。无论是在外受挫,还是婚姻破裂,抑或是在感情上受伤,你总能回到母亲身边。这个过程类似于发展阶段中的"离返期"(rapprochement),在这一时期,孩子首先与母亲分离,进入世界探索,接着再回来,然后再离开,如此往复,不断地回到母亲身边蓄积心理能量。

母亲是我们的第一个大本营,在之后的岁月中,她的位置会被其他关系和任何被我们认定为"家"的东西所取代(假如母亲持续扮演这个角色,那么可能是被"部分取代")——比如社区、国家或者某个地方。

假如母亲不能始终如一地陪伴孩子，而是自我沉溺抑或太过醉心于其他事物，情绪不稳，反复无常，又或者没能在情感上关爱孩子，孩子就无法觉得她是大本营，"母亲的怀抱"就形同虚设。而这种匮乏可能会导致一个人在成年期时难以建立起"家"的感觉。

你的母亲是个怎样的大本营？

- 想想你在童年期和成年后向母亲求助的情形。当时发生了什么？
- 如果你在向她求助时感到不自在，留意一下你的身体感受和随即出现的自我防御。你内心深处的声音是什么？

缺乏上述基本功能中的任意一个，都会给我们人生的发展留下漏洞。要查漏补缺，首要的一步就是了解自己究竟有哪些缺漏。我们将在本书的后续章节再次讨论填补漏洞的问题。

阅读本章可能会令你感觉有点沮丧。绝大多数缺乏母爱的人都对"好妈妈"的面貌（如果有的话）知之甚少。请不要绝望！这些漏洞并不非得永久地焊在你身上。虽然最后填补它们的多半不会是养育你长大的母亲，但我们还是可以在成年后的某个阶段体验到这些功能的作用。

第三章　依恋：最初的基石

依恋关系是孩子和其依恋对象之间的黏合剂，它对孩子的大脑发育，以及自尊感、安全感、情绪灵活性、社交能力、认知能力、开创性等的发展至关重要。哪怕你从没产生过安全依恋，也可以从现在起去尝试建立它，任何时候开始都不晚。

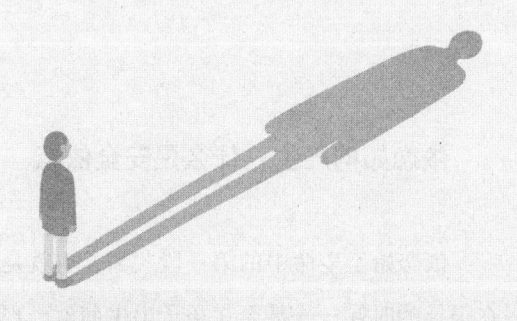

我们人生中的第一个人际交往任务，就是要与我们的主要养育者（通常是母亲）建立连接。这对我们的生存至关重要，因为婴儿只能靠全然地依赖他人来满足自己的基本需求。"依恋"一词最常被用来指代这种连接，目前对依恋行为和"类型"进行研究的成果也已不在少数。依恋对我们的大脑发育、心理健康和未来的人际关系都有重大影响。

虽然亲子关系并非促使依恋形成的唯一因素，但它却是最初的影响因素，而且在大多数情况下，它是最主要的影响因素。幸运的是，我们也可以和父亲、祖父母、保姆、日托工作人员以及其他养育者缔结依恋关系，还能在成年后与母职人物、治疗师、朋友或是伴侣建立安全依恋关系，从而获得许多早年未曾得到的益处。

依恋如何产生，什么是安全依恋

依恋始于生命中的第一段关系，也就是母子关系。这种关系在很早的时候——甚至在孩子出生前就已现萌芽，但肯定是在生

第三章 依恋：最初的基石

命的最初几小时、几周和几个月内成形的。它可能在很大程度上受到出生环境的影响，包括父母的准备是否充足、是否渴望孩子到来、母亲生产前后的精神及情绪状态，以及产程（研究发现，通过剖腹产的方式分娩的母亲需要更长时间才能与孩子建立起依恋关系[1]）。就连母亲的激素水平也会对此产生影响，催产素的水平越高，母亲就会做出越多支持依恋关系的行为。[2]许多因素都会影响母婴间的依恋质量。

依恋是通过同调与关怀建立起来的。在母婴关系中，它主要是经由婴儿发出需求（通过所谓依恋行为来表达）和母亲对这些需求做出回应的过程来产生的。事实上，母亲的回应、回应的稳定性和质量才是影响依恋关系的关键因素。[3]

研究表明，依恋的产生不仅源于对婴儿生理需求的即时满足，还源于母婴间的互动质量。当婴儿看着母亲，母亲也回望婴儿的时候，他们之间就会发生某种传递：微笑、镜映动作，以及下意识的同步共舞。

与安全依恋相关的最重要的养育行为包括：

- 对孩子的身心需求做出及时、稳定及同调的回应。
- 当孩子尝试亲近时，用欢迎的态度去回应。母亲必须主动迎合孩子的靠近，不能转过身去，或只是冷淡敷衍。她必须表现出自己也有想亲近的欲望。
- 关注孩子的情绪状态并表达共情。
- 怀着爱意注视孩子。有研究人员指出，这是促进负责社会行为的脑区发展的最关键因素。[4]

一旦我们知道有事可以去找妈妈,她会满足我们的需求,会理解和接纳我们的情感,我们就能在关系中体验到安全。我说过,这种感觉可能要等孩子大一点的时候才会有,但这种模式主要是在生命头一年里成形的,那时我们的认知还处在较为原始的水平。当我们哭泣时,母亲有时会在身边,有时不会;有时能照顾到我们的需要,有时不能。在心理学家埃里克·埃里克森(Erik Erikson)的发展模型中,这关系到我们能否在出生头一年形成基本的信任感。当这个世界(通常是母亲)能够始终如一地满足我们的需求时,我们就会发展出信任,相信自己能得到所需要的东西,并认为世界是一个安全的地方。这就是现在许多人所说的"安全依恋"(secure attachment)。

大量证据表明,如果安全依恋关系能在出生头几个月里被建立起来并且不被中断(由于丧失、超过孩子耐受能力的分离,或同调失败),那么在整个童年期,它都会趋于稳定。

依恋为何如此重要

依恋关系是孩子和其依恋对象之间的黏合剂,它对孩子在多个领域的发展都至关重要。

首先,它会很自然地影响到自尊。"有安全感的人会觉得自己

第三章 依恋：最初的基石

强大、能干、有价值、可爱并且特别——这都要归功于关爱他们的依恋对象愿意重视他们、爱他们并且视其为与众不同的个体。[5]他们在各种自尊量表上的得分都更高。[6]

其次，安全依恋会为我们创设所谓安全基地（secure base）——你大概也猜到了，就是进入世界并探索世界所需的安全感。倘若没有这份安全感，我们就永远无法离巢，甚至会拒绝审视自己的内心，而发展也会因此而受到阻碍。

作家兼治疗师苏珊·安德森（Susan Anderson）描述了安全依恋是如何促进最终独立的：

> 幼儿需要建立连接才能发展。当你还是个小婴儿时，你依赖母亲为你提供的养育，你的注意力几乎完全集中在母婴关系之上；接着，你开始蹒跚学步，变得更加独立，母亲的功能也随之转向幕后……如果这种发展受到了干扰——比如母亲不得不长期住院——你的独立性的展现就可能被延迟。[7]

安德森继续解释说：当依恋需求受挫时，它就会成为主要需求；而一旦它得到满足，就会立即转向后台。处于安全依恋之下的儿童和成人不会执着于被其他人看到或是呼唤他人的支持，他们能专注于满足其他的需求。

除了能为探索世界和处理其他事务提供安全基地之外，依恋还会带来一些长期的影响。研究表明，依恋关系安全稳固的儿童

051

在情绪灵活性、社交功能和认知能力上的水平都更高。[8]他们也更富开创性。[9]到了中学阶段，这类个体应对挫折与挑战的能力更强，感到技不如人时会更加努力，而不会像缺乏安全感的孩子那样直接崩溃。[10]处于安全依恋之下的儿童最终会成长为适应性良好的成年人，他们有能力发展安全依恋关系、调节自己的情绪并用乐观的眼光看待世界。[11]

相形之下，也有许多研究表明，各种形式的不安全依恋都可能导致一些发展困难，如情绪僵化、社交困难、注意缺陷障碍、难以理解他人的想法以及无法应对压力情境。[12]

处于不安全依恋下的个体之所以会产生应对压力情境的障碍，是因为：他们对压力的反应模式不够健康。应对压力的能力不足会增加个体对许多身心疾病的易感性。压力反应是经由氢化可的松激素来调节的，处于不安全依恋之下的儿童体内循环的氢化可的松水平过高，因而发展环境也更为不利。高水平的氢化可的松与抑郁、焦虑、自杀倾向、进食障碍及酗酒行为相关。氢化可的松水平过高会损害负责获取信息和清晰思考的脑区发展，[13]也可能导致失眠。

研究人员研究了作为安全依恋基础的"互动"会如何影响大脑的发育及功能。[14]与复杂社会行为最为相关的脑区（以至于有时被称作社会脑）对早期互动极为敏感。这么说可能有点过于简单粗暴——但这个区域负责的是对社会性发展极为重要的社交能力和社交智力，而饱含爱意的同调互动确实能够扩展这部分的大脑功能。[15]

因此，无论是对神经元的生长，还是对个体自尊感的建立，安全的依恋关系都有非常重要的作用。有的人会认为，这是最关键的一种童年需求。

怎么知道我和母亲的依恋关系是否安全

虽然要准确了解你与母亲在过往的关系非常困难，不过，你还是能从以下线索中找到一些重要的证据：

- 留存在记忆中的有关早年关系的片段。
- 目前对早年与母亲关系的感受。
- 你人生中的关系模式，尤其是你与他人建立牢固关系的能力。

最后一条有点复杂，我得花点时间才能讲清楚。我们先来探讨一下你在早年与母亲的关系：

- 你是否记得曾与母亲有过什么亲密时刻，比如她充满爱意地抱着你、对你微笑并表达喜爱？如果有，这属于例外还是常态？
- 你是否记得曾在有需要的时候去找妈妈的情形？是什么样的需要？是典型的童年需求吗？你的母亲是如何回应的？
- 尽你所能回忆或检视你的情感反应，在你尝试亲近母亲的时候，她会欢迎你吗？
- 别人如何描述婴幼儿时期的你？

也许你对早期关系的记忆十分贫乏，但你的感受和冲动通常都是线索，它们都是那些无法被你有意识想起的互动记忆遗留在你脑中的残像。它们有话要对你说。听听看吧，要是你愿意的话。

不安全的依恋关系的特点

实际上，处于不安全依恋关系中的人群并不在少数。研究表明，约 1/3 的孩子经历过不安全依恋，而且这种情况往往会代代相传。[16] 在抑郁母亲的子女中，这个数据会攀升到 1/2。[17]

现有对不安全依恋"风格"的描述众说纷纭。由于该领域内的不同作者使用的术语各不相同，所以人们有时会感到困惑。以下，我会针对每种类型选择最好记、描述最准确、以及被较知名的研究人员使用过的对应术语来讲述每一种风格类型。

自给自足型（self-sufficient style）

不安全依恋中最为广泛的是有多个不同命名的一个类别，包括强迫性自我依赖型、回避型或是疏离型。

当母亲不断拒绝孩子或对孩子不予回应，无法在情感上给予孩子时，孩子就会放弃，并明白在关系中表达需要是一种徒劳或是危险，进而关闭自己的需求和依恋通道。这就是这一类型的本质所在。

具体而言，回避型儿童的母亲会：

- 拒绝婴儿的依恋需求及其试图获得依恋的行为。
- 对他人的依赖信号感到不适或充满敌意。
- 抗拒亲昵及面对面的接触。
- 反感拥抱和身体碰触。
- 较少表达情感。[18]

假如妈妈抱着孩子却表现得兴趣寥寥，婴儿最终就会放弃对拥抱的自然渴望。再度被抱起的时候，他们就会变得像一袋土豆一样软塌塌的。

这些孩子"关闭了欲望通道"。当然，"欲望"是无法被完全关闭的，但它会与意识失联，继而被转移到潜意识中，在那里以极为原始的形式存在着，并同时附着一种迫在眉睫的体验。

这种情况下的孩子会认为父母不想面对他们的需求和感受，进而学会隐藏自己的情绪。等这些像"软土豆"一样的小孩长大一些，进入校园，当母亲问起他这一天过得怎样时，他们通常惜字如金，并坚持与母亲保持一定的距离。这样的孩子不会找母亲求助。即便母亲在日后想要与他建立更多的联系，孩子也会绷紧神经，躲在墙后。

但是，隔绝情感是要付出代价的。如果养育者没能注意到孩子的感受并对其做出回应，那么孩子——包括成年以后的人——将很难关注自己的感受，他们会出现述情障碍，也会不善于对别人的感受做出细致入微的理解。[19] 不难想象，对情感意识和情感交流的缺乏会成为他们日后亲密关系中的阻碍，在亲密关系中，他们甚至会表现得更加隐蔽与疏离。但跟欲望一样，这类群体的情感也不会凭空消失，只是会蛰伏到意识之下。

正如某位研究人员所言，以这种依恋风格为主的人已经关闭了他们的依恋需求，他们对与依恋相关的信号充耳不闻。[20] 尽可能多地自给自足就是他们的人生策略。处于这种依恋风格之下的人在关系中的防御更重，他们往往会拒绝过多的亲密接触。即使到了晚年，与他人接近，并在之后的生活中发展真实的依恋情感也会令他们感到恐惧。他们在全身心地依赖某人时，会因为浮现婴儿期时被拒绝的痛苦而感到无法承受。

迷恋型（preoccupied style）

另一种不安全依恋风格表现为某些传统意义上的不安全行为，比如黏人、索要承诺，以及总想与他人更加亲密。处于这种模式下的个体恐惧的是依恋对象的离开，也就是我们说的害怕被抛弃。当然，自给自足型的人也会害怕被抛弃，但他们会通过否认关系的重要性来保护自己。

这种依恋风格被称为焦虑型、强迫性寻求关怀型、矛盾型、依赖型以及迷恋型。这些名称都反映了该类型的某些重要特征。依赖和寻求关怀是显而易见的，"矛盾"则稍微复杂一些。这种类

第三章　依恋：最初的基石

型的孩子既会表现出对亲密的强烈需求，又会表现出对亲密的愤怒与拒绝。在"陌生情境"（strange situation）这一常用的研究设计中，迷恋型的一岁儿童会在母亲离开后表现得极为痛苦，但当母亲尝试弥补时，他们又很难接受对方的照顾。他们会在高度苛求、黏人和充满敌意之间来回变化。我之所以选择"迷恋型"这种表述，是为了说明这些孩子（甚至在长大成人后）对"他人有多靠得住"的纠结已经到达了顶点，以至于这种情绪甚至会主宰他们的生活。

处于这种依恋模式下的孩子通常拥有这样的母亲：她们不像自给自足型孩子的母亲那样总是排斥他人，但也不能给出足够稳定的回应来帮助孩子建立安全依恋。她们行踪飘忽，时而在场，时而离开。她们有时能体验到爱，有时又会莫名其妙地拒绝别人。这使得迷恋型的孩子（及成人）不知道该期待些什么。

根据作家戴安娜·福莎的说法：不安全依恋实际上是一种策略，用以控制因母亲的反复无常而引发的不适情绪。"他们像老鹰一样盯着母亲，紧紧抓住她以向自己保证她不会再次消失——这是为了应对妈妈的不稳定所带来的恐惧与痛苦而发展出的一种方式。"[21]

遗憾的是，为了获得理想的依恋关系而采取上述策略，反而往往会把依恋对象吓跑。当我们长大成人，这些策略就会演变成：

- 对亲密的需求过高。
- 对依恋信号的过度警惕。

- 总是质疑并考验对方的承诺。
- 总在强调自己的需求和无助，以"绑架"他人留下。
- 一旦别人不能满足自己的欲望，就惩罚对方。
- 在依恋需求得不到满足时发怒。

对焦虑型依恋者来说，独处，尤其是在遭遇困难的时候独处，会令他们感到不安。当依恋对象离开的时候，他们是无法好好待着的。在日后的恋爱关系中，每当伴侣离开，他们就会感到不安，也会变得更加善妒。焦虑型依恋者总是在寻找爱。[22]

这类依恋风格的孩子似乎过度沉迷于依恋关系，甚至无暇探索自己的世界。有证据表明，处于这种依恋风格下的成年人也会过度专注于人际关系，而无法充分施展自己的才能。[23]

有些人会同时表现出上述两种模式的特征，比如他们会在隔离感情和一头扎进关系之间反复横跳，或是先表现得疏离和自给自足，继而又陷入依赖模式。所有形式的不安全依恋都有一个共同点，那就是对关系缺乏信心，不相信他人会在情感上提供支持。

照顾者型（caretaker style）

依恋理论中有另一种模式叫作强迫性照顾型。拥有这种模式的人会否认自己的需求，转而专注他人的需求。[24] 他们会将提供帮助（无论他人是否愿意）当作与他人亲近的一种方式。处于这种依恋关系之下的人通常会有一个无力养育子女，反而希望孩子能来照顾自己的母亲。[25]

大部分现代依恋理论都不涵盖这一类型。有证据表明，成年期的照顾者与童年期的迷恋者之间存在关联。[26] 这倒也符合直觉，因为照顾也是保持连接的一种方式。

混乱型（disorganized style）

有些孩子属于一种被称为混乱型或无导向型的依恋风格。处于这一类型下的个体的行为模式并不固定，他们会表现出一种或多种依恋风格的行为特征，同时伴随着混乱与恐惧的交替出现。大部分受虐待儿童都属于这种依恋模式。

当然，施虐型父母并不是只会虐待，有时他们也会提供必要的照顾。因此，他们既是恐惧的来源，又是安慰的来源，而这就难免会让孩子感到混乱。[27]

于是，孩子的行为也变得不稳定。这样的孩子在父母面前时而困惑不安，时而茫然无措。毕竟，如果妈妈一会儿安慰你，一会儿又好像失去控制要揍你，你又怎么能知道去找她是不是安全呢？她又为什么会在某些时候那样失态呢？（会实施忽视和虐待举动的父母往往也是未经治疗的创伤受害者。）

混乱型依恋风格也常见于父母酗酒、吸毒或长期抑郁的儿童身上。[28]

这些儿童在与父母共处时往往会承担起照顾者的职能，也就是说，他们在本质上已经放弃了自己的孩童角色。仔细想想，这其实是种相当聪明的反应。因为这种情况下的孩子往往会发现，成年人并不值得信任，或者他们并不是称职的大人，因此，自己来当家长可能反而更安全。

与混乱型依恋相关的影响包括：

- 情绪、社交及认知功能明显受损。[29]
- 无法自我安抚。[30]
- 觉得自己的一切遭遇都是咎由自取，认为自己毫无价值。[31]
- 感觉与周围的世界格格不入。
- 警惕、难以信任，避免亲密。[32]
- 以解离（dissociation）、转移注意力和/或攻击与退缩的方式作为应对机制。[33]
- 脑容量较小，连接大脑双侧的纤维受损。[34]

尽管混乱型依恋是公认的最不安全的一种依恋风格，但它并不等同于依恋障碍（attachment disorder）。后者指向一种无依恋的状态，通常指的是反应性依恋障碍（reactive attachment disorder，RAD）。患有依恋障碍的孩子不会与主要养育者缔结依恋，也不会轻易和任何人发展关系。它与严重的早期忽视、虐待、三岁前与养育者的突然分离，以及养育者的频繁变更相关。

什么是依恋创伤

许多与依恋对象相关的事件都会给孩子造成创伤。对年幼的孩子来说，被留下独处是一种创伤，[35] 被要求面对无法处理的分离是一种创伤，依恋关系的严重中断或依恋对象的丧失是一种创伤，被依恋对象实施身体或性虐待也是一种创伤。

在孩童时期急需帮助时遭到遗弃也是一种创伤，而且这会引发依恋创伤。比方说，你告诉父母的其中一方，另一方正在虐待你，而听你说话的这方却不相信，抑或是忽视或淡化你所说的话，拒绝为你提供保护。请记住，你本该从与依恋对象的关系中体验到"世界是安全的"。安全依恋源于需求得到满足。无法在紧急状况下得到保护或是遭到忽视，会让孩子体验到被遗弃甚至被侵犯的感觉。

在任何年纪遭遇创伤都会带来毁灭性的影响〔参见我的书《从创伤中治愈》(*Healing from Trauma*)〕，但当创伤事件与依恋对象绑定在一起的时候，它留下的印记就几乎是不可磨灭的。

也许我与母亲之间的依恋并不安全，但那真的是她的错吗

虽然孩子们来到这个世界时都带着很大的不同，但相当多的证据都支持这样一种共识，即养育者的行为对安全依恋的形成有着至关重要的作用。需要特别说明的一点是：婴儿可能会对父母中的某一方产生安全依恋，而对另一方产生不安全依恋。在这种情况下，如果能给予婴儿恰当的回应，他们显然是有能力去发展

依恋的。

有证据表明，指导母亲并帮助她们对孩子做出更积极的回应，能够改变亲子间的依恋模式。当母亲同调回应的能力提高时，只需很短的时间就能增强孩子的安全依恋。[36]

要让母亲为亲子间的不安全依恋负责，并不等于是要批评她们有多道德败坏或是不关心孩子。这种不安全依恋产生的原因有很多。首先，母亲可能是爱孩子的，但被人需要会让她感到恐惧或是排斥。不幸的是，这往往会导致恶性循环，因为她越是退缩，越是拒绝照顾婴儿，婴儿就越要表达自己的需求，而这种需求的信号及其背后的紧迫感又恰好会吓到母亲。还有其他的影响因素，比如：母亲不擅长解读婴儿的信号；总是表现得心事重重、不堪重负或是情绪低落；缺乏安全感，对拒绝过于敏感；又或者她自己就不曾得到过很好的养育。如果她的母亲就没能慷慨付出或是同调她的需求，再不然她的母亲就总是忙得要命或者冷漠至极，她就会深刻地继承这种模式，并在不自觉间重复这些行为。当发现自己正因得不到某样东西而倍感痛苦，可别人却能轻而易举地拥有它时，人们就会体验到深深的、令人难以忍受的伤害。母亲也不例外。

我们会稍后再来讨论如何更客观地理解母亲的状况，但现在，我建议你把早期关系和依恋方式出现问题的责任先归到她身上，而不是拼命去想是不是自己做错了什么。虽然这支母子间的舞曲是由你俩共同谱写的，即便在复杂状况下，母子二人都会互相镜映出双方在关系中的退缩与抗拒，但是，作为成年人的母亲还是更有责任去意识到并改变这种模式。

过往的依恋关系并不完备，我还有救吗

哪怕你从没产生过安全依恋，也可以从现在起去尝试建立它，任何时候开始都不晚。安全依恋会带来许多益处，包括：

- 为你提供一只"锚"，一个能与你发生连接的地方。
- 让你对他人的看法更积极，对生活的感受更乐观。
- 帮助你建立起一种如影随形的安全感。
- 给你一个栖身之处，在那里，你不会孤单，会有人牵着你走。
- 提供一个让你感觉良好的平台，增强自尊与自信。
- 让你在未来更敢于向他人表达需求。
- 强化有利的神经通路，刺激大脑发育。
- 提高自我调节能力。
- 与值得信赖的人发展安全依恋关系，对弥补母爱不足导致的缺陷是非常重要的。
- 识别依恋对象。

成年人的依恋对象通常是亲密伴侣，但也可能是治疗师或其他助人者、母亲的替代者以及至交好友。有些孩子会靠"想象中的朋友"来满足自己的某些需求，还有很多人（包括成年人和儿童）会依靠宠物来获得安慰并建立情感连接。

如果你不确定谁会是或者有可能会成为你的依恋对象，可以问问自己以下几个问题：

- 我最难过的时候，去找谁让我感到最舒服？我有需要的时候，谁是我可以求助的人？
- 谁是我相信真的在乎我的？谁关心我只是因为我是我，而不是因为我能为他提供什么东西？
- 如果我现在处于必须全然依赖他人的状态（比如遭遇了重大事故或是生了病），我希望谁陪在我身边？
- 谁是我确信会一直陪在我身边的人？

判断自己的依恋风格

假如你还不确定自己属于哪种依恋风格，可以读读接下来的描述，看看哪个更像你，也许你会觉得很有意思。注意：这些描述是针对成年群体及其亲密关系做出的，而不是针对母婴关系做出的。[37]我还将每个词条下的内容限定在三项之内。有的研究人员已经开发出了详细的长量表，不过你可以先用这个小体量的测试来试试水。

A 型：

- 我经常担心伴侣不是真的爱我，或者不想和我在一起。有时我会沉溺在这种担忧之中，表现出强烈的嫉妒，甚至在友谊中也是如此。
- 有时我对亲密关系的渴望会把别人吓跑。

- 我不能理解为什么别人表现得好像看不到我的需求。如果他们真的关心我，就不会让我受到这样的伤害。

B型：
- 我不喜欢依赖别人，因为感觉这就像是受伤的前奏。
- 我宁可不在别人面前展现脆弱。事实上，我宁可自己根本感觉不到脆弱！
- 别人离我太近的时候我会很紧张。

C型：
- 我喜欢依赖别人，也喜欢被人依赖。
- 我觉得与人亲近不是件难事。
- 我相信在我需要的时候，（大多数时候）别人会在我身边。

D型：
- 我通过满足他人的需求来亲近他们。
- 我认为，如果我对他人需求的满足足够多，他们就不会离开我。
- 要想关系双方都满意，几乎是不可能的。

倘若看完这些你仍不能确定，我再说得更明白些：A是迷恋型，B是自给自足型，C是安全依恋型，D是强迫性照顾型。由于混乱型依恋缺乏明确的指征，所以很难通过上述工具来对这一类型进行识别。如果你觉得以上内容还不足以帮助你判断自己的依恋风格，可以上网找找，网上有更详细的依恋风格测试，并附有等级评分表，可以让你对自己的依恋风格有更清晰的认识。

许多方法都可以帮你深入地了解自己的依恋风格，现在我们来说说你可能在生活中关注到的其他事情。

一个有趣的线索是：觉察自己在体验到被遗弃感的时候会有何反应。早期依恋风格研究会设置"陌生情境"实验，通过让母亲与年幼的孩子短暂分离，然后再重新回到房间来测试孩子的反应。当母亲回来时，防御更重、更疏离（自给自足型）的孩子最难与之重新建立连接。他们常常会无视母亲的回归。这些孩子其实是在表达："哦，是你啊。你对我并不重要。"他们不会依赖母亲，反而一门心思做自己的事情。矛盾依恋型（迷恋型）的孩子在母亲离开时往往表现得极度烦躁，但当母亲回来后，他们又会面露怨恨，不是表现得极为愤怒，就是显得特别无助。

留意一下自己在依恋对象离开时的反应是什么类型。向所爱的人表达思念是否会让你感觉太脆弱？当他们回来时，你觉得感情再度升温起来是否困难？你是否会太过专注于失去，以至于即便对方回来了都难以释怀（典型的迷恋型、矛盾依恋型）？你是否会因为他们的离开而有想要惩罚对方的念头（迷恋型、矛盾依恋型更容易这样做）？在上述研究中，相比于幼儿对分离本身的反应，他们如何在母亲回归时与之重建连接更能说明他们属于哪种依恋风格。

我相信，我们在重要关系中经历失望或受伤时的反应也能说明我们是否具备基本的安全感。当有人让你失望时，你会有何反应？也许你正期待别人对你生命中的某个重大事件表达认可，可对方却忘得一干二净。你是否会因此而抓狂，即便那也算不上什么大事？你会感觉内心有些许退缩吗？会不会想多多少少惩罚一下对方？你是会试着淡化这件事的重要性，以此掩饰你的失望，还是你能把失望之情表达出来？安全的依恋会增强我们的修复能力，让我们更善于表达自己。我猜测，自给自足型的人会隐藏受伤和失望的感觉（以及对亲密关系的渴望），而迷恋型的人可能会强化这些感受，必要时还会利用对方的内疚，试图稳固关系的纽带。（因为对这两种不安全依恋类型的研究最多，所以我在此将重点放在这二者之上。）

同一个人可以属于多种依恋风格吗

当然可以。不必在类型上太过较真，更好的方法是去关注自己处于每一类型相关特质谱系上的什么位置，比如你在依赖和展示脆弱时是否感到自在，你亲近他人的能力，处理情绪的能力，你的安全感和被需要感——我们会在后续章节中继续探讨这些问题。

若能将这些衡量指标看作特定关系会展现出的具体特质，也会很有帮助。正如孩子对父亲和母亲的依恋模式可能不同，成年人在不同的关系中也会展现出不一样的依恋特质。对依恋风格进行研究，其价值在于阐明每种风格的表现元素，并找出其中的规律。同时也要考虑到，这些模式最初脱胎于我们最重要的早年关系（与养育者的关系）。

我与母亲的关系会影响我在未来的人际关系吗

无论你与母亲的关系是老死不相往来、彼此愉悦安全还是介于两者之间，你都无法摆脱这段核心关系的影响。

婴幼儿时期的经历会有力地塑造你对自己与他人的看法、你对关系的期望、对自己的感觉以及从中习得的习惯性防御（以及健康的！）机制。

比方说，如果你享受安全依恋，就会认为表达自己对亲密、舒适的需要或是其他一般性需求是能够被允许的；事实上，这正是建立人际关系的基础。但是，如果你的母亲（或其他养育者）始终拒绝你所发出的对爱、支持和保护的呼唤，你就会停止表达这些需求，并在意识层面上切断与它们的连接（变成自给自足型）。要是母亲的态度前后不一，有时积极，有时冷漠，你就会认为要让自己的依恋需求得到满足，唯一的办法就是紧抓着这些需求不放，盯紧自己的依恋对象，一刻不停地强调自己的感受和需要（迷恋型）。

现在，我们来花点时间反思一下自己的情况：

- 就目前所学到的知识而言，你认为在是否展现依恋需求这一维度上，你属于哪种依恋模式？这对你在青春期和成年期的体验有何影响？
- 这与你想象中儿时与母亲的依恋状况有何相关？

改变依恋模式有多难

在儿童期改变不安全依恋模式是最容易的。我曾提到过，指导母亲更好地同调婴儿可以迅速改善亲子间的依恋质量。一种模式在特定关系中存在的时间越长，就越难以改变。

儿童更容易在早年时期改变自己的不安全依恋模式，因为他们发展安全依恋的愿望和能力都更强，这有助于抵消母子间的不安全依恋（并提供替代选项）。[38] 研究表明，儿童对父亲（或次要养育者）的安全依恋是帮助其补偿或克服与母亲之间不安全依恋的最重要因素。[39]

要在成年之后改变底层依恋模式可能会更困难，不过到了那时，我们的选择也更多了。因为我们更有能力去哀悼旧伤、发掘核心信念、建立新的生存方式，并就此展开治疗工作。如果我们能建立起新的、更健康的人际互动模式，就可以改变我们对关系的期望与态度，为疗愈的努力构建一个新的起点。我们会在后续章节中详细讨论以上问题。

记住，人类生来就能缔结依恋关系，这是大自然的旨意。

第四章　其他养育模块

除了健康的依恋关系外，对安全感、归属感的培养，给予我们幸福的环境，尊重我们的天性，等等，都有助于我们进一步发展自我意识。这些都仰赖于爱的存在。爱本身就是一种媒介，它是我们成长的最佳土壤，每颗心都只有在被爱的时候才能得到滋养。

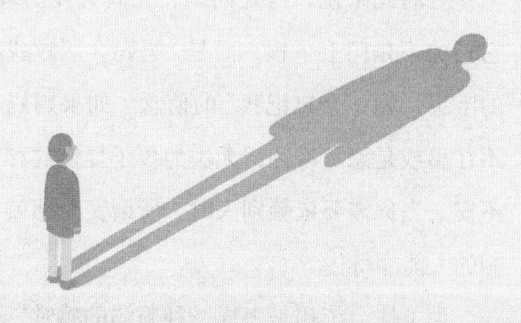

依恋只是影响养育的众多模块之一。在本章中，我们将对安全关系做一个快速的回顾，然后继续讨论有助于促进孩子自我意识发展的其他因素。

安全感

孩子和成年人体验安全感的方式不尽相同——不过，有些人说的也没错，在紧急状况下，人人都希望能联系和接触到对我们来说最重要的人。当炸弹漫天乱飞的时候，我们都会紧紧地抓住最爱的人。

对幼儿来说，身处同调、充满关爱的环境之中，就是安全。它指的不是门上了锁，而是"妈妈会照顾我，会记得我。我是她的宝贝，她不会忘记我"的信念。如果妈妈表现得心事重重、心不在焉或是怒气冲冲，无法为孩子提供这种环境，孩子就会感到不安。当你需要依赖别人时，所谓安全感就是你会感到你所要依赖的人能靠得住。

为了体会依赖是怎样一种脆弱的感觉，你可以想象一下：飞

第四章 其他养育模块

机上只有你和飞行员两个人,这时候你发现飞行员喝醉了;或者你要去做手术,却发现外科医生根本不知道自己该做什么。对孩子来说,母亲在情感上缺席的感觉,就像是在海上远航的乘客发现船长并不是真正的人类,只是一具人体模型一样。

孩子的安全感源于很多方面——感觉母亲有能力,感觉母亲与自己同调,感觉自己被抱在怀中。有位女性曾以内在小孩的口吻在日记中写道:

> 我希望全身上下都被包裹在粉色的毯子里。我希望被安全地抱着,被安全地包容着。安全。那似乎是种全新的感受。一种我被包裹在一个温暖、安全的地方,周围的保护触手可及的感受……如果我能被这种安全感包围,就不需要蜷成一团,自己抱紧自己了。

结合儿科医生兼精神分析学家唐纳德·温尼科特的说法来看,最后这句话很有意思。温尼科特说,母亲会"把孩子的各个部分抱持在一起"。她是孩子的黏合剂,也是孩子的容器。当母亲真的在场,怀着爱意抱着孩子,孩子就有了依靠。归根结底,孩子依靠的是母亲的心。

值得重申的是,这种由关系提供的安全感,这种像安全基地一样的东西,正是孩子得以放心探索世界的原因。当有个安身之处可以回来的时候,我们就能够离开;正如我们能被安全地抱持着的时候,就不需要紧紧抓住什么。研究表明,安全的婴儿能够在感到安全时进行探索,在感到不安时主动寻求连接。这是我们与生俱来的本能。

另一方面,在安全感缺失的时候,焦虑就会占据上风。许多精神健康领域的专家将焦虑视为不良防御的基础或是精神疾病的根源,而焦虑恰恰就源于安全感的不足。它来自我们在无法独自应对的情境下所产生的孤独与无助,也来自我们与迟钝、冷漠的照料者之间不安全的关系。[1]

幸福家园

对孩子来说,与母亲的关系是他成长过程中的第一层容器,而幸福家园则是第二层容器,这个容器更大一些。这就像是种植一盆植物,先要把它栽进肥沃的土壤中,然后才是将它放到光线及温度适宜的房间里。

所谓幸福家园,就是指让人身居其中能感觉到舒适的地方。在那里,人们彼此友好,内心平和。家庭成员会认识到家是一个合作单位,每个人的需求与满足都很重要,而作为孩子的你,也会发现人人都会将你的需求放在首位。了解了这一点,你就能找到自己的位置。它会帮助你看见需求,做你自己。

幸福的家中没有等着你去解决的持续的危机(你也不必因为年龄太小无计可施而不停忍受那种煎熬)。大家不会陷入权力的抢夺,没有激斗,也没有冷战。在幸福的家中,你不必屏住呼吸。

第四章 其他养育模块

你可以放开手脚，自在随心。

幸福的家中或许会有一位居于次席的家长（未必是异性），但也不是必须要有。如果母亲能得到其他重要的大人的支持，她就会感到快乐。但如果这些关系中总是硝烟四起，就会适得其反了。幸福的家中可能会有一个或多个孩子，可能有宠物，也可能没有。在充满压力和匮乏感的家庭里，母亲会因为要照顾更多的人而觉得精疲力竭；但在幸福的家中，母亲就像一口永不枯竭的源泉，能在照顾到每个人需求的同时又从不引起怨声载道。看起来，付出对她似乎是种享受（这可能会让那些没经历过这种情形的人震惊不已）！

一个快乐的妈妈会给孩子带来爆棚的幸福感。想象一下照片里的妈妈面带笑容的样子。她喜欢这里，她愿意和你、和照片里的每一个人待在一起，她无须对当下的生活做出任何改变。她是一个那么有松弛感的妈妈！当她放松地绽放微笑时，我们能感受到她的世界的美好。而当妈妈的世界美好时，我们的世界也会跟着美好起来。

但是，倘若妈妈心不在焉、忧心忡忡或是情绪低落，我们就无法获得这样的支持，也很难放松身心，全然活在当下。毕竟，在退缩又焦虑的妈妈面前表现出外向又健谈的样子似乎有点不合时宜。于是，我们在哪儿都不能开心，除非那开心是为了哄妈妈高兴而假意伪装出来的。但如果妈妈非常快乐，我们就不会有这些负担，只要表达真实的自己就可以了。

出了问题也是可以解决的

幸福、健康的家庭并非不会出现问题，只不过，这些问题能够得到解决，而不是成为全家的隐痛，或是变得积重难返。冲突会得到化解，而家中的大人有能力应对各式各样的需求。

这一点在人际关系中至关重要。孩子需要知道，愤怒和争吵确实会发生，但裂痕仍然可以得到修复。在第一章中，我描述过"足够好"的母亲也会经常跑偏，而对关系中裂痕的反复修复可以巩固连接并增强修复能力。不仅在母子关系中是这样，在咨访关系、亲密关系或是任何其他重要的关系中都是如此。我们需要知道，对方能够处理这种破裂所带来的令人不安的感觉，对方不会就此离开，我们可以一起修复它。

未亲身经历，我们是无法真正体验到这种感觉的。我还记得自己与治疗师的首次会面：我把自己的挫败感和满腔的怒火一股脑全倒在了她身上，当时我简直惊呆了——接着我立刻想到，我把这段关系搞砸了。很显然，那时候的我觉得只要我表达了愤怒，就一定会永久地摧毁我们之间的关系。可事实上，我们的关系不但没被搞砸，反而更牢固了。但我之前从未经历过类似事件，也没有任何人告诉过我还能这样。我从来不敢对家人表达愤怒，在修复这件事上，我是只彻头彻尾的"菜鸟"。

相信裂痕能被修复有助于增强儿童的心理韧性，它是安全依恋的另一个重要方面。

归属感

影响孩子产生归属感的原因有很多,其中有一些属于显而易见的外在因素,比如"同姓同本"、住在同一个家中、与家人有相似之处——比如眼睛、鼻子或嘴巴长得很像。

安全的依恋会让人产生深深的归属感,因为它会用"锚"给你定位,承诺一片生命之网中的"应许之地"。这个地方比任何关系都重要,但我们的第一段关系——与母亲的关系为它奠定了基础。之后,我们还会在团队、宗族、邻里、俱乐部、社区、国家以及社会运动中找到自己的位置,或者在与孩子和伴侣的相处中体验到归属感。当我们在上述某些层面上拥有归属感时,我们就会感到自己被纳入了某些事物之中,成了它们的一部分。

感到有价值或被重视也是归属感的一部分。如果一个家庭口口声声说着你是他们的一员,却没有让你感到他们了解你或是懂你,那么即便身处其中,你也会感觉自己像个局外人。

萌芽中的自我

处于自我萌发期的婴儿是极度敏感的,而"好妈妈"能够捕捉到这种敏感。她会以最大的关心与尊重来对待孩子在此阶段的特殊变化,一如对待他们之间日益加深的情感连接。他们之间的互动就像来回穿梭的纱线一般,编织起母子间的心灵之网。

这种互动对自我感的形成至关重要。因为婴儿期的自我意识还没有以独立个体的形式萌出，它只能浸透在与他人关系的感受之中——具体到这里，就是与母亲的关系。

母亲是孩子自我意识发展的推动者，她的支持与鼓励，对孩子新品质的形成是必不可少的。要让孩子的"真实自体"有机会立足，就要让它被看见。而让孩子感到自己被看见的唯一途径，就是有一个能够镜映出孩子的情感和体验，能够认可它们，并为它们感到欢欣鼓舞的客体。假使这些独特品质得不到镜映或支持，就无法发展成为人格的根基。于是，孩子不能遵从自己的天性，反而只能按照母亲的期待行事，发展出一个"虚假自体"。对有些人来说，这个虚假自体（每个人多多少少都有一些）会使他们一叶障目，不见泰山，看不见其他任何东西。

成长环境

要想有机会发展真实的自我，就需要一个能够让我们成长为自己的环境，一个能够提供全面发展所需的各种养料的环境。正如土壤中的矿物质不足时会矮化植物的生长并改变其性状一样，早期环境中的养分不足也会阻碍我们的发展。

这些养分包括无条件的接纳（"我接纳你，如你所是"）、尊重与珍视，还有此前讨论过的镜映以及同调回应。你要因为真实的自己而被看重，还要仅仅因为你是你而得到珍视。如果你感受不到这一点，就会觉得自己格格不入，找不到归属感，也就很难真正拥抱生活。

在一个特定的家庭中，那些受到了尊重与重视的东西会得到强化。下面我们用一个练习来探讨这一问题。

- 看看下面的清单中有哪些品质是为你的家庭所看重的：

○ 聪明才智

○ 精通及成就

○ 可爱

○ 天真无邪

○ 娇弱

○ 敏感

○ 刚强

○ 幽默及傻气

○ 坚韧

○ 亲切

○ 需要他人

○ 自信，有时"心里只有自己"

○ 感受自身的存在，享受与世界的连接

○ 有魅力

○ 助人行为

○ 能表达情感

○ 想象力与创造力

- 留意一下：哪些品质是被你的家庭所忽视、在你的家中隐形的？哪些品质会遭到讥笑或是贬低？你能从中看出什么？在你的成长过程中，那些不被重视的品质后来怎么样了？

我们可以通过深入的想象来获取新的体验。要做到这一点，请先选择一种不被你的家庭文化所支持的品质，然后想象一下，有一个对你很重要的人看到、认可你身上的这一品质，并真心为此感到雀跃。想象这个人对你说："这是我最喜欢你的地方之一。"关注你在想象中的感受，将这种感受代入身体内部进行体验。

在这个过程中，我们通常需要克服掉自身对这些未受重视的品质的阻抗，并为拥有这些品质或能以这些方式行事的权利而努力奋斗。

支持孩子做孩子

想想看，一个典型的小孩子会有哪些特点。这些特点可能包括：

- 依赖性强。
- 需求众多。
- 受挫能力有限，需要一切都"刚刚好"。
- 天真无邪。

第四章 其他养育模块

- 发育不足，做事不熟练。
- 即刻、真实地表达情绪。
- 寻求亲密与爱。
- 娇弱可爱。

思考一下，倘若不对其加以责备，这些特点其实是普遍存在于处于各种文化和环境中的孩子身上的，对吗？

一个更犀利的问题：这些品质难道不正是经常被我们的家庭文化所忽视或拒绝的吗？当情况属实的时候，人们并不认为"孩子身为孩子"有什么价值，而是觉得"孩子不像孩子"的时候才有价值。

当然，我们需要父母为我们加油打气，需要他们重视我们日益增长的独立性和掌控力，但在成长过程中，那些缺乏母爱的孩子收获了太多有关发展成就的鼓励，却没能得到足够的对其儿童天性的支持。比起满足孩子的需求，成年人更感兴趣的往往是看到孩子们摆脱了这些需求。

父母之所以会拒绝这些柔软的品质，可能有多种原因。也许他们自己在成长阶段就没有得到过足够的耐心。例如，如果一个女性在还是小女孩时不被允许表现得可爱甜美，那么她就会发现自己很难忍受孩子的可爱——要她接受这种品质，无异于蹭破陈旧的伤口。依赖、敏感和其他柔软的品质也是如此。也许一个母亲早被早年的苦难或虐待夺走了应有的纯真，她拼命自责，觉得都是因为自己敞开了心扉、不设防备，才会招致这样的结果。她

081

将自我开放视作危险，所以，当孩子表现得脆弱不堪时，她就会感觉很不舒服。

某些时候，过度的压力和困难也可能影响母亲培养这些柔软品质的能力，但罪魁祸首往往还是她自己的童年经历。此外，假如养育者曾对她拔苗助长，罔顾她在童年期的需求与局限，她往往也会对自己的孩子抱有不切实际的期望。这类母亲通常也都会展现出易怒与施虐的特征。

- 再回头看看上面提到的幼儿的天性，你觉得其中有哪些品质是被你的父母所支持的？
- 如果你的母亲不支持上述某些柔软的品质，你认为原因是什么？

要想孩子自然发展，就要尊重他们自己的成长节奏。事实上，被迫长大或是在压力下长大，往往都属于扭曲的成长。要让孩子从童年时期真正地成长起来，就得支持孩子做孩子。

抚触

充满滋养与关爱的抚触不仅是培养自我意识的基石，也是发展自我价值感的重要组成部分。这是一种非常基本的需求，缺乏抚触经常会导致婴儿死亡。

第四章 其他养育模块

你或许曾听过多年前在孤儿院发现的生长发育迟滞（failure to thrive，FTT）综合征——尽管院内的所有婴儿都得到了喂养，但婴儿床位置靠后的孩子因发育不良而死亡的概率远高于位置靠前的婴儿。研究人员意识到产生这种差异的原因是后排婴儿被抱起的机会不多，得到的关注也比其他婴儿少。之后，他们采取了补救措施，而这种综合征的发病率也随之大为降低。

充满滋养的抚触能够带来许多生理上的益处，包括促进神经系统生长、刺激免疫系统以及降低压力激素水平。而论及对情感和心理的作用，它能让我们产生被爱、被安慰以及受到保护的感觉。

适当的抚触还能帮助我们找到身体中的自我。得不到抚触的孩子可能会与自己的身体失联，并因此而体验到不真实的感觉。[2] 感受只有在扎根于身体中时才会显得真实，而抚触就是将感受根植到身体中的一种方式。缺乏抚触或是虐待型抚触也可能会助长解离症状——也就是身心二元的分离。

说来也怪，但缺乏抚触确实也会引发一种"囚于自身"的感觉。阿什利·蒙塔古（Ashley Montagu）在《触摸：皮肤对人类的意义》(Touching: The Human Significance of the Skin)一书中写道："在很大程度上，正是抚触对皮肤的刺激让孩子的自我得以从皮肤中浮现出来。"蒙塔古解释了一个没有得到充分抚触的孩子是如何被锁在自己的皮肤里，进而将正常的身体接触体验为一种威胁的。[3] 这就是"触觉防御"（tactile defensiveness）。这种防御可以表现为对触摸的麻痹或过度敏感，也可以是对触摸的回避。

得不到足够积极抚触的孩子往往会（无意识地）抗拒身体接触，就好像被别人碰到是什么要命的事情。消极抚触常以粗暴、惩戒性质或是包含敌意的形式出现，从这样的抚触中看不到一丁点对孩子的重视。幼儿的认知能力尚且不足，他们还无法理解父母行为失当或是表现得无能失败并不是自己的原因。一般来说，抚触剥夺发生得越早，其破坏性就越大。

母亲会在对孩子的碰触中感到不适，有很多原因。如果她们自己就没有接受过足够有滋养的抚触，就会产生触觉防御，或是很难充分体验躯体感觉。带着爱意的抚触对他们而言是陌生且超出想象的东西。虐待及其他因素也可能让他们对自己和他人的身体（包括孩子的身体）感到不适。当一个母亲会因为自己的身体而感到羞耻时，她们往往也会将这种感觉传递给下一代。

下列问题可以帮你探索这一议题：

- 你小时候能得到什么样的抚触？（你可能会按照不同年龄段展开回忆。）
- 要是你有一个不喜欢身体接触的母亲，你觉得可能是什么原因使得她变成这样的？
- 如果你感觉自己没有得到过足够的抚触，这对你有什么影响？你会不会渴望这种身体接触，甚至不惜冒险也要得到它？你是否乐于接受各种类型的抚触？
- 如果你得到的抚触较少，你会怎样看待这种经历？你是否认同有些人对抚触的抗拒？

爱是媒介，爱是信息

我们可以说抚触是媒介，而爱是它传达出的信息，但其实，爱本身也是一种媒介，它是孩子成长的最佳土壤。每颗心都只有在被爱的时候才能得到滋养，人也只有在接受爱的时候才能真正敞开心扉。被爱的人更会爱人。爱还能帮助我们提高修复能力。

爱不仅会通过抚触来传递，还会通过语气、面部表情、反应、言语以及养育的质量来传递。即便是孩子，也能感觉到爱意的深浅。

爱意的存在会激发其他类型的母性行为，比如保护、鼓励、支持以及指导。当这些行为中灌注着爱意时，对方就能更好地接收到它们；而当爱意缺席的时候，人们就会将其体验为一种伤害，而非帮助。举例说明：倘若爱不在场，保护性的限制就会被体验为束缚与不公；孩子会将成人的管制视为对权力的炫耀；鼓励会被当成一种逼迫而非支持；孩子甚至会觉得父母之所以希望自己成功，只是要把他当作耀武扬威的工具。因此，没有爱，一切都寸步难行；而但凡有了爱，即使最为拙劣的养育也能够得到谅解。

我们已经讨论了"好妈妈"包含的模块及基本功能，下面我们就来谈谈当以上这些功能缺失的时候会发生什么。

第二部分 当养育出现问题

第五章 妈妈,你在哪里

当感觉到自己对母亲并不重要时,我们心中就会出现一个空洞。那感觉就像是心被掏空,留下一片荒芜。我们会为自己被母亲拒绝而感到痛苦,会误以为这是因为自己的需求太多、太过分。反过来,我们甚至会因此渐渐在内心筑起高墙,阻止母亲的进入,以此回应母亲曾经的情感缺席。

幼儿还无法理解人类的行为会受到外部因素的影响。他们误以为，自己之所以会被伤害或遗弃，一定是因为他们做了什么，并就此得出结论，认定自己不够好、不可爱。这种"我有错"的感觉并不总能进入意识领域，但它仍会长久地居于某个层面。从本书开篇的诗歌《妈妈，你在哪里》的结尾，孩子问到"是不是因为我，你才做了这些事情"中，我们就能看到这一点。

母亲失职留下的空洞

当感觉到自己对母亲并不重要时，我们心中就会出现一个空洞。那感觉就像是心被掏空，留下一片荒芜。而那个空洞，就是原本母亲该在的地方。

仔细来看，这个空洞包含三个层面。第一层是与外部缺失相关的表层。母亲在这个层面的失职多表现为对孩子的监管不力、培养不足或是社会化塑造程度低下。这些孩子的发展速度比常规更慢一些，因为他们在掌握语言、运动及最早期的学习技能时没有得到个别化的关注与支持。

第五章 妈妈，你在哪里

第二层是由母爱缺失所造成的自我意识的空洞。准确地说，我们可以将其看作一系列的空洞。其中有因感觉不到被爱而留下的空洞；有因缺乏镜映，无法体验到连续的真实感所留下的空洞；有因缺乏鼓励与赞美而导致的自信空洞；有归属感不足所产生的空洞；还有无家可归的感觉所带来的空洞；等等。

一位缺乏母爱的成年人这样描述自己对爱的极度渴望："一旦你心里有个空洞，你就永远得不到满足。"她是个早产儿，出生后一直被关在保温箱里，所以错失了与父母建立连接的正常时机，这让她对有爱的抚触以及一切积极的关注都存在着高度的饥渴。她在整个青年期和成年早期都对情感有强烈的渴望，对任何一个看起来似乎"看见了"她的人，她都会产生迷恋。

这样的空洞往往会导致极致的孤独。一位女性记得，她曾在四岁的时候体验到一阵孤独感，当时她心想："没妈的孩子就是这种感觉。"但她理性的那部分随即又反驳道："我是有妈妈的。"困惑油然而生。也有人会把这个空洞描述为一种空虚、寂寞，"在情感上觉得孤独"的感受。

当我们审视自己自我养育的方式，并发觉其中也有与母亲一样的缺陷时，第三层就会浮出水面。我们会发现，我们不知道如何支持或鼓励自己，不知道如何保持耐心或是温柔，也不知道如何包容自己的需求与局限。此处现身的，是关于内在母亲的空洞。

本书会同时关注以上三个层面上的空洞。我们会在阐明"好妈妈"应该提供什么并将之与你的实际经历进行对比的过程中，让你看到你在哪些方面存在着能力缺失或是发展不足。疗愈章节

（第九至十四章）要探讨的就是如何填补这些空洞。

孩子很早就会在记忆中印刻下母亲的在场或是缺席。一位女性这样描述自己人生的第一段记忆：她躺在毯子上，伸出双臂，但一直没有人发现，最终她不得不放下了手臂。当感觉到对某件事的努力会成为一种徒劳时，我们就会选择放弃，并在多个层面上陷入崩溃。

工作坊中有时会用到这样一种练习：来访者需要躺在地板上，伸手向上呼救。如果你在孩提时代曾经历过刚才描述的那种徒劳无功，遭遇过任何形式的拒绝，或是产生过惩罚式的反应，你可能都很难完成这个动作。有个发现很能说明问题：即便是没有遭受过重大伤害的人，只要他们在练习中有了哪怕只是少数几次不被"母亲"的扮演者回应的经历，也会停止伸手求救。

这些年来，我听过许多人向我描述这样的早期记忆。不少人都会对这位永远找不到人的母亲感到愤怒，而他们在生命之初表达这种愤怒的方式，可能就是敲打婴儿床和惊声尖叫。可是，这种努力很少能够奏效。通常，当尖叫无人问津的时候，他们就会放弃努力。但愤怒并不会凭空消失——它会藏在内心深处，而且会很容易在成年后遇到类似刺激时再度被激活——比如，当你遇到一个同样不吭声的老板的时候。

瑞塔（Rita）是一位已到中年的女性，但她仍在努力克服母爱的极度缺失所导致的创伤。她说她突然产生了一种幻觉，幻觉中的她还是个婴儿，正坐在一个腰部以上不见踪影的女人膝上。她在内心咆哮着问道："你怎么能这么对一个婴儿？"这是个相当明确的意象。这就是情感缺席的母亲带给孩子的感觉——就像一个根本不存在的人。这是一种强烈的冲击，一种对生存的威胁，因而，它也会对孩子的神经系统造成创伤。

对母亲陪伴的需求

婴幼儿需要在养育者的陪伴之下才能存活下来。过早、过久或是过于频繁地与养育者分离都会给孩子留下深深的伤痕。

我并不主张所有女性都去当全职妈妈。许多女性要养家糊口，除了工作，她们别无选择；而另一些母亲则通过工作或其他活动变得充实与满足，这种充实与满足感增强了她们作为母亲的能力。研究表明，母亲的满意度是决定孩子表现好坏的关键变量。"被动"留在家中的母亲可能会产生抑郁、烦躁或是价值感缺失之类的感受。[1] 还有研究表明，高质量的托育服务能够促进学步期儿童及大童的发展。[2] 而最值得担忧的是要求孩子在最不能耐受分离的0~1岁中体验与养育者的长期分离。工作时长是另一个因素，如果妈妈们有10~12个小时都见不到宝宝，就很难对他们保持敏锐与同调。

当身体的陪伴能达到一个基本的"量"时（因不同孩子而异），"质"的重要性就会凸显出来。我曾见过这样的情况：如果孩子与父母连接紧密且能感觉到被爱，即便是较严重的身体缺席也是可以被原谅的。这并不是说总不能陪在孩子身边不会对孩子造成影响，而是说相比于某些大部分时间都待在家却情感缺席的母亲而言，它的代价似乎更小一些。死亡造成的永久性缺席是另一个截然不同的主题，它也会带来许多不同的影响。

当然，孩子的年龄也是一个重要因素。年长的孩子有更多的资源来帮助自己耐受与母亲的分离。如果他们在早年得到过良好的照顾，就会有更多的机会内化一个充满爱意的母亲形象，并进一步发展稳固的自我意识。

即便孩子已经长成了青少年，母亲也要在打算离开时征求他们的意见。因为这么大的孩子也依然有对陪伴的需求，而母亲在离开前还是要围绕这些需求来帮助他们解决问题。那些（与其他成年人一起）一走就是数周或者数月却不与孩子商量的母亲，恰恰也是无法在早期与孩子情感同调的母亲。情感疏忽型的母亲常常会高估孩子的独立性。

当母亲情感缺席时会发生什么

医学博士丹尼尔·斯特恩（Daniel Stern）曾写过好几本有关母婴关系的著作。他指出，婴儿对母亲的"气场"极为敏感。母亲是婴儿世界的中心，而婴儿也能强烈地感知到母亲的情感世界。

如果婴儿无法感觉到母亲在情感上在场，就会产生痛苦的感受。斯特恩描述了婴儿是如何体验到母亲"在精神上徘徊于别处，而那是孩子不愿去往的地方。一旦孩子认同了母亲，就会感到母

第五章　妈妈，你在哪里

亲在情感上的死气沉沉正悄悄地潜入自己的内心"。[3] 从本质上讲，当母亲存在解离时，婴儿也会随之一同进入解离状态，并继承她的木讷与麻痹感。

孩子的解离模式有可能源于对母亲解离状态的印刻，也可能是我们对被遗弃所做出的反应。正如一位富有洞察力的成年人以童年自我的视角所做出的陈述："是妈妈的在场支撑着我。当她走开时，我也跟着她走开了，我与自己断开了联系。"

这很好理解，没有母亲像"锚"一样地给孩子定位，孩子就更难活在当下。孩子常常会因为妈妈的"离开"而责备自己，认为"是我要得太多了"。

研究者们在情感缺席型母亲养育的婴儿身上识别出两种反应模式。一种会远离母亲，避免与之接触，以保持更为愉悦的状态。这不奇怪，如果母亲极少表达情绪，孩子就会发展出自给自足的依恋模式。[4] 另一种是斯特恩所描述的"尽其所能去吸引母亲，把她拉过来——充当她的抗抑郁剂"。[5] 对婴儿来说，这实在不是件容易的差事！

看起来我们似乎只有三种选择：要么跟随妈妈进入没有感情的黑洞，要么切断某些连接避开这个黑洞，再不然就是成为妈妈的拯救者。花点时间想想，如果你有一个情感缺席型的母亲，你会做些什么。（你可能会发现自己在不同阶段分别做过这三件事。）

"静止脸"（still-face）实验可以证明孩子在面对母亲的情感空白时会遭受怎样的痛苦。实验要求年轻母亲们在与婴儿对视时突然收起表情，不要流露任何神态，也不要做任何动作。这个实验只持续了三分钟，但"在这一情境之下，婴儿形成了某种固定的行为模式：反复试图引起母亲的反应—面露忧郁—远离母亲—变得退缩。所有这一切都发生在不到三分钟的时间里"。[6] 研究人员描述，婴儿在此间陷入了一种自我保护的状态，随之，他们又转向自我安慰的技巧。同样的模式也可见于住院婴儿群体。婴儿需要从母亲的能量和情感陪伴中获得刺激，以此建立与世界的连接。

在"静止脸"实验中，一旦母亲重返生动状态，先前已经建立起安全感的婴儿就会再次与之热络起来，恢复双方关系的亲密；但是，如果母亲一再表现得疏离、茫然、面无表情呢？如果孩子的依恋风格并不安全呢？万一母亲自己就会不时感到害怕呢？要是孩子经历过其他创伤——比如医疗创伤、身体虐待或是性虐待呢？重建连接还会那么容易吗？

作家苏·格哈特（Sue Gerhardt）引用研究得出结论："对婴儿来说，最痛苦的经历莫过于无法引起母亲的注意。"[7] 这似乎比虐待还要让人难以忍受。毕竟，当母亲是主要养育者时，她就是婴儿与世界的纽带，是婴儿的需求能得到满足的最大希望。

女性抑郁症患者中常见情感缺席型母亲。抑郁的母亲与孩子的互动较少，她们的孩子较少表现出积极的情绪。这些孩子从蹒跚学步期起就建立起了不安全依恋，认知能力也更糟糕。[8]（请记住，在很大程度上，大脑功能是在社会交往中开启和构建的。）压力还会让孩子的肠胃和自主神经系统更加敏感，使他们不能或不愿与试图建立连接的成年人展开社交互动。[9] 这样的孩子在长大成

第五章　妈妈，你在哪里

人后往往难以适应温暖及有滋养的关系，他们必须重新学习如何建立这些在婴儿时代早就应该具备的技能。

抑郁母亲的面部表情与"静止脸"实验中的设置高度相似。非言语信号的缺失会使孩子失去支持与指引。在孩子蹒跚学步时，即便只是为其迈出的第一步所发出的一个简单的微笑，也具备非凡的力量，它会传递安全与接纳的信息，使孩子愿意参与到关系中来。如果不这样，孩子如何知晓妈妈喜欢他呢？同样地，惊讶或是不赞同的眼神也能帮助孩子适应环境。母亲的反应是孩子进入世界的重要导航。

情感缺席型的母亲无法履行"好妈妈"的诸多功能，而其中最重要的也许是，她不能为孩子"用心"，无法与孩子建立起情感纽带。虽然其他类型的母亲在体现"好妈妈"的功能（比如指导、鼓励和保护）时也会有缺漏，但她们还是能和孩子建立连接。比如，高要求的母亲会根据自己而非孩子的需求来建立连接。控制欲太强的母亲则往往会与孩子建立起一种过度认同的连接。

母亲为什么会在情感上缺席

以下是母亲在情感上缺席的常见原因：

- 她长期处于悲痛之中。
- 她有太多的孩子需要照顾。

- 她精神不稳定或是抑郁。
- 促使母子分离的大环境因素。(战争、自然灾害、经济危机、牢狱之灾……)
- 你们一开始的关系就很糟，没有建立起良好的情感开端。母职对她而言无非是份工作，还会导致内心的冲突和/或羞耻感。
- 她有自恋创伤，忙于满足自己的需求。
- 她不知道怎么做母亲，为了防御内疚与无能的感觉，她选择逃避连接。
- 她忙于照顾别人。(生病的父母、配偶……)
- 她被现实考验压得喘不过气来，比如频繁的搬家。
- 她有酗酒的习惯或是吸毒成瘾。
- 为了维持生计，她要打两份或者更多的工。
- 她是个职业女性，光是工作就耗尽了她的所有精力。
- 她还在上学。(没完没了的学业！)
- 她忙着谈恋爱和"滚床单"。
- 她自己都还是个孩子。
- 她心力交瘁、精疲力竭或身体不适。
- 她不想当妈。也许她根本就不想要孩子。
- 她从未与自己的母亲建立过连接，也没见过任何认真细致且愿意在育儿中投入的父母。
- 她不敢表达出爱，不敢与任何人建立连接。
- 她觉得你拥有的已经够多了，别人告诉她不要对你有求必应，免得把你宠坏。
- 光是要保护自己免受"暴君"伴侣的施虐，就已经花光了她所有的力气。
- 药物治疗使她情感麻木。
- 她隔绝情感，以此保护自己免受童年未解之痛的伤害。

孩子会如何理解母亲在情感上的缺席

如果要将母亲的情感缺席归结为三种基本原因，那么缺乏母爱的孩子接收到的就是以下某条或多条信息：

- 我给不了你什么。
- 你要的／拿的太多了。你的需求太多了。
- 我没那么在乎你。

当孩子认为母亲只是没有能力付出情感的时候，他们往往会在内心的某个角落生出一丝怜悯。例如，法拉（Farah）告诉我："我能感觉到妈妈很痛苦、很不开心，所以我尽量不去要求太多。"法拉知道母亲压力大，所以她尽可能地减少需求。奇怪的是，她的母亲后来却说"法拉太早就离开了我"。可是，你要怎么和一个很少陪在你身边的人保持联络呢？法拉说，她从母亲那里读到的信息是"不要依赖我"，而她只是选择了顺从而已。

虽然当孩子意识到母亲只是无力给予爱和关注时，情况看似并不太糟，但如果母亲又好像有能力把爱和关注给别人，孩子就很难不把这归结为个人原因了，这种情况也会让孩子更难承受——毕竟，除了将这当作拒绝，他们还能怎么办呢？

对孩子来说，打着两份工、总是筋疲力尽地回到家中的母亲与虽然在家，却只顾嘻嘻哈哈地和闺密煲电话粥的母亲是不一样的。这两类母亲都会说："我太忙了，顾不上你。"但如果妈妈明明有能力却不肯照顾我们，我们最终就会觉得她并不真正关心我们。如果她在回应时还表现得压力很大，我们甚至会觉得是自己太过分了。

花点时间回想一下你的小时候，当母亲不在身边时，你有什么感受？这会对你有所帮助。如果你已经和内在小孩建立了关系（我们将在第十一章中讲到），请仔细聆听，看看你是否能理解内在小孩的感受。如果做不到，那就留在原地，以一个大人的身份去想一想，你会如何解释母亲的缺席。我建议你把答案写下来，等读完接下来的几章或是更多内容之后再回来看看，问问你在那时会对这件事做出怎样的客观评价。

"丧偶式育儿"家庭

不幸的是，有时母亲即便不够称职，她也是家中唯一的养育者（或是唯一能够一直待在家中的大人）了。父亲（或另一个母性角色）的缺席会令缺乏母爱的儿童的处境雪上加霜。在没人能够补位的情况下，孩子就更需要维持与母亲之间脆弱的连接。

人们普遍认为，父亲的一部分职能是帮助孩子与母亲分离。母亲象征生命之初的巢穴与早期的融合关系，在这种关系中，孩子依然觉得自己与母亲是一体的；而父亲则代表着母亲之外的世界，他是孩子通往更广阔世界的桥梁。无论母子关系是否令人满意，倘若母亲是家中唯一的家长，孩子就更难脱离母亲的影响。

身为这种家庭中的独生子女，要是母亲能够同调回应子女的需求，那也不会有什么大问题；但如果母亲本身就有心理障碍，又没人能弥补这种缺陷，孩子往往就会深受其害。

为什么有些孩子遭受的痛苦更多

即便是由同一对父母抚养长大，不同的孩子也会有不一样的成长体验，其中有很多原因。每个孩子出生的时刻都不相同，它们对应的是母亲的不同人生阶段，当时家庭和周围世界发生的关键变化也不同，所以，每个孩子的"构成要素"都千差万别。研究证实了所有细心的父母都知道的事——总有孩子比其他孩子更坚强、更随和；天性敏感的孩子在遭遇人生道路上的颠簸时更容易受到影响，而不那么敏感的其他孩子几乎对此毫无知觉。所以，造成同一个家庭中的不同子女体验不同的原因之一，就是每个孩子的生理机能、亲密关系体验以及生活环境都各不相同。

另一个原因是父母会对不同的孩子差别对待。虽然我们总将

"倡导同等待遇"挂在嘴边,但实际情况远比这要微妙。诚然,父母不该刻意恶化某个孩子的处境,也不该有心偏袒另一个孩子,但他们确实有必要证明自己关注到了孩子们在需求与能力上的差异,并做出相应的反应。如果兄弟姐妹们总是穿着差不多的衣服,报名参加同样的活动,最后得到一模一样的玩具,他们的个性就会被扼杀,或是会永远失去发展的机会。

可以说,好父母不当"端水大师"是有原因的——因为他们对孩子的差异非常敏感;而坏父母之所以做不到一视同仁,则是源于自身的偏见。他们会偏爱那些更好带、是自己喜欢的性别,又或者能让他们拿来炫耀的孩子(孩子成为其代言人),自恋的父母则会喜欢比自己能力弱的孩子。

关于母亲为什么不能平等地对待孩子,这当中有些原因我们永远不得而知。有时,母亲宁可为了一个要求不高、不太敏感的孩子挺身而出,也不愿意帮助一个敏感的孩子,因为她不相信自己的所作所为能令这样的孩子满意。有些孩子和妈妈很像,而母亲会将自我厌弃或存在阴影的部分投射到孩子身上。还有些孩子会让母亲想起某段棘手的关系,比如她和自己母亲的关系。

有的时候,母亲只是电量耗尽了。她们通常对第一个出生的孩子照顾最多,但如果有三个或以上的孩子,她或许就只能走走过场,到了最后这个孩子出生的时候,她就只能勉强应付了。想象一下,要是一个家庭中有九个或十个孩子会怎样!在大家庭中,年长的孩子往往会承担起照顾弟弟妹妹的责任,成为他们的"代理母亲"。当然,此时的弟弟妹妹们并不能理解妈妈只是无力应对，他们只知道"妈妈不在"。

还有些时候，第一个出生的孩子反而最不受宠。我接触的这类案例中许多都是意外怀孕。女性被迫成为人母，继而与一个本要分手的对象绑在一起；或者一有身孕就被对方抛弃，不得不独自抚养孩子。孩子能够感觉到自己是不受欢迎的。我相信，很多孩子在子宫中时就已经知道这一点了。

不幸的是，兄弟姐妹也会像父母一样寻找替罪羊。当家中有兄弟姐妹施虐时，通常代表着：一是犯错的孩子教养不佳；二是父母不尽责，没能确保孩子得到尊重并免受伤害。如果一个孩子不仅要忍受父母的失职，还要遭受兄弟姐妹的虐待，那他的处境就会更加艰难。

"双向奔赴"的对抗

我从未见过哪个孩子（通常现在都已成年）会背叛对自己忠诚如一的母亲。[10] 依恋研究表明，倘若孩子违背了想要依恋母亲的本能冲动，一定是因为他觉得母亲在某些重要的方面太过失职。我的基本论点是：孩子对母亲的疏离是源于失望、受伤以及自我保护。他们之所以转身离开，是因为靠近他人却得不到满足的感觉实在太伤人了。

人无完人，母亲也不例外。她们也会对被孩子抛弃、拒绝的感受和恐惧做出反应，进而转过身去，独自舔舐自己的伤口。母子之间可能会陷入一种相互镜映的状态：双方都在拒绝对方，都围墙高筑，以此来回应对方在此时的情感缺席。

有一年，我们当地的报纸追踪报道了一个十几岁女孩与男友蓄谋杀害自己母亲的故事，男友随后实施了谋杀。这两人都表现出了严重的反社会倾向，对谋杀的事实，他们没有任何悔意与感情。尽管我非常理解许多（如果不是大多数的话）受虐者的愤怒，但当想到一个孩子竟对自己的母亲如此冷酷无情的时候，我还是很不舒服。一位心理学家在证词中说：这个女孩为了应对多年来与狂躁、酗酒的母亲共处时所遭受的严重忽视、言语侮辱及不时的身体虐待，早就切断了自己的情感连接。评估人员说，她的心智发育水平只相当于八岁的孩子。而此前曾有报道称，女孩早些时候与一位姑妈同住，她们有相互扶持的家庭环境，女孩已经"茁壮成长"了。这是个悲剧故事，它说明了在有毒的亲子关系中，当正常的相互关爱遭到扭曲，演变成了对麻木、失控等防御行为的相互镜映时，可能会带来多么严重的伤害。

谢天谢地，这样极端的情况只是少数，但这种相互镜映会造成的影响是显而易见的。比如，如果母亲照顾孩子只是为了应付了事，那么子女成年之后也会出于相似的义务对为母亲养老敷衍塞责。要打破这种对峙的僵局，双方都需要做出改变。一方要提供新鲜血液，另一方也要积极回应。我们将在本书的最后一章探讨如何改变母子共舞的节奏这一复杂问题。接下来，我们来谈谈与情感缺席型母亲在一起生活是什么感觉。

第六章　与情感缺席型母亲一起生活

有的母亲外表看似称职,事实上在养育过程中却是情感缺席的。这类母亲通常能够满足孩子的生理需求,但却无法履行"好妈妈"的许多基本功能。情感缺席型母亲会让我们觉得她就像一具雕像,或者一个机器人。我们也许会在认知层面相信自己被爱,却无法在感受层面真正体会到被爱的感觉。

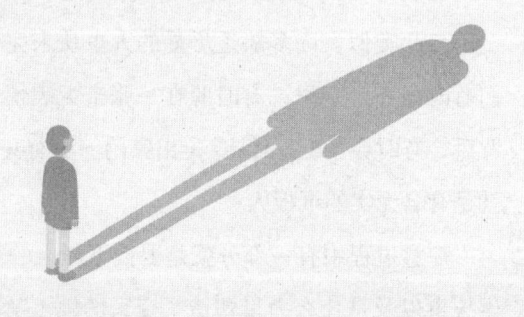

在更广泛的层面上，我们能够想象与一个好的、充满关爱的母亲，以及与一个坏的、邪恶至极的母亲生活是什么样子。但我们没考虑到的是，有的母亲外表看似称职，事实上在养育过程中却是情感缺席的。这类母亲通常能够满足孩子的生理需求，但却无法履行"好妈妈"的许多基本功能。我们现在就来仔细看一看。

那个戴面具的女人是谁

我们这一代人应该都还记得电视上放过的《独行侠》(*The Lone Ranger*)。每到节目结尾，总会有人出来问："那个戴面具的男人是谁？"剧中的主人公是个始终戴着面具的一维角色。

与此类似，许多缺乏母爱的人也从未完整地看到过母亲。她们有时藏在卧室里，有时躲在一张毫无表情、平静如死水的面孔背后，有时会"戴上面具"走出家门。更有甚者，在孩子面前简直就是有名无实的纸板人。

疗愈过程中有一部分就是要摘下母亲的"面具"，看清她的人生故事以及是什么力量塑造了今天的她（第十四章的前两个练习

第六章　与情感缺席型母亲一起生活

可以帮助你做到这一点）。

有时，这些"面具女"的丈夫还会成为她们的"帮凶"。我想起一位有着六个孩子的母亲，她的丈夫总是告诫孩子们："不要惹妈妈生气。"在对此进行询问时，我发现并没有足够证据能够证明母亲需要这些额外的保护，但这却为她没能积极履行家长的职责提供了托词。这种情况下的母亲更像是瓷器柜里的洋娃娃，而不是一个你能摸到、闻到并与之互动的活生生的人。

文化背景对此也有影响。尤其是在20世纪70年代以前，大部分女性都没有意识到自己也可以选择不生小孩。在当时，无论一个女人的天性如何，结婚生子似乎都是一条约定俗成的人生道路。这导致的结果（当时和现在）是：并不适合当妈妈的女性被动成了妈妈。正如一位女士所言，她们是"不情不愿的母亲"。如果能够干点别的，她们会感觉更舒适，比如成为职业女性，或是自由职业者。照顾孩子根本不是"她们该干的事"。

男性则不必面对这种困境。在我的成长过程中，我们除了会要求父亲供养家庭之外，并不对他有其他期待。就算他们天生就不是养孩子的料，也不会受到太多指摘，因为他们只是育儿场景中的一个小角色。近年来，父亲对育儿过程的参与更广泛了，现如今的孩子未来都会记得父亲曾为自己提供过基本的照料和养育，父亲也能履行我在第二章中描述过的"好妈妈"的许多功能。这会让年轻人有机会更多地了解父亲的方方面面，也许多年以后他们就不太会问出"那个戴面具的男人是谁"这样的问题。一个足够称职的父亲总能弥补母亲情感缺席给孩子带来的缺失。

母亲能给的东西很少

我就先前提到的母职功能清单采访过很多人（包括读者和来访者），他们告诉我说自己的母亲一项也没做到。似乎母亲一旦失踪，就无处可寻。在本章中，我将对自己在研究和临床实践中发现的共同问题做概括的介绍。

有时，母亲连生活的基本架构都给不出来，这使得孩子在长大后根本不知道如何建立家庭，也不知道应该怎样安排日常生活的节奏。客厅该有用来坐的家具吗？一家人要坐在一起吃饭吗？孩子们什么时候要上床睡觉？日常生活的基本结构完全缺失，全部都要从头学起。

缺乏恰当的互动也会限制自我意识的健康发展，从而导致大量问题，这些我们会在下一章中讲到。促进孩子自我意识发展的一个关键要素是镜映（参见"作为镜子的母亲"，第 34 页），不幸的是，情感缺席型母亲很少能提供这种镜映。

这些母亲没有学过如何处理情绪，她们对情绪的容忍度几乎为零。她们不知道该怎么应对孩子的哭泣，有时甚至还会说出一些咄咄逼人的话，比如"别哭了！再哭就要你好看！"。还有些时候，孩子之所以觉得羞耻，并不是因为表达了情感，而是因为情感遭到了忽视，而且，他们只有在能忍住悲伤或是软弱的情绪时才会得到认可。

表扬和鼓励通常都有条件。孩子会因为给出了母亲所看重的东西（通常是学业成就）而受到表扬，但很少会因为自己本身而被赞美。不成熟或是自恋的母亲往往看不到也不欣赏孩子身上与她相异的特质。当孩子对她有样学样或是符合她对理想小孩的期待时，她才会奖励孩子，但她不会积极支持孩子发展独特的自我。

在孩子的印象中，这些疏离型的母亲只有在孩子生病时才最关心他们——尽管许多人都没有母亲曾在此时温柔地抚摸或是抱起他们的记忆，而另一些即便得到了抚摸，也只是冰冷又机械的例行公事。对其他一些人来说，母亲给他们留下的记忆只有门口那张忧心忡忡的脸。

缺乏母爱的孩子所得到的养育远比理想状态匮乏得多。那感觉就像打开了橱柜却只看见空空如也——母亲能给的实在太少了。

缺乏对孩子的指导

失职的母亲几乎完全没能提供的另一项职能就是指导。"好妈妈"的工作之一就是教孩子如何应对那些有挑战性、超出孩子现有能力的任务。她会帮助孩子评估哪些事情现在能做，哪些事情可能有点过了，以及如何抽身而出。她还会根据孩子的能力调整任务。如果没在这方面得到过指导（也没通过其他途径学会这一点），我们往往就不知道该怎样驾驭生活。由此产生的一种反应是一遇到困难任务就直接崩溃，压根不去尝试；另一种反应则是会在准备不足或是罔顾自身局限性的前提下一头扎进任务当中，忽略对自己的照顾。

想象一下：一个驾轻就熟的母亲会帮助孩子收拾去夏令营要带的行李，或是考虑在学校要选多少门课，才不会给自己带来过重的负担。"好妈妈"会教孩子如何调节难度，综合考量自身需求与限制（如疲劳程度、压力程度和饥饿程度）。在我们"贪多嚼不烂"的时候，"好妈妈"会说："宝贝，别把自己逼那么紧，放松一点。"

上面描述的实际上是母亲作为导师（帮助校准）以及调节器（确保孩子不被压垮）两种功能的结合。倘若我们在孩提时代从这方面学到的足够多，并且知道该如何照顾自己，就会自然而然地问出"多大的步子适合我？什么样的任务对我来说是过头的？"，我们得认识到自己需要什么，才能迈出更大的一步。

有位女士曾说，母亲只教了她如何"生存"，比如怎么做沙拉、怎么洗碗，却没有教过她如何"生活"——比如怎么与人交谈、和人相处，怎么管理自己的情绪，或是其他重要的事情。这样的母亲似乎已经在本质上放弃了导师的角色，或者至少，当导师这件事也让她感到非常不安。

另一个人则描述说，他的母亲似乎并不介意偶尔为他出出主意，但除此以外，她不愿参与其他任何事情，也许窥探他人的隐私会让她感到恐惧吧。她从不摆出欢迎的姿态，也不会邀请孩子们带着问题或是需求来找她。母亲有责任为孩子们创造适切的环境来引导他们，不能指望孩子们仅凭直觉就知道什么时候能来向母亲寻求帮助。

错失连接的机会

我会在访谈中问到这样一个问题："如果你能为母亲补足一种她缺失的品质,那会是什么?"大部分人的答案都与建立情感连接有关。通常他们所特指的就是小时候母亲没能与孩子建立起来的那种连接,但有些人也会承认,自己的母亲似乎跟谁都建立不起情感连接。

缺乏母爱的人多半都没有童年时与母亲在一起的亲密记忆——想不起自己被抱过,想不起被慈爱的目光脉脉注视,也想不起在重要的时刻得到过情感上的满足。所谓情感满足,就是指允许他人触碰你的体验,并知道对方理解你的经历。在这种体验中,对方会知道你经历了什么,也知道这对你来说意味着什么。一般来说,我们会从对方表达出的共情或镜映中知晓这一点。要让他人精准地理解我们的体验或许太过强人所难,但我们还是希望对方至少能去试着理解,并且在意我们的感受。假使我们被拒绝、被轻视,或是有人否定了我们的感受,我们就会觉得受到了孤立或是会从中体验到孤独。

卡罗尔(Carol)描述了在她六岁时发生的一件事情:当时,她有好几次都面临危险,但她都成功地救了自己。当她将这件事告诉母亲时,母亲却不以为意,认为卡罗尔所言并不可信,因而也错失了与女儿建立连接的重要时刻。她原本可以在那一刻轻而易举地传达出"好妈妈"的信息:"你可真聪明!真勇敢!我真高兴你是我的孩子!"而卡罗尔本可以在那时体验到被珍视以及被爱的感觉，结果母亲的回应却让她无法相信对方会真的站在她这边。

这些没能建立起情感连接的母亲都不是沟通的行家。她们不仅会错失刚才提到的那种机会，还会对他人的主动示好置之不理。有位女士曾在十几岁时写过一封自白信，她将信件放在母亲的枕头之下，希望能就此与她聊聊，但母亲却从未提过这茬。

对那些被深爱过的人来说，听到有人整个童年期都没有任何关于亲密和连接的记忆，可能会让他们大跌眼镜，但我见过太多次这样的情况，对此已是见怪不怪了。人们之所以觉得这种情况难以想象，是因为它与我们在假想中对母性形象的共有期望背道而驰。

机器人妈妈

情感缺席型的母亲会给我们一种不像真人的感觉。有位男士曾说，父母对他来说就像两具雕像，不像两个真人。还有些人会说，他们的母亲是没有"心"的，她们看起来不像是"真正的"母亲。

阿尔玛（Alma）告诉我，她记得母亲这个人，也记得她站在那里的样子，但完全想不起有过什么与她互动的经历。阿尔玛觉得自己对母亲来说就像是个不曾存在过的人一样。她觉得与后院的树屋待在一起都比和母亲待在一起更有家的感觉。我认为，这就是母亲没能在互动中真正"在场"所导致的结果。

第六章　与情感缺席型母亲一起生活

　　这类母亲中有许多都很自闭，她们活在自己的世界里。这种故步自封的状态未必会一直持续，但还是可能在几年的时间内不断出现。我猜测，这和母亲本身未解决的创伤、哀痛以及抑郁相关。

　　当然了，如果一个母亲在情感上是缺席的，她就不可能与孩子的需求同调。这里的"需求"既指某个孩子的具体需求，也包括所有孩子的一般性需求。我们在前面列出过孩子共有的某些内在特征——发育不全、技能不熟练、能力有限、依赖性强，总是想要爱和抱抱，需要被保护、引导以及指导，等等。我发现，"机器人妈妈"完全无法与孩子的经验世界建立连接。这类父母（通常双亲都是）似乎并不愿意把孩子当作孩子，而是更喜欢把他们当成"小大人"来看待。他们不允许孩子大声喧哗、兴高采烈，也不喜欢孩子总是捣乱，当孩子发出亲密的需求时，也会一直遭到他们的拒绝。

　　有时，母亲的不在状态是显而易见的。但有一种更危险且更隐秘的状况：母亲看似完美无瑕，她做了一大堆表面功夫，并认为这些就是为人母的核心工作，但孩子却无法感到她真正在场，也体验不到她的同调回应。这些母亲中有些人甚至会真心认为自己在妈妈的位置上做得又尽职又开心，但这只是因为她们对"好妈妈"的定义与孩子的标准大相径庭！她们在意的，只是要确保孩子们衣食无忧、有学可上，以及维持家庭的表面和谐。

　　许多家庭为了维持幸福家庭的幻象，都搞得自己压力重重。在某个案例中，一位父亲反复告诉家中的孩子他们有一个多么好的母亲。顺便一提：其实这位母亲大部分时间都待在自己的卧室里，只有在需要参加重要节庆活动的时候才会被迫出门"营业"，而此时此刻，最要紧的事情无非也就是维持这种一团和气的假象。

由这样的母亲养大的孩子，常常会在认知层面相信自己被爱，却无法在感受层面真正体会到被爱的感觉。特别是当母亲费尽心思做了一些看似重视孩子的事情，比如参加家长会、偶尔开个生日派对时，孩子更会感觉摸不着头脑。可是，孩子是无处可去的，他们只能依赖父母，为了活下来，他们往往又会将这种不被爱的感觉排除到意识之外。当他们在成年之后接受心理治疗，或是因为自尊感和人际关系问题而备受煎熬的时候，这种感觉就会爆发。

尽管大多数这类母亲都不会有什么改变，但她们当中还是有些人会在人生后期学会建立情感连接。一位母亲在读了《亲爱的艾比》("Dear Abby")专栏之后，才知道母亲是应该对孩子说"我爱你"的，然后，她才第一次对着当时已到中年的女儿说出了这句话。

如我们所料，这类情感疏离型的母亲很少会抚摸自己的孩子，这使得她们的子女不是强烈地渴望被触碰，就是反其道而行之，变得厌恶被触碰。通常，这些回避触摸的母亲只有在自己年事已高，而子女们业已痊愈，并且愿意主动给予更多温暖的时候，才能重新建立起亲子连接。也有些时候，母亲会在经历丧偶、孤独，需要更多支持的时候向子女们求助。"机器人妈妈"大多都要到了晚年，才会真正拥有一颗人类的"心"。

有人照看和关心你吗

这类父母中有许多人都表现出了极度的疏离。而且,父母双方都是如此。

这种疏离的表现之一,就是对孩子的照看明显不够。我曾听过才两岁多的孩子(三四岁的时候更常见)就独自在外游荡。他们只身一人从学校或是街角的商店回家,在一个会被今天大部分人判断为不合适、不安全的年龄里,就要被大人们支使着去做事。当一个八岁孩子的母亲接到牙医的电话时,她宁可相信是孩子做错了什么,也没法想象让这么小的孩子独自去看牙医可能会带给他多大的压力。

某些不上心的父母似乎并不关心也不想知道孩子的行踪。当一个青春期的男孩告诉母亲他要去哪里、要做什么时,母亲的回答是:"我不在乎。"

孩子,尤其是青春期的孩子,可能会爱上这种不必向任何人交代的自由,但这是要付出代价的。儿童和青少年还没有发展出足够的判断力,尚且无法做出明智的选择,倘若没人对他们的行为进行校正,就会让他们感觉自己不被任何人真正在乎。鲍比(Bobby)从单车上摔了下来,不得不去缝针。当母亲为此关了他一小会儿禁闭,只许他在后院活动的时候,他发现自己其实挺高兴的,因为那是他第一次感受到母亲的照顾。

在许多这样的家庭中,家庭成员之间几乎不会发生真正的对话,只有非常少的一点功能性交流,而且谈话的内容也从不涉及孩子的活动或是朋友。相比之下，另一些家庭中的父母会谈论孩子的各个方面，他们了解孩子状态的起伏，知晓他们的希望与忧虑，会在孩子缺乏自信时给予支持，也会为他们最微不足道的成功欢欣鼓舞。

本节所描述的这种"参与不足"实际上就是忽视。这并非缺衣少食、居无定所这样的物质忽视，而是指情感忽视。很明显，拒绝参与到子女的生活中来、不去和孩子培养感情，都会给孩子带来明显的创伤。没有玩具的家庭、不把孩子当孩子的环境，以及与孩子形同陌路的父母——这些都属于严重的养育失职。

要和情感缺席的母亲一同生活，万一再有个同样不上心或缺席的父亲——孩子的感觉无异于单枪匹马漂泊人间。

- 在你的生活中，母亲参与了哪些方面，没参与哪些方面？
- 如果父亲也在家，他的行为举动是与母亲如出一辙，还是他会另作安排？

毫无头绪的母亲

我发现，这些情感缺席型母亲特别不善于反思，她们对自己在孩子早期或日后的问题中所造成的影响一无所知。

有位中年女性分享了自己近期与母亲交谈的经历，在她向母亲诉说自己的童年过得有多艰难时，对方回答说："要是我早点知道你小时候有多不快乐，就会带你去看医生了。"虽然这份回答中也表现出了一点点支持和关怀的意思，但它也确实反映出了主流文化对心理健康问题的态度——它完全忽略了一个事实，那就是也许我们更需要的是爱的表达（或者说是"好妈妈"的其他功能）。我认为，母亲们之所以会忽略这一事实，并不是因为她们不爱孩子，而是因为她们不知道如何用孩子能够理解的方式来表达爱意。

求助无门的子女

坏事时有发生，这是人人都知道的事实。所以，要让人们觉得人间依然值得，我们就需要相信，自己还有地方可以求助。

在"作为大本营的母亲"中（第45页），我将母亲描述为一个总能去寻求庇护、帮助和慰藉的地方。显然，对那些缺乏母爱的人来说，情况并非如此。我的访谈对象中没有一个人曾记得有哪次向母亲求助继而得到过满意的答复。大多数人很早就学会了沉默是金。一位男士回忆说，小时候每次向母亲求助，她都会说："你要这个干吗？"这种母亲常常会让孩子觉得：求助只会给自己带来麻烦，而妈妈根本不想我去麻烦她。

还有一种模式也令我深感不安。那就是：即便孩子长大了，母亲仍然无法对直接的求助做出回应。在我访谈过的许多母爱缺失的样本中，有相当一部分人在成年早期就出现了心理健康问题，需要寻求帮助。娜奥米（Naomi）在去母亲家做客时接到了心理医生打来的电话。打完电话之后,她告诉母亲:"我很抑郁。我需要帮助!"母亲却回答:"你才不需要帮助呢,你只需要洗个热水澡就好了。"另一位母亲则在自己二十二岁的儿子坦言正在看心理医生的时候,一言不发地走出了房间。

玛格丽特(Margaret)年轻的丈夫住进了医院,他们两口子的状况很不稳定,压力很大。于是玛格丽特询问父母能不能和他们一起住,可父母拒绝了她的请求。这使得他们之间多年来关系紧张,而玛格丽特也决心再也不找父母帮忙。

还有一位女士,她有个非常能干的母亲,当她问起如果自己真的非常需要的话,能不能依靠母亲时,母亲的回答是"我得考虑一下"。当然,这件事情之后就没下文了。与之形成鲜明对比的是这位女士的婆家,公婆对孩子一切需求的回应都是无条件的——"放心,有我们在"。

因此,我们非常遗憾地看到,母亲会将孩子的问题最小化——她们会否认问题存在,即便它们正在自己眼皮子底下发生;她们会因为孩子所遭遇的困难而责备、羞辱他们,并表现得冷漠无情。让情况更复杂的是,我们甚至发现,即便孩子来找她们的时候并没有犯什么错误,她们也会表现得愤愤不平。接下来我们就会看到这一点。

莎伦(Sharon)是个十五岁的姑娘,她的母亲质问她为什么要瞒着母亲偷偷去堕胎。也许女儿的隐瞒让母亲感到受伤和羞耻,所以她才这么火冒三丈。但她甚至没在这个过程里表达出一丁点对莎伦的关心。虽然莎伦没有告诉她这件事情的确令她感到生气,但她并不追问这是如何发生的,不在意其原因,也不关心莎伦为什么会在与她分享时感到不适。莎伦不仅没有感受到终于获得了一些支持,反而觉得搞砸了她和妈妈的关系。

跟母亲不想了解、没时间、没精力处理、帮不上忙的感觉一样,知道自己可以带着需求和问题去找母亲的这种信念也是在生命早期建立起来的。不要等到孩子长成青少年的时候才去和他们建立连接,那个阶段的孩子本身就面临着巨大的压力,家长的努力很难产生什么好的效果。

- 你曾经在有重大需求的时候找母亲求助过吗?她是如何回应你的?这对你们的关系有什么影响?
- 你现在还会去找她求助吗(如果她还在的话)?如果不会,原因是什么?

母亲若不能提供一个大本营,提供一个可以让人随时回去并感到安全的地方,孩子就会觉得自己是无根的浮萍,是"没妈的孩子"。

我就像个没妈的孩子

缺乏母爱的人常会觉得自己就像没有妈妈一样——虽然他们确实有,而这种矛盾的感觉也会让事情变得更加复杂。感觉自己没有妈妈,事实上又的确有个人在那儿,而且全世界的人都会说"那个人就是你妈妈"。如何去协调这种没妈的感觉和有妈的现实,是缺乏母爱的成年子女所要面临的挑战之一。否定这种感觉就等于再抛弃他们一次。疗愈在很大程度上就是要去学习回应这种感受。

有时我们会用"孤儿情结"(orphan complex)或者"孤儿原型"(orphan archetype)这个术语来描述这种感受。这是一种无父无母、不被爱护、只身一人、孤苦伶仃地活在世上的感觉。这种感觉太过痛苦,所以它常被压抑到内心深处。倘若没有父母、不被爱护,孩子的生存就会受到威胁。正如一位成年人所言,如果敞开心扉面对长久以来被压抑的情感,"对爱的渴求也许会让我死掉"。

荣格分析学家罗斯-艾米丽·罗森伯格(Rose-Emily Rothenberg)在描写"孤儿原型"时指出:孤儿普遍会产生一种无价值和需要支持的感觉。"他(孤儿)觉得自己是个'受伤的人',需要尽可能多的照顾。"[1]她将这类人的行为模式描述为:高度依赖,会紧紧抓住一切象征母亲的保护及安全感的人和事。

这会体现为一种对爱的饥渴,而这种饥渴会将人们留在虐待型或不满意的关系之中。匮乏的感觉太过令人绝望,所以当事人往往无法从关系中抽身而出。他们没有被好好爱过,不知道被爱是什么感觉,所以常常觉得"有总比没有好"。还有些人会认为,过没有爱的生活总比受伤要强多了(也熟悉多了)。

这种对滋养的需求并不局限于伴侣关系,它可以是很微妙的,微妙到但凡有人对你投以积极关注，你都很难转过身去不予理会。多年以来，我也的确发现，如果有人对我好，我就会离不开他。但慢慢我才意识到，情感滋养并不是什么稀奇的事情，而我在每一段感情中都可以自行决定要何时放手。一时的善举并不等于终生的承诺。

另一些渴望情感的人则会产生对食物的固着，他们试图用身体上的滋养来代替情感上的滋养。也许是因为这种方法从未奏效也不可能奏效，所以人们会感到这么做永远也无法补足情感上的空缺。一位觉察到自己一感到情感饥渴和压力过大的时候就会狂吃食物的女性指出：情感饥渴就是肥胖症流行起来的原因。许多缺乏母爱的人都报告过有饮食失调以及暴食症的病史。

以下问题可以帮助你探索自己的实际情况：

- 你是否曾感觉自己"像个没妈的孩子"？
- 你对情感的渴求是通过什么方式表现出来的？
- 你会用什么方式来掩饰自己对爱、支持以及保护的渴望？

消失的"锚"

与某处存在连接会给我们一种被"锚定"着的感觉，它是非常重要的。没有它，我们就会感到孤立、迷茫，与世界脱节。那是一种这样的意象：一个安全绳路断裂的宇航员在暗无天日的太空中无尽地飘浮。还有些人会将它描述为"在海上漂流的一块浮木"。除非努力改变现状,否则,这种感觉常会持续终生。

如果母亲不能慈爱地"锚定"我们,我们甚至可能无法完全踏入"真实"的维度〔心理学上将之称为精神分裂式防御(schizoid defense)〕。我们会感觉身体并不完全属于自己,也可能会觉得自己不像个正常人类。我们可能会继续在尘世之间流浪,永不归属于任何群体,也永远不跟任何人发展牢固的关系。

当养育婴儿的是一个并不完全在场的母亲时,婴儿就会失去依托,进而与自己的身体失联。(回想一下前面说过的跟随母亲进入解离状态的那个孩子。)倘若你不能与自己的身体同调,就会变得不知饥饱。因为无法保持身心一体的状态,你也体验不到身体的真实需要,而这就会导致饮食失调、事故以及疾病的发生。

没有母亲,就没有自我

我在为本书的书名集思广益的时候,曾玩过一个文字游戏,我用上了南希·弗莱迪(Nancy Friday)的一本著作——《我的母亲,我的自我》(*My Mother, My Self*)。在最基本的层面上,它要表达的意思再简单不过——"没有母亲,就没有自我"。

我们与母亲的关系会对我们在童年期的自我体验产生很大的影响。遭受父母虐待的孩子往往会内化父母的拒绝与批评,并被自我怀疑、自我缺陷和羞耻感团团围住。他们也会发展出自我意识,但他们的自我感是受损的。如果父母对孩子疏于照顾、情感淡漠或是养育缺席——尤其是在孩子还小的时候——他们可能就无法给出足够的反馈,来让孩子脆弱的自我凝聚起来,而是会让他们体验到一种没有"我"的状态。

空白产生空白,缺失带来缺失,没有母亲,就没有自我。

也许积极的一面是,相比于那些认同母亲却无法与母亲分化,终其一生都与母亲如影随形的人,这些缺乏连接的个体——只要接受了必要的心理干预——反而能更为自由地塑造自我。

在下一章中,我们将会探讨情感缺席型母亲所带来的影响,既包括上述无意识疏忽孩子的母亲,也包括那些恶意为之、骇人听闻的母亲。

第七章　童年期的情感忽视与虐待

情感虐待是父母对我们做了某事——它是一种行动，是有意为之；而情感忽视则恰恰相反，它是不行动，是无心之失。受到情感虐待和情感忽视的孩子面临的心理健康问题与受到身体虐待或性虐待的孩子十分相似，有时甚至更加严重。

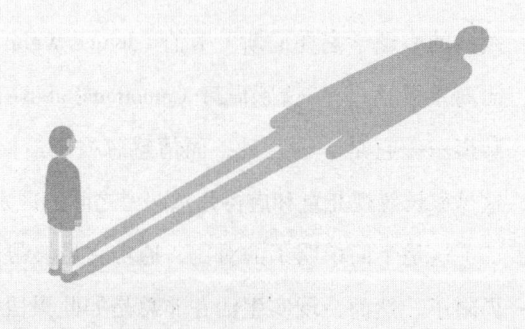

我们在上一章中讨论了与情感缺席型母亲一起生活是种什么样的体验。在本章中，我们将进一步探讨，情感忽视会在何种情况下演变为情感虐待，以及忽视和虐待之间到底是什么关系。

什么是情感忽视

情感忽视（emotional neglect）是指养育者不能为孩子提供发展情感及健康的自我意识所需的资源。上一章"与情感缺席型母亲一起生活"这一整章都是在描述这种忽视。

我在本书的第一版中区分了"不作为之罪"（sins of omission）与"作为之罪"（sins of commission），忽视属于前者。同属该研究领域的心理学家乔尼斯·韦伯（Jonice Webb）也曾使用相同的术语简单概括过："情感虐待（emotional abuse）是父母对孩子做了某事——它是一种行动；而情感忽视则恰恰相反，它是不行动。这是家长忽视儿童和虐待儿童两者之间的区别。"[1]

这是个简单明了的对比，通常它足够帮助我们给这两者划清界限了。然而，现实生活并非总是如此黑白分明。举个例子，如果母亲不给你饭吃,你可以将这看作一种"不作为之罪",但它也可以被视为一种主动的克扣与惩罚,在这个角度上,它只能被归作"作为之罪"。情感层面是否也如此?当你躺在母亲卧室门外歇斯底里地大哭,她却对你置之不理,这是她没做到该做的事,还是做了不该做的事呢?对这类情况,我们就要引入第二个标准,即理解作为或不作为的原因。由此所产生的痛苦究竟是有意为之还是无心之失?

我来加一个限定词——"无意忽视",它是指由于无知或是疏忽而未能提供照料。我们可能会忽视自己的健康、财务、家庭,当然,也包括我们的孩子。尽管无意忽视也可能招致毁灭性的后果,但它并非出于恶意。母亲可能根本不知道孩子们需要关爱和倾听。

那么,是否存在一种忽视,它既算不上蓄意伤害,但也不能被谅解为偶然的过失呢?如果母亲只是觉得太累了,没法起身照顾哭闹的婴儿怎么办?或者她太醉心于自己的社交计划,无暇停下来听你说话——即便你最好的朋友去世了,你刚刚经历了人生中的第一次重大丧失?她在哪些应该优先考虑的事情上懈怠了?

我们很难完全将童年期的情感忽视与虐待分开。二者之间的分野模糊,不容易看清。

情感忽视与情感虐待的不同

虐待并非出自偶然或疏忽。它是指在明知会造成精神痛苦的情况下依然做了某事（或即便如此也不做某事）。

情感虐待通常表现为嘲笑、咒骂、指责或羞辱等行为。然而，这并非只发生在母亲勃然大怒的时候，它也同样可以在日常的亲子对话当中，借由稀松平常的语气传达出来，比如，母亲甚至会当着孩子或她的朋友的面，用一种若无其事的方式讲出那些伤人的话。

虽然情感虐待通常表现为残忍的言辞和批评的话语，但它也可能是非言语形式的。拒绝与孩子交谈（又是一个需要在"作为"与"不作为"之间进行讨论的艰难处境），充满憎恶的眼神，破坏孩子自我意识、自我效能或自尊的行为，又或是蓄意阻挠孩子的成功——所有这些都属于情感虐待。

"情感"二字只是确认我们所谈论的伤害是情感上的，而非身体上的，尽管伤害的方式可能会涉及某些物质。例如，我曾听说过青春期的女孩在被迫穿上肮脏、破旧、不合身且不得体的衣服时，会产生极大的羞耻感。情感虐待可能包括贬低孩子的性别，或是故意让孩子置身于恐怖或难以承受的情境之中。

威胁说要抛弃孩子也是情感虐待。诸如"我要送你去孤儿院"或"你再这样，我就不要你了"一类的言辞会传达出一种讯息：妈妈是靠不住的。对视母亲的在场为生存指望的小孩子来说，这样的威胁会激起他们的恐惧。而大一点的孩子也同样会受到这种威胁的控制（这恰恰也是这些养育者的目的），并通常会因此而强化自己的不安全依恋与不安全感。当孩子遭受身体遗弃时，他们也同样会在情感上体验到被抛弃的感觉。那就相当于在说："不要指

第七章　童年期的情感忽视与虐待

望我。"由于这种行为存在蓄意意图,且会带来精神创伤,所以,它属于虐待行为。

残忍的母亲熟知孩子的软肋,而且有些时候,她们还会抓住这些弱点不放。她知道如何激起孩子的羞耻感。对任何人来说,羞耻都是我们所能体验到的最为痛苦的情绪之一。它会让人感觉自己在本质上有缺陷、有错误或者糟糕至极。羞辱他人指的就是让对方觉得自己犯了错或不够好(而非仅仅因某种行为而感到内疚),这也是一种情感虐待。

据我观察,童年时期的情感虐待通常都伴随着情感忽视,虽然情感忽视的母亲并不总会实施情感虐待。情感缺席型母亲的表现更为多元,她们不像情感虐待型的母亲那般刻薄,也无意伤害自己的孩子。虽然她们在情感上有疏失,但那还算不上是虐待。情感虐待型的母亲之所以残忍,部分原因在于她们缺乏与孩子之间的连接与共情,而这种关联不足也预示了她们会在情感上忽视自己的孩子。处于上述两种状态下(情感忽视与情感虐待)的母亲都无法在情感上与孩子保持同调,也不知道什么才是良好的养育方式。

比起在讨人喜欢但又懵懂无知的母亲身上挑毛病,还是去了解那些不近人情的妈妈到底缺失了哪些东西来得更容易些(尽管这也绝非易事)。

情感忽视和情感虐待带来的伤害

情感忽视和情感虐待都会造成严重的伤害。在承认这点时若有任何手下留情，都不足以阐明二者的杀伤力。它们就是非常糟糕的行为，尽管身处其中的人们总得花点时间才能承认这点。

有些在童年期遭受过情感忽视或是虐待的幸存者会对自己的经历轻描淡写，他们说"至少我没挨过打，我也没啥可抱怨的"，这样的人并不在少数。但美国心理学会（American Psychological Association）的一项研究报告发现，"受到情感虐待和情感忽视的儿童面临的心理健康问题与受到身体虐待或性虐待的儿童十分相似，有时甚至更加严重"。[2] 他们发现，相比于遭受身体虐待或性虐待的儿童，在心理上受虐的儿童出现焦虑、抑郁、低自尊、创伤后应激症状以及出现自杀倾向的概率与之相同甚至更高。

极端的早期忽视可能会危及孩子的生命。被剥夺了早期互动的婴儿缺乏心理支架或大脑刺激来让自己完全迈入人类世界。极端的忽视会让孩子漂浮于生命表面，与身体失联，甚至怀疑自己是否真的存在。而情感虐待则会以另一种方式摧毁灵魂。人们难以理解，为什么自己所依赖的人会那样鄙视甚至憎恨我们。如果母亲变成"巫婆"，你可能会觉得自己随时都会丢掉小命。极端的情感忽视和情感虐待都会从根本上摧毁健康人生的根基。（这并不是说你再也无法过上健康的生活，只是你必须要为自己重建根基。）

两种行为的危害程度取决于周边存在多少缓冲因素。我在"为什么有些孩子遭受的痛苦更多"（第101页）一节中讨论过，个体

第七章 童年期的情感忽视与虐待

差异会导致人们产生脆弱性和适应力上的区别，因此，这个因素也可以用来解释为什么不同的人受早期伤害困扰的程度有所差别。

另一个重要因素是情感虐待或忽视的量。一个孩子越是持续遭受某种对待，就越会将其内化于心。虽然偶尔的虐待就够让孩子感到不安的了，但持续的虐待会在孩子还来不及稳定下来的时候就再次将其击倒。忽视也是如此，只是在一段时间内情感缺席（比如在孩子稍大一点的时候或是因病住院）的母亲对孩子造成的伤害，比在孩子早期生活中一直隐形的母亲要小一些。

第三个缓冲因素是指环境中的其他因素：是否有其他人能够帮助抵消母亲的伤害行为所带来的影响？家里有没有别的大人？他们是能缓冲一下、提供支持，还是压根帮不上忙？在我听到的信息中，暴躁的母亲总会嫁给窝囊的男人，这些男人自己并不实施虐待，但他们仍然属于情感忽视型的家长，因为他们没能保护孩子免遭母亲的虐待。这种母亲是否会出于嫉妒而干扰孩子与其他成年人建立亲密连接？缺乏安全感的母亲常常这样做。

家中是否有兄弟姐妹？有时，兄弟姐妹会帮你分担环境中独有的压力，成为风暴中的港湾（尽管他们也像你一样脆弱又无助）；而另一些时候，兄弟姐妹则会成为虐待的同谋。当兄弟姐妹也在实施暴力行为时，就代表家庭系统已经出现了严重的问题。对孩子的差别对待以及不公正的角色定位可能会使孩子之间难以缔结平等联盟。有时，母亲会挑起兄弟姐妹间的争斗。也有些时候，孩子们会出于自保而抛下其他同胞，要么躲进卧室，要么逃离家门，以此避免受到伤害。偶尔，你也会听到某个孩子会在家中鸡飞狗跳的时候沉浸到书本或游戏之中，学会了将眼前的纷扰隔绝在门外。当家中的兄弟姐妹以这样的方式销声匿迹的时候，孩子就会体验到更深的孤独以及被遗弃的感觉。

刚刚说过了每个人在受害于这两种行为时会出现的个体差异，接下来我们来看看这两者会带来哪些共同的影响。

童年期情感忽视的影响

我们先来看看情感忽视的长期影响。缺乏母爱的人会遇到这些问题并不让人意外，这与"好妈妈"的功能缺失存在明显的关联。以下是常见的15种问题：

1. 价值感和自尊感的空洞

缺乏母爱的人感觉不到自己被重视，尤其感觉不到自己被看见。他们没有得到镜映，很少得到支持与鼓励，而且几乎感受不到被爱（即使他们在理智上相信母亲是爱他们的）。

孩子心目中对这一切最常见的解释就是"我不重要"或是"肯定是我出了什么问题"。他们缺少发展健康的自我意识所需的核心支柱。

2. 感觉得不到足够的支持

缺乏母爱的人没有在童年期得到过足够的支持，也没有"好妈妈"可供其内化，因此，他们通常都缺乏自信，内心的支持感也比较弱。这种对支持感的缺失往往会表现为容易不安以及在遇事时难以前行。一旦事情变得棘手，他们就会开始崩溃。即便只是处理常规难度的任务，他们也可能产生不堪重负、无力应对的感觉。

习惯了自给自足的个体有时并不能体验到这种匮乏，因为他们已经学会了依靠自己来渡过难关。然而，只要给予适当的推动，这种防御就会瓦解，对支持的需求也会暴露出来。

3. 难以接纳并主张自己的需求

"需求"对大多数缺乏母爱的人来说都是个龌龊至极的词，因为它总会关联起那部分得不到满足的痛苦记忆，以及"母亲正是因此才离我而去"的印象。需求往往是羞耻感的来源，它不是可以暴露在光天化日之下的东西。这类群体可能并未完全意识到自己拥有这样一种信念，即"我的需求是一种负担"。

只有当你觉得自己有权表达需求，并且需求会得到他人回应的时候，你才有可能真的开口要求些什么。如果母亲曾经在孩子有需求的时候情感缺席，那么有些孩子在成年之后就会发现自己几乎无法向他人求助。

4. 缺乏滋养，对情感高度饥渴

许多缺乏母爱的人在长大后仍会觉得自己在试图弥补童年期的情感缺失（参见"我就像个没妈的孩子"，第119页）。他们会在成年之后形成更加迷恋的依恋风格，更为强烈地寻求感情的依附。另一些成年人则不同,他们可能会试图放弃对爱的需要,彻底断绝对亲密情感的期待。还有些人会在感觉不到对亲密的需求以及产生对爱的高度渴望之间来回摇摆——用依恋理论来解释,这类群体可能属于混乱型依恋风格(参见第 59 页)。

5. 难以接受爱和维持亲密关系

虽然缺乏母爱的人们常常渴望爱,但他们却并不容易接受爱,因为高度紧张的情绪和自我保护的铠甲常会成为他们爱之路上的阻碍。亲密关系的建立需要我们展示脆弱、表达自己的需求与感受。而自给自足型、回避型依恋的人会发现这么做尤其困难。

缺乏母爱的人在亲密关系方面可以参照的对象十分有限,他们对自身需求能够得到满足也不抱多少期待。如果在人生最初、最能塑造性格的关系中就没有得到过满足,你就很难相信有人会真的陪在自己身边。许多人还会产生一种"我不配"(有时是无意识的)的感觉,因为如果我真的"配",妈妈为什么没有陪在我身边呢?

依赖型的人不仅会用黏人的举动吓跑旁人,倘若伴侣没能给出他们仍在寻求的完美之爱,他们还会变得愤怒。这种愤怒会将他人推开,并因此而活现他们在人生初期的丧失模式。

6. 孤独和无归属感

当我们感觉不到自己是家庭中重要的一部分时,就会产生一种"局外人情结"(outsider complex)。你会因此而渴望成为某个团体或社区中的一员,但又会因将自己再次置于同样的境地而深感矛盾与不安。许多人都想知道这世上是否真有自己的一席之地。童年期不被爱的感觉会为日后长久的孤独感埋下伏笔。

7. 不知道如何处理情感

如果在儿时的家中无法自由地表达一系列的情绪（或是只能由失控的家长掌握话语权），母亲也没能帮助孩子学会调节情绪及交流情感，生活的某个重要部分就会出现空洞。对许多人而言，主要的治疗任务就是要学会识别感受，而不是通过成瘾行为来见诸行动。那些隔绝情感的人则需要学会如何让情绪浮现出来并循环流动。

8. 无处不在的匮乏感

并非所有缺乏母爱的人都会感到匮乏，但其中一部分人确实会有。被剥夺感会深深印刻到他们的意识之中，成为体验生活的滤镜。他们可能总是会觉得钱不够花，爱不够深，快乐也不够多。

这类人还会在接受馈赠时感到不适，这会让情况更加复杂。当母亲在心理上像"守财奴"一样吝啬，无法慷慨给予的时候，你内心中的一部分也有同样的心态滤镜——不愿大大方方地接受或是给予。至此，这种匮乏感就完成了代际传递。

9. 挣扎感

对许多缺乏母爱的人而言，人生是很艰难的，要为生计挣扎，为人际关系费心，才能勉强拥有"还好"的感觉。这种挣扎也是孤儿院中"生长发育迟滞综合征"的多种表现之一。

10. 抑郁

患者因为抑郁而来求助是心理治疗中的一个常见契机。丧失感、被剥夺感、需求不被满足、得不到足够的爱、自尊受损、无法消化的痛苦与失望、悲伤以及缺乏支持的感觉都与抑郁相关。孩子出现抑郁是父母在养育方式上存在明显缺陷的一种征象，尤其当抑郁始于童年，或家中有不止一个孩子在人生某个阶段出现过抑郁或自杀倾向的时候。

11. 成瘾行为

成瘾是对未经代谢的痛苦所做出的常见反应。它与无法自我安抚或调节情绪有关，也会在躯体被某些内在暗示激活并唤醒的情形下发生。当个体无法处理这些令人不适的情绪和感觉时，你就会发展出成瘾行为，为自己提供某种抚慰或是麻醉，以此回避先前的痛苦。

与食物相关的成瘾行为在情感滋养不足的人身上尤为常见。食物常与母亲的爱联系在一起，这就不难理解，为什么人们会通过进食行为来安抚自己，或是掩盖因养育不足而留下的空洞。显而易见的是，为了填补情感需求的空缺而去吃东西很容易导致暴饮暴食或是肥胖症。

12. 缺乏力量感

缺乏力量感可谓本清单中多项内容（尤其是前三项）所导致的自然结果。倘若没有积极的自尊感、强有力的内在支持，或是能够承认"有需求无可厚非"的健康心态，你就很难感觉到自己是有力量的。此外，如果母亲没能在学前时期捍卫你的权益、引导并赞赏你不断成长的能力，你的效能感也可能会严重受损。

然而，这种感觉可能出现得比想象中更早。婴儿的首个任务就是吸引妈妈过来。当妈妈对孩子的哭声无动于衷时，孩子就已经有深刻的徒劳感了。反应迟钝的母亲可能会严重地阻碍孩子产生"我能影响周遭的环境"的感觉。

13. 缺乏安全感

缺乏母爱的孩子常常不得不自己照顾自己，很多时候还是在对孩子来说并不安全的情况之下。要是母亲无法为孩提时期的你提供保护，你的神经系统就会用过度警觉来弥补这一缺憾。而要消除这种过度警觉的状态并非易事。

依恋关系是为幼儿提供安全感的主要载体，所以，不安全的依恋也会带来不安全的感觉。假如孩子无法内化一个温暖、妥帖的"好妈妈"形象，就无法为自己的内心储存足够的安全感。

14. 完美主义和自我批评

要是母亲从不轻易给予爱或表扬，孩子往往就会竭尽全力去迎合自己想象中的母亲的需求。他们小心翼翼地监督自己，为自己设定严苛的标准，并固守这样一种期待，直到长大成人——"只要我做得足够好，最终就一定能赢得妈妈的爱"。

这种希冀通过足够优秀来获取爱与尊重的决心，或许会为我们带来期望中的卓越，但也可能会让我们的表现不那么尽如人意。认为自己必须把每件事都做好的人是不允许自己失败的，也不会通过不断学习尝试新鲜事物，所以他们常常会在开始之前就停下探索的脚步。

15. 难以发掘真实自我并臣服于内心的激情

没有拥护者，没有啦啦队长，没有镜映，也没有无条件的接纳，我们就会更难做出真实的自我表达。情感忽视会让人失去自我，在人生中迷失。

情感虐待的附加影响

情感虐待型的父母很少与孩子同调，也不常对他们的需求做出反应，因此，情感忽视的影响最常见于那些拥有"情感虐待型"母亲的个体身上。他们抑郁和成瘾的可能性更大，当然，安全感通常也严重不足。除了上面列出的问题之外，经历过情感虐待的人可能还会面临更多挑战。

16. 高水平的焦虑

焦虑是一种感觉事情不太对劲的情绪，它常常伴随某种不祥的预感。这就不难理解，为什么那些在童年时期遭受过情感攻击的人焦虑水平有可能更高。据我的经验，没被处理的情绪如果太多，也会使人产生焦虑。而解决不了的问题也同样会成为堵在胸口的一块心病，并导致相同的不安。

焦虑的表现方式多种多样，有时它会以惊恐发作的形式爆发出来，有时它又会表现为恐惧症或者是强迫症。焦虑通常还会影响睡眠。我的有些来访者会害怕入睡，或是担心自己会在睡梦中死掉。焦虑还会导致紧张行为，例如拉扯头发、过度忧虑、谨小慎微或是烦躁易怒。焦虑和戒备的情绪都会使人难以放松，进而让身体流失掉维持健康所需的多种营养。

17. 根深蒂固的回避心理

假如你和许多遭受过情感忽视及情感虐待的人一样，缺乏良好的情绪调节技巧，你就会花很多精力来避免情绪被触发。这可能会使你无法为生活放手一搏，也不愿意深入探索内心世界。你的情感空间会被不断压缩，长此以往，也许你就只能允许情感存在于自己的脑海之中。对回避的需求也会助长成瘾行为。

18. 躯体的异化

相比于无意中遭受忽视的孩子，在情感上受虐的孩子经常还要遭受大量的身体羞辱及严重的身体忽视，这会使他们体验到比前者更为沉痛的与自身躯体的疏离感。体内过多的麻木、羞耻和未经处理的创伤使得他们更难感觉自己是身体的主人。这些内化了的态度和（对情感的）隔绝会让他们觉得自己的身体并不真实存在着，而更像是某些无生命的零件的组合。他们会觉得自己似乎都不像个完全的人。

19. 健康状况的恶化

倘若感觉不到自己是身体的主人，就很难让身体茁壮成长。此时，身体会从它接收指令的能量矩阵中分离出来。从更实用的角度来说，如果人无法安然待在自己的身体里，也就不能对身体的需求做出反应——不会休息，不能喝水，无法进食，也不会运动，等等。

高强度的压力也会导致身体系统受损。大量的"童年不良经历"（Adverse Childhood Experiences，ACE）研究发现，童年期遭遇不良事件与成年后的患病率增加高度相关。[3]因为你的免疫系统、神经系统及其他所有系统在发育时都背负着重担、需要支持。它们无法像其他幸运的系统一样不间断地正常发展并高效运作。

创伤领域的躯体研究者们都知道，"身体背负着"创伤的"重担"〔罗伯特·斯卡尔（Robert Scaer）甚至写过一本名为《身体承受着重负》（The Body Bears the Burden）的书〕。我想说的是，当我们不能完全掌控自己的身体并与之保持同调，或是当身体在早期发育时受到了干扰时，它就要背负起"不能承受之重"，进而危及重要系统的发展。还有一种躯体表现形式，是身体会在负重的同时经由某些症状来展现这种"负担"，以此表达"这些问题还没在心理上得到解决"。比如，未经处理的悲伤会导致心脏疼痛，发声障碍可能源于某个无法说出的秘密，或是某个人被剥夺了"发声"（个人表达）的权利。这些躯体症状有时蕴含着明显的病程，有时则看不出什么生理上的依据，但症状依然存在，并会导致某种真正意义上的功能障碍〔心理学术语将之称为"躯体症状障碍"（somatic symptom disorder）〕。

基于上述原因，当个体背负着未被解决的早年创伤时，健康状况就会受损。

20. 难以信任他人

在童年期遭受过情感虐待的人，成年后可能会预期自己经历被伤害、利用、操控或是抛弃的情境。你可能会觉得自己太过脆弱，无法放下为了自保而筑起的心理高墙。当他人真心表达对你的兴趣时，你会感到陌生，会很难相信这种兴趣能够持续下去，或是怀疑对方是否别有用心。你还会担心，一旦依赖他人，对方就会离开。对曾经遭受过虐待的人而言，关系往往等同于痛苦。

也许你会尝试许多方式来保护自己免受这种痛苦。比如将他人拒之门外。再比如不断搜寻危险之处，时不时利用对他人的评判来与对方保持距离。举个例子，当你感到脆弱，害怕自己太过依赖伴侣的时候，你就可能会没完没了地数落对方。

学会信任他人是一条漫长的道路。

21. 在关系中被利用、不幸福

假如你在人生中的第一段关系——和父母的关系中受过虐待，你就自然会更容易被与双亲行为类似或是能给你带来相似感觉的人所吸引。你可能会学会通过顺从来减少对对方的攻击，甚至变得有些麻木。会留在受虐的关系中的人，通常都有过在童年期遭受虐待的经历。

另一种可能的模式是成为一个"照顾控"——变成受气包，为"索取者"无尽地付出；或是给予他人一切却不求回报，最终将对方培养成"索取者"。你会将自身的需求放在最后，宁可使自己不便，也要满足他人的不合理要求。这是因为你已经学会了为了得到他人的一丁点恩惠而去摇尾乞怜。你迫切地想要一段感情，而不指望双方能发展出平等的关系。所以，你最终可能会成为那些需要观众的表演者的拥趸。

22. 内在的"天花板"

很多时候，我们会延续童年时期的匮乏。在我所见范围中，这种匮乏的表现形式之一就是个体会认为"我不被允许"去感受某种情绪、去做决定或是去获得成功。有位女士告诉我，她不被允许感到快乐。（不许表达愤怒很常见，但这可是快乐！）另一位女士则说，她"无权"按照自己的意愿来布置家居环境。即使是能力很强的成年人，在想到自己不能做不被父母同意的事情时，也可能会变得手足无措。还有位女士说，她在二十多岁到三十岁出头的时候没法怀上孩子，之后过了很多年，做了好几次手术才怀上孕,她觉得这和自己内心认为"这不应该"的感觉有关。

许多人很早就了解到,母亲是不允许他们取得成功并超越自己的。有位女士告诉我,她不得不隐瞒自己在学习和工作中取得的成就,不然母亲就会把它们毁了。成功不能被庆祝,却要被隐藏起来,这是何等可悲的事情。在这个案例中,她母亲给出的信息非常明确——"你永远都不够好"。尽管她后来实际上成了一名教授,但母亲先前反复念叨的却是要她去当个秘书。

即便你已经跨越障碍,取得了成功,那些有毒的想法依然会残留在你心中:一种是觉得自己不够好,甚至觉得自己是个冒牌货;另一种则是认同母亲,剥夺自己的胜利。或许你还会用上其他与众不同的方法,比如让成就隐形,或是采取微妙的手段来破罐破摔。许多在童年期有过类似经历的人都更愿意追随自身的失败而非成功,他们会抹掉那个更有力量的自我形象。

23. 内在加害者

虽然每个人的内心都会时不时冒出一个批判者的角色,但那些在成长过程中受到过严厉批评的人,其内在批判者往往都是过于严苛的。尽管人们有时认为,内在批判者之所以发出批评,是出于保护我们的积极意图(虽然方式并不高明),但在经历过虐待的人心里,这种内在批判者要么是一个狂暴的批判狂,要么就是个确实心怀恶意的内在加害者。这个内在的加害者常常与实施虐待的母亲抱有相同的评判:"你一无是处,又肥、又懒、又蠢,应该要把你的真面目公之于众。"

143

与内在加害者或失控的批判者共同生活，简直如坠地狱。你永远都躲不开他们的攻击。

24. 自我的崩塌

当你在童年时期遭到过拒绝时，你就会倾向于内化这种拒绝，然后跟自己过不去，觉得自己没价值，或许你也会停止努力。那个时候的你可能并不知道自己有权受到尊重，有权得到良好的照顾，有权被人精心地呵护，也有权茁壮成长于世间。

那些遭到嫌弃的人最终会感觉自己卑贱至极，只会贻害人间。当你笃信自己生而为人却在某种程度上只会惹人厌弃的时候，你当然不敢走上前去要求什么。由拒绝塑造出的人生往往都会坍塌成一片废墟，还会伴随某些自伤行为。这一点我们将在下一条中讲到。

此外，倘若父母控制欲很强，总想大包大揽，你可能也会觉得自己没有自主决定的权利。这让我想起一位中年女性，她认为选择自己想要的发型是一种非常激进的行为。她还没在心理上完全步入成年。

许多受到过情感忽视的人现在都会体验到无能为力的感觉，而这种崩塌就是无力感在心理上的延续。

25. 自我伤害

自伤行为可以表现为不易察觉的自暴自弃和缺乏良好的自我照顾，也可以表现为各种形式的自残举动，例如割伤或灼伤自己的身体，甚至是自杀。我们可以从以下几个方面来理解自我伤害：

- 加害者虐待行为的延续，现在被受害者内化了。
- 对所遭受的虐待行为表达自责的一种方式。
- 出于对内心某个部分的自我控制，为了改善自己的行为而进行的扭曲的尝试。
- 既是对羞耻感的表达，也是应对羞耻感的尝试。
- 自我憎恨的一种表现，这种憎恨要么来自对外部世界的吸收，要么来自被压抑并转向自我的愤怒。
- 一种绝望的尝试，意在感觉自己还活着，或是让自己变得麻木。

如果你有自我伤害的行为，建议你向专业力量求助，保护自己，扭转困局。

26. 频繁或持续的解离

正如我在《从创伤中治愈》一书中所言，"解离"就是一种"无法完全处于此时此地"的状态。通常它指的是与自己的身体、感受或所处环境的脱节。我们都会有一些小小的解离体验，比如当我们在肌肉记忆的驱使下自动做某事的时候，有意注意和知觉在场的感觉就会从意识中退行。但创伤经历者的解离状态会出现得更加频繁，也更令人不安。

解离常常是在突然间发生的。它就相当于神经系统不堪重负时的断路器。解离是一种应急反应，它只能部分地控制当下扑面而来的不堪重负之感，因为解离的状态本身就会带来不适——它会让人产生仿佛灵魂出窍的感觉。在严重的解离状态下，人会觉得晕头转向，无法集中注意力，就连把牛奶放进冰箱里这么简单的事情都意识不到。

解离是对压力和威胁情境的一种习得性反应。它不涉及投票表决的流程或是有意识的决策过程，只会指向不自主的"我要离开这里！"的念头。这种状态可能会持续几分钟或是几天，但有些人一生中的大部分时间都处于严重的解离状态，他们在生活的重要方面——常见于感受、身体及环境——都会体验到麻木。

当心智中的一部分被分离出去，并与其他部分断开连接，就会出现分离性障碍（dissociative disorder，有关这部分的更多信息请参见后文，第164页）。此时，破碎的自我承载着某些部分的经验，却以一种经验仿佛被封存了的方式运作，伴随一道隔离屏障，使这些碎片无法分享其他部分的经验。关于此处的更多内容请参见"各部分的工作"章节。

一位女士曾向我描述从婴儿时期起就出现的"等待母亲"的体验：她在哪里？随之而来的是一种分裂以及被离弃的感觉，而且，她从未感到过当下的自我是真实的。当我说"是时候搬进去了"（我是指回到她的身体和今世今生中去）的时候，她抽泣着抗议道："那就要忍受那种难言的痛苦。"我向她保证："那时候确实无法忍受，可现在不一样了。我就在这里，我会陪你忍受。"

27. 失忆症

记不起童年的重大事件或是出现大块的记忆缺失是心理创伤

的常见表现。与因脑部损伤或其他生理因素导致的失忆症不同，解离性失忆症会忘掉的是那些太过痛苦而不能被记住的事情。内心的防御结构会说，这太痛苦了，承受不了，让它"消失"吧。而这个防御结构，就叫作压抑（repression）。

这一现象最常见于童年期的性虐待案件，尤其当虐待行为发生在家庭内部时。不过，实际上，任何在情绪上难以负载的记忆都有可能受到压抑。恶言相向或是威胁恐吓都可能让你感到日常生活难以为继，所以，能不能将它们从记忆中抹去是生死攸关的大事。

28. 不确定什么是真实的

感觉自己能够区分何为真、何为假，是信任自身体验的一个重要方面。如果你曾在年幼时多次遭受情感虐待（尤其当这种虐待要么被否认，要么被归咎于你的时候），又没有安全的去处，你就只能退缩到自己的内在世界，而这会让你感觉无法确定什么才是真实的。你可能会想：那些事真的发生过吗？还是那只是我的想象或是梦境？要是母亲否认了你的许多体验，甚至还不断将之按照自身经验篡改，你的现实感就会动摇得更为剧烈。

这种情况也同样可见于先前描述的那个片段。在上述案例中，那位女士并未真正意识到自己是独立存在的一个个体。她总觉得需要他人的关注，需要有人看到她的进步，需要被人看见，否则的话，她就"不存在了"（不真实了）。

倘若分离持续发生，你就很难全然处于"此时此刻"。在这种情况下，恢复"真实感"也许就会成为最主要的治疗目标。

29. 为什么我如此敏感

没有安全感的童年，以及父母在情感上的虐待，都会使受害者对批评、拒绝和遗弃过度敏感，并无时无刻不在搜寻危险因素。这种过度警觉的状态，加上脆弱的自我边界（因为从未得到充分发展，或是被入侵行为击碎），会使你极为擅长捕捉他人的情绪与动机。当这种状态总在无意识、非自愿的情况下频繁发生，我们通常就会认为这种人是"超级共情者"（empath）。不过你也可能会觉得他们有点共情过头了。它会造成的部分问题是，这样的人经常会将他人的体验混淆为自身的经历。他们不明白自己为什么会有这么强烈的愤怒、抑郁或是腰背疼痛，他们看不到这是他人经由自我边界的漏洞所遗留下的产物。

我的来访者中有相当一部分都属于这类超级共情者，我认为这绝非偶然。我已经从心理学的角度对此做了描述，不过这里可能还涉及其他因素，比如神经系统和生理机能天生就更敏感〔"高敏感人群"（Highly Sensitive Person），或称 HSP〕。

创伤幸存者会表现出许多与高敏感人群相同的特征。注意障碍患者、自闭症谱系中的严重患者以及罹患脑损伤的病人也是如此。个中理由无从知晓，不同模型假设的原因各不相同。这并不是说每种症状你都会有，而是说不同类型的人群在特征上存在重叠。

让我们来进一步探讨这个模棱两可的领域，看看"母亲出了什么问题"。

第八章　母亲出了什么问题

> 一个情感缺席的母亲，即使在其他方面无可挑剔，也会有所缺失；而情感虐待型母亲缺失的东西会更多。也许母亲真的不知道怎样才是更好的养育方式，或者她自身就存在情感或心理缺失，又或者她的工作与生活失衡，等等，由此在养育我们的过程中呈现出冷漠、善妒、易怒、刻薄等状态。

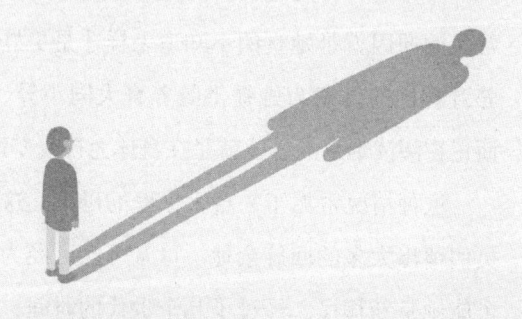

现在，我们从那个可怕的、折磨人的问题——"我出了什么问题？"（所以母亲不重视我）——转到一个新问题上——"母亲出了什么问题？"。太好了！你总算问出来了！是的，一个情感缺席的母亲，即使在其他方面无可挑剔，也会有所缺失；而情感虐待型母亲缺失的东西会更多。本章将针对上述两种情形进行探讨。我们会先讨论母亲"不作为"的常见原因，接着再讨论母亲施虐的原因。

母亲不知道什么才是更好的养育

当母亲在育儿过程中发挥的作用远远不够时，首要的也是最常见的原因就是她真的不知道怎样才是更好的做法。她给孩子的养育和她的母亲为她提供的养育大同小异。这是一种代际传递，而正在阅读本书的各位就是在身体力行改变这种传递。

这种情况常见于来自大家庭的母亲。这类家庭实在没法给成员们留出太多的回旋余地。母亲可能已经为了生存疲于奔命，也可能她是新移民。经过了几个世代的时间，大众对育儿的看法已经发生了变化，但无法提供足够母爱的那部分家长往往还固守着陈规，认为当父母的，只要满足孩子的生理需求就好。对我在本书中描述的"'好妈妈'的多种面貌"，他们一无所知。

母亲之所以会在情感上缺席，有可能是因为她们出于我在书中提到的多种理由没能得到足够的养育，也有可能是她们确实不了解孩子的需求。或许她们在自己还是个孩子的时候就失去了母亲，又或者她们的母亲生了病，所以，她们缺乏参照，不知道一个能参与、有能力、肯奉献的母亲应该是什么样子。

情感封闭的母亲

母亲情感封闭的原因有很多。许多因素（比如她自己父母的情感缺席或者攻击性强）都会让母亲产生戒备心理和情感隔离，但其中最常见的两个原因还是抑郁和未经解决的创伤。情感封闭是美国文化中的一种普遍现象，而工作与生活之间的失衡则使这一状况愈演愈烈。

从群体层面来说，我们的生活中充斥着未经解决的创伤。战争、灾难、性侵和虐待只是其中的一小部分。在为写作本书而进行访谈的过程中，我了解到许多受访者的母亲都是未经治疗的创伤幸存者或是创伤幸存者的子女。有些人身上带有大屠杀时留下的伤疤，也有许多人经历过丧亲之痛，但从未释怀。"从未释怀"是这里的关键因素。研究表明，女性与孩子形成安全依恋关系的能力，更多与其处理痛苦情感事件的能力相关，而不是她实际遭受到的创伤与丧失本身相关。[1]

可能导致母亲情感封闭的另一个原因是过往罹患过抑郁。这种抑郁有可能并未得到过诊疗，这对所有之后受其影响的人来说都是一个悲剧。抑郁源于许多生理因素，包括某些疾病、营养不良，就连治疗抑郁症或其他疾病的药物本身也有可能导致抑郁。从本书中，我们已经看到，抑郁是没能得到建立坚实的生活基础所需的资源以及父母所提供的养育不当这二者共同作用的结果。关于抑郁，我认同一种相当古老的理解，即抑郁掩盖了（也就是压抑或是压制了）我们不愿碰触或不知如何处理的情绪。其结果就是出现抑郁症的标志性症状——感受的"扁平化"。在抑郁状态之下，我们很难感到有动力或是有兴趣，也很难体验到满足或是愉悦。

这就使得抑郁症患者在表征上呈现出一些看似矛盾的状况：许多人生活在迷雾中，无法清晰地感受自己的情绪；而另一些人则沉溺在痛苦中，总觉得想哭。抑郁症是一种复杂的疾病，它的致病因素多种多样，细分种类五花八门，对其成因的看法也不一而足。

然而，无论背后的原因几何，抑郁的母亲在行为上都倾向于退缩。她们没有精力或是情感力量——甚至不具备清晰的意识——去积极和敏锐地照顾子女。许多抑郁的母亲大部分时间都待在卧室里，并不参与家庭生活。

第八章 母亲出了什么问题

母亲从未长大

很多针对失职母亲的描述都显示,她们在情绪、社交甚至认知上都存在发育迟缓的问题。这样的女性或许也能学会如何表现得热情好客并且魅力十足,但她们在互动中的功能水平可能只与青少年甚至幼儿相当。有可能这些母亲在自己家中被视为小公主,因此也没能学会如何承担责任。但更有可能的是,抚养她们的父母自己就不具备足够的情感成熟度,这使得子女虽然长大了,却从未真正变为成人。

有时,不成熟的母亲还要成为丈夫的"小孩"——丈夫得给她们零花钱,接管家务及育儿的琐事,或是把带孩子的工作交给年龄稍大的子女。三四岁大的孩子在连厨房水槽都够不着的时候就要负责哄弟弟妹妹睡觉,还得给他们洗澡、喂饭、洗碗!

这类母亲通常还会表现得肤浅、虚荣、小气、容易动怒、操控欲强,并且总在扮演受害者的角色。当母亲老去,需要更多照顾的时候,这种情感上的不成熟可能会变得更加明显。她们有可能做出受害者的姿态,对照顾自己的家庭成员或生活中的任意帮手大发雷霆。

在《不成熟的父母》(*Adult Children of Emotionally Immature Parents*)一书中,作家兼心理治疗师琳赛·吉布森(Lindsay Gibson)花了大量篇幅描述情感不成熟的近三十个特征。[2] 这些特征与遭受过父母情感忽视及虐待的孩子可能经历的状况高度吻合——这类父母无法应对自己或他人的感受;对情绪缺乏觉察,总是见诸行动;

指责他人，自己却从不承担责任；无法共情孩子，却指望孩子能来关注他们的需求和感觉；以自我为中心；思想封闭，不尊重差异；行为和态度前后矛盾；不去修复关系中的裂痕，还希望你能"一笑而过"，当作什么都没发生。听起来是不是很耳熟？

母亲为何无法给予

在对缺乏母爱人群进行治疗的过程中，我常常听到他们讲述自己的父母是如何无法为子女付出的。那是些令人心碎的故事。我听过一个小女孩坐在又冷又黑的车中，而她的父母却在本地的酒吧里开怀畅饮；有位女士的父母拒绝承认子女的成功；还有些人曾收到微薄、掉价、不合时宜的生日礼物，以致明明自己是收礼物的人，却在收到礼物的那一刻体验到了被剥夺的感受。

母亲之所以如此吝啬，有很多种原因。

- 她或许心怀怨恨，即使这种恨意是无意识的（多见于"不受欢迎的孩子"）。
- 他人的需求会威胁到她的自恋需求，要真正做到慷慨大方，需要她长期抛开自己的需求，而那是她做不到的。
- 她可能在养育奇缺或极度贫困的环境下长大，现在，她以"我没有得到过的东西，孩子也不能得到"的方法来掩饰内心的悲伤。

第八章 母亲出了什么问题

- 一些母亲非常缺乏安全感，她们害怕被拒绝，因此也不会用任何有意义的方式扩展自身的安全经验。

当一个退缩的母亲做出与性格不符的举动时，就会让人感到困惑。我的一位来访者在某次治疗中带来一封来自母亲的信，母亲在信中滔滔不绝地讲述她有多爱自己的女儿。然而，除了这封让人心生疑窦的信件之外，女儿却完全记不起这份爱意曾以任何外显的方式被表达过，无迹可寻。她最常体验到的反而是母亲的憎恨。那封信到底想表达什么？是被不安全感屏蔽了的真爱，还是一个无法接纳、调节自己负面情绪的母亲的补偿性幻想？是一种操控，还是人设？会在经年累月间暴露一个人本质的，主要不在于他说了什么，而在于他做了什么。

母亲是否患有心理疾病

心理学词汇

在常见词汇体系中，我们会用麻木不仁、情感封闭、自我沉溺、刻薄、疯狂等词语来描述母亲的行为。而精神病理学术语则会使用自恋型人格、边缘型人格等对其进行注解。

识别母亲（或其他人）是否真正患有心理障碍能够为你和他们的相处提供更多信息。但同样重要的是要明白：心理障碍是一系列症状的组合，而同一种症状可能存在于多种心理障碍之中。

只有当症状达到一定的数量及程度的时候，才会被认定为一种心理障碍，当然，还要关注其中的亚临床表现。所以，你可能会看到有些人具备了某种心理障碍的基本症状，但却不符合相关的诊断标准。更复杂的是，人们可能同时患有不止一种"心理障碍"。我们还要记住，对心理疾病的整理汇编是一项仍在进行中的工作。观点会出现变化，政策进程也会发生特定的偏转，随时都会有新的疾病出现，也会有某种疾病消失。

假如使用心理学词汇能帮助你确认自己当前的体验，或是帮你更好地理解母亲，那当然很好。不过不要忘了，有些非常简单的词汇，比如"刻薄""幼稚"或是"情感缺席"，同样能够真实地描绘出对应的现象。许多心灵上的痛苦和扭曲是无法仅通过任意一种心理学词汇得到全面的解释的。

最缺乏爱心的母亲身上会持续表现出某些心理疾病的特征，比如边缘型人格障碍以及自恋型人格障碍。理解它们有助于我们用更为日常的语言来继续探讨常见问题。

自恋（narcissism）

很多人都没有意识到，自恋其实是人类发展的一个正常阶段，因为大多数时候，我们都会将它当作一种病态行为来讨论。本节讨论的就是病理性的"极端"自恋。

自恋源于价值感的损伤，这种损伤会让人产生"不值得"的感觉，所以人们会构建出一个夸大的价值形象，以此来掩饰这种感觉。为了捍卫摇摇欲坠的自我形象，自恋者会做出许多极端的防御行为，比如他们经常会全力攻击任何威胁到这种形象的人，务求使对方名誉扫地。如果你激活了报复性自恋者潜在的羞耻感，他们就会不惜一切代价毁掉你。

极端自恋者存在某些共性：

- 总是以自我为中心。
- 渴望受到崇拜与关注。
- （在他们眼里）他们永远不会犯错。（别让他们看出你有相同的特征！）
- 他们处处高人一等或是超群绝伦。
- 他们情感浅薄，不会共情。

自恋的母亲要让一切都围着自己转，所以她们会把孩子的成功归功于自己——任何在她看来能给自己长脸的事情都是她的功劳。不过，由于必须不惜代价维护自己的"人设"，所以她也会在出现任何错误的时候把责任完全推给他人。她还会把自身潜在的羞耻感转嫁到某个孩子身上，而这又会给她不去善待孩子提供充分的理由。

自恋型母亲会给孩子带来的基本感觉是"我肯定不够好"。因为她总在批评你，总要压你一头。如果知道一旦成功就会遭到母亲的惩罚，或是母亲会试图以一种被动攻击的方式来剥夺你的成功，你又怎么可能茁壮成长并且取得成就呢？

自恋型母亲也会产生其他类型的情绪波动，在感受到最为强烈的威胁时,她们会陷入所谓"自恋暴怒"(narcissistic rage)。她可能会尖叫着发出最恶毒的辱骂,并对对方展开疯狂的指控。假如其他方法都不管用,她也可能会陷入受害者的状态。要与极端自恋的父母相处,你就得学会接受他们的(不公平的)指责,收起自己的需求,当好"赞美的镜子"。

自恋型母亲会让人感到困惑,因为与情感封闭型母亲不同,在不受威胁,尤其是孩子还小的时候,她们是能够给予关心和支持的。但自恋型母亲往往会随着女儿的长大而变得争强好胜,她们会做出一系列让人讨厌的行为——比如挑剔女儿的外表,和女儿的男友调情,或是与女儿的朋友打成一片。

当自身对现实的体验遭到否定,我们的情绪就会受到动摇——自恋型、边缘型和解离型的母亲都会用"没发生过这种事"来搪塞孩子的感觉,她们甚至会不惜撒谎。除非你对自己的认知很有自信,否则你就会开始怀疑自己所认为的现实是否真实,进而严重地破坏你的自我意识。

边缘型人格障碍(borderline personality disorder)

边缘型母亲与自恋型母亲一样,当别人不认可她们的感受和看法时,她们也很容易感觉遭到了背叛和攻击,随后,就会拒绝、惩罚和诋毁那些让她们感到挫败的人。[3]

边缘型人格障碍的主要特征包括:

● 强烈的、非理性的愤怒。

第八章 母亲出了什么问题

- 情绪不稳定。
- 冲动,通常表现为潜在的自我伤害,比如过度消费、滥交、饮食失调和药物滥用、鲁莽驾驶,甚至自残。
- 长期的空虚感,不稳定的身份认同。
- 极度害怕被抛弃。
- 难以维持人际关系,经常在理想化和贬低他人之间游移。

边缘型母亲很容易产生应激反应,她们的表现往往也难以预测——有时体贴入微,有时又怒不可遏。边缘型母亲身上有一种尤为常见、难以处理的精神动力:她们总倾向于将某一个孩子塑造成"金童",这个孩子做什么都不会错;再把另一个孩子塑造成"坏小孩",而这个孩子在她们眼里怎么做都不对。后者会成为替罪羊,并背负上母亲转嫁过来的自我憎恨与羞耻。

在《理解边缘型母亲》(*Understanding the Borderline Mother*)一书中,克里斯汀·安·劳森(Christine Ann Lawson)描述了边缘型母亲如何蔑视边界,用恐惧和内疚来操纵孩子("如果你爱我,你就会……"),要求孩子站在自己这边,并常常因为孩子表达了自己的观点或感受而惩罚他们。[4]

劳森根据不同群体的主要情绪基调将边缘型母亲分成了四类。包括:流浪者(waif)——一个受害者形象,会不断拒绝帮助,有着弥散性的低自尊感;隐居者(hermit)——本质上是一个受到惊吓、躲避世界的孩子;女王(queen)——有"镜映饥渴"(如自恋狂)、贪恋权势、索求无度;还有女巫(witch)——狂暴、有施虐欲（以他人的痛苦为乐），要求拥有绝对的权力。如果你觉得这些描述听起来很熟悉，那我强烈建议你读读劳森这本书。

与边缘型人格障碍患者共处时，人总会有战战兢兢的感觉。你永远不知道对方何时会变得暴戾，不知道自己什么时候无意中惹到了对方，也不知道他们在什么情况下会自怨自艾而陷入崩溃。这会让你失掉基本的常态感和安全感。

小心母亲的愤怒

即便是品性最为圣洁的母亲，也会有发怒的时候，但如果母亲的愤怒会招致严重的创伤或是演变成身体虐待，那就有问题了。有好几种类型的心理疾病都会让人变得无法控制自己的愤怒，以致愤怒一旦现身，就会发展为不可收拾的暴怒。我们已经看到了，自恋型和边缘型的母亲都很容易发怒，因为她们的自我意识没有得到安全稳固，还在来回摆荡。

并不是只有边缘型人格障碍和自恋型人格障碍患者才会出现极端的愤怒，患有双相情感障碍的母亲也会这样。黛安·德韦勒（Diane Dweller）在她的回忆录《妈妈、躁狂症和我》(*Mom, Mania, and Me*)中描述了她的母亲——她出轨、花钱无度、危险驾驶，她辱骂和殴打黛安，让黛安恐惧至极。[5] 双相情感障碍过去被称为躁郁症。在患病期间，患者的抑郁和欣快症状会交替发作，有时还会出现思维奔逸、过度活跃和入睡困难的情况。黛安母亲的表现则是超速驾驶和冲动消费。躁狂不发作的时候，双相情感障碍下的母亲在外表和行为上都还算正常。黛安所描述的冲动及虐待行为也可见于边缘型母亲。当然，同时患有多种疾病的状况也很常见，比如一个人可能同时患有创伤后应激障碍（PTSD）、边缘型人格障碍、抑郁症或是注意缺陷障碍。

任何缺乏情绪调节能力的人都很难将愤怒控制在较为合理的范围之内。有未经解决的创伤（比如创伤后应激障碍）的母亲也属于这类人群。我的来访者中有一位患有创伤后应激障碍的年轻母亲，她发现直面自己的创伤（被压抑的性虐待经历）之后，在跟孩子相处时的情绪波动和愤怒的感觉很快就减少了。患有精神分裂症和分离性障碍的母亲（下文中都会讨论）也会见诸行动，出现难以预料的暴怒行为。

刻薄的母亲

"刻薄"也是一种情感虐待。刻薄的母亲会通过她的言行伤害你，摧毁你，剥夺你的任何良好感觉。她们会习惯性地批评孩子，也很少赞美他人。这类母亲的言语中表现出的不仅是对孩子的麻木不仁，还有一以贯之的残忍。

刻薄的母亲是如何养成的呢？虽然其中偶尔会有生理因素（脑瘤、双相情感障碍）的影响，但更常见的原因是母亲自身的心理创伤。她可能会嫉妒孩子，与孩子（尤其是和女儿）竞争，或是将负面感受转嫁出去。她还可能直接见诸行动，宣泄自己的痛苦。刻薄并非一种健康的特质，这样的母亲很可能患有边缘型人格障碍或是自恋型人格障碍。

"疯狂"的母亲

长久以来，人们一直用"疯狂"一词来描述那些毫无意义的行为。当然，人们对这个词的用法过于宽泛了，而且通常都带有贬义。如果翻译成心理学语言，"疯狂"指的就是所患的心理障碍太过严重，足以被归类到精神疾病的范畴。当一个人患有明显的精神疾病时，他也就不再活在大众所认可的现实之中了。

精神疾病患者可能会产生幻视，或是感觉自己受到了无生命物体或惩罚性声音（不仅是内在批判者）的影响，他们通常都很偏执，并且会相信与事实相悖的事情。

重度抑郁症患者有可能发展为精神疾病患者。人在治疗或药物不对症时，或是出现医疗问题导致并发症时，甚至睡眠不足时都有可能出现精神错乱。最常与精神疾病联系到一起的心理障碍就是精神分裂症（schizophrenia）。

精神分裂症是一种会使人意志衰弱的疾病。患病者会感觉自己出现了"短路"，无法组织思想、贯彻意图，无法将生活中的点滴串联起来，不能清晰地表达观点或体验，也无法维持人际关系。患有精神分裂症的母亲比患有其他类型功能障碍的母亲（也许只有重度抑郁症是例外）更有可能因病入院治疗，而且往往需要多次住院。她们通常都很难找到工作，因而要在经济和生活上依赖伴侣。如果没有伴侣或他人的照顾，她们或许就无法维持生计。

患有精神分裂症的母亲可能只在一小部分时间里处于活动性精神病性状态，但她们与现实的关系太不稳定了，这使得她们普遍存在着功能低下的状况，也可以说她们从未真正健康过。她们没法给子女提供稳定的成长环境，而其反复无常的情绪和毫无根据的行为反应也可能会吓到孩子。

母亲的功能低下与不可依靠会深深挫伤孩子的自信心和常态感。由于没有接受过正常生活习惯的浸润，这样的孩子在成年后往往会在建立合理的日常生活结构上大费周章，进而落入两种极端的陷阱——要么过得毫无规律和秩序，要么僵化地遵守规则与安排。

总在"变脸"的母亲

孩子需要稳定。"养育者随时会向我发难"的这种感觉，会让孩子的神经系统始终保持高度戒备，从而导致持续的高警觉与焦虑状态。

从对边缘型母亲的描述中可以看出，这类母亲的面孔是在不断变化的——时而甜美，时而狰狞。患有双相情感障碍及分离性障碍的母亲也是如此，我会在下面讲到。

每个人的自我都包含许多部分，但在分离性障碍患者身上，这些部分是被重重封装、各自为营、彼此失联的。在分离性身份识别障碍（dissociative identity disorder，DID）——过去叫多重人格障碍——患者身上，许多部分之间甚至都不知晓彼此的存在，各部分之间的沟通与协调需要花费很大的精力才能建立起来。正如诸多此类主题的电影里所饰演的那样，这类患者有时会出现"不同的人格"。但鲜为人知的是，不同人格分部通常并不像好莱坞电影中所表现得那样明显。事实上，治疗师往往要花费数年之久才能识别出这类患者。对孩子来说，这种状况更难理解，他们搞不懂母亲为什么有时对重要的谈话或事件毫无印象，也不明白她怎么能在不同的时间里表现出截然不同的几种样子！如果母亲总在"变脸"，孩子的生存环境就会动荡不安，最终，他们也可能会以与母亲类似的方式来支离破碎地应对这个世界。

与精神分裂症患者不同（二者常被混淆），许多患有分离性身份识别障碍的患者都属于高功能患者，其中拥有高等学历的人群不在少数。因此，即便一位母亲从事着医生或是法官的职业，也并不代表她的人格就一定是整合的。

当然，每个人都会在某些时候表现出不同的侧面，也会经历记忆的缺失，所以，不要太急于给任何人贴上患病的标签。但是，倘若一位母亲表现出了"基克尔与海德"式〔译者注：Jekyll-and-Hyde，意为"双重人格"，源自罗伯特·路易斯·史蒂文森的小说《化身博士》（*Dr Jekyll and Mr Hyde*）〕的人格变化，你就至少可以判断：这个人的人格不够整合。而这样的母亲可能会让脆弱的孩子感到恐惧与迷惑。

不懂关系的母亲

有些母亲不仅无法同调孩子,她在大多数关系中都没法同调他人,因为她读不懂别人的心。之所以会出现这种情况,有时是因为母亲的成长环境缺乏社交,有时则是出于天生。

阿斯伯格综合征(Asperger syndrome)是自闭症谱系障碍中功能最高的一个亚型。2013 年起,它不再被作为一种独立的疾病来诊断,但你仍可以用它来描述某些特定的复杂症状。该疾病患者具备不低于平均水平的智力和语言能力.(甚至可能在某些独有的方面有突出的表现),但在帮助他人调整人际关系和社交情商方面存在缺陷。

以下是阿斯伯格综合征的一些常见特征,它们或许也可见于情感缺席型的母亲:

- 缺乏眼神接触和双向交流。
- 由于阅读非言语信号(如手势和面部表情)的能力有限,所以可能会误解或混淆他人的感受与需求。
- 当交谈内容不涉及具体事物、有更多隐喻或言外之意时,无法跟上谈话节奏;缺乏幽默感,体会不到戏谑或讽刺背后的意图。

- 很难理解他人的观点或行事原因。
- 由于无法掌控更大的关系场域，所以不能理解为什么自己的行为在某些特定情境下是不恰当的。

可以想见，处于这种模式下的个体很容易给他人带来自私或是迟钝的印象。留意一下你的母亲是否具备这种综合征的某些特征，也许这会对你理解对方有所帮助。

母亲究竟为什么要"蒙住双眼"

母亲对孩子情感的隔离可能还出于一种很特殊的情况：她不能让自己看到孩子正被她亲近的人虐待。该种情形最常见于她的丈夫或伴侣性侵孩子的案例之中。

母亲之所以会"蒙住双眼"，有几个重要的原因。显而易见，首先是为了保护自己的重要关系。谁会愿意相信伴侣正在虐待自己的孩子？她可能感觉非常依赖对方，离了对方就活不下去，所以看不到那些自己接受不了的事情。要让自己意识到虐待正在发生，她就必须把孩子放在伴侣前面，但很不幸，并不是所有的母亲都能做到这点。

很多时候，母亲虽没有实施虐待，却也有自己无法面对的过往。一个会嫁给施虐者的女人，往往也曾在儿时遭受过虐待，而且这种虐待在许多时候是被完全压抑住的，所以她们自己可能也

第八章 母亲出了什么问题

不知道。她们当然不愿意看到性虐待再次发生在自己家中,为了远离这种事,她们可能会变得铁石心肠,对那些与自己的内在小孩同病相怜的子女冷酷到底。

尽管我们不愿去想,但在极少数情况下,某些母亲确实会放任孩子成为他人(有时是兄弟姐妹)的虐待对象,因为这个孩子代表了她对自我的憎恨。

母亲深受其扰当然会让我们倍感痛苦,但是,看清母亲是疗愈自己的第一步。你不用当她的心理医生,帮她诊断精神疾病,但你要看到致使她崩溃的原因,这样才能避免将她的行为归咎于自己,这是疗愈的开始。我们将在下一部分讲述相关的内容。

第三部分

疗愈养育创伤

第九章　疗愈的过程

要开启康复过程，我们需要在保护自己免受内心深处的伤害的同时，揭开创伤，释放淤积已久的情绪。在此过程中，我们需要学会面对自己的情感，包括震惊、愤怒、孤独、恐惧、羞耻、困惑、痛苦、悲伤。

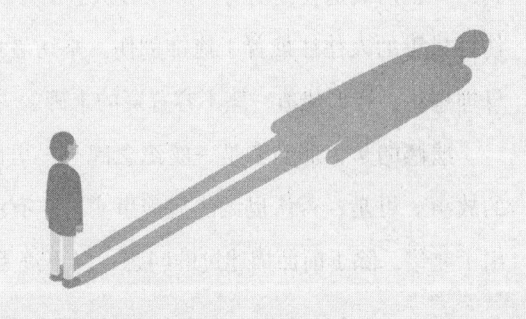

既然要讨论疗愈，我们就先来做个概述。在本章中，我们将探讨如何保护自己免受内心深处的伤害，以及揭开创伤、释放淤积已久的情绪对康复过程的开启是何等必要。我们还将谈到如何通过写日记的方式来处理这些情感，也会谈到疗愈过程中需要面对的两种主要情绪：愤怒与悲伤。

掩饰

或许你已经能清楚地判断出你或某个你在乎的人存在"养育创伤"。你可能也会惊讶于一些备受养育创伤之苦的成年人意识不到这种创伤或是会完全对其加以否认。治疗师们发现，很多时候，伤得最重的人往往最善于掩饰创伤。来访者可能会极尽所能将父母理想化，宛如建造一座不容置疑的丰碑。

遗憾的是，那确实是一座纪念碑——里面藏着比生命还重要的故事。可是，否认也无法掩盖事实，总有线索能证明母子关系出了差错。除了前面描述过的问题，以下迹象也能成为证据：

第九章 疗愈的过程

- 当你看到母子间的温柔互动时，情绪会被触发。你可能会哽咽、流泪，或是通过批判和假装不屑一顾来逃避痛苦（看到自己不曾拥有过的东西会让人很难受）。
- 你可能会避免深入了解自己与母亲的关系。觉得"多一事不如少一事"。
- 每次去看望母亲，你都会发现自己变得麻木，或是会开始恍惚，常常不在状态。探望母亲总是搞得你心烦意乱，你会发现自己又回到了童年的痛苦感受之中。
- 尽管你声明"一切都很好"，但如果有人让你举例说明母亲有多好，或是讲出你感到被爱的时刻，你却举不出多少例子。
- 你渴望真正的亲密，但又对真正的亲密感到不适和恐惧。对你来说，这是种很陌生的感觉。
- 你不想要孩子，觉得自己不是"当父母的料"。

发现创伤

在遭受情感创伤之后建立起自我保护机制是很自然的行为，我们需要花点时间才能揭开藏在伤口下的东西。

有时，人生境遇会将伤口暴露出来。而其中影响最大的，就是在成年后与伴侣分离。重新回到不被人爱、没人支持的空洞状态，可能会让你产生像儿时那样的被遗弃的感觉。无论是伴侣选择离开还是因故去世，都有可能导致这种情况。

对母亲无法排解的情感也可能是由与养育相关的情境所激起的，比如有了自己的孩子，或是最小的孩子离家让你感到失落，再就是母亲年事已高，需要你帮助，这也可能是一种诱因。

也有可能，刚开始的时候你还想不到太多，只是会直觉地感到你与母亲的关系并不简单。要是你与她仍然存在某种程度的融合，这段关系就会变得黏黏糊糊，你会觉得你的情感与母亲的情感是连在一起的。举例说明：如果她看起来沉重而抑郁，那么在思考这段关系时，你可能就会体验到这种沉重和抑郁，并发现很难客观地看待她。她的感受会变成你的感受，她的看法（尤其是对你的看法）也会变成你的看法。

这就涉及我们常说的"共生"（codependency）：在这种情况下，你是无法真正自由地过自己的生活的，因为你完全沉浸在别人的世界里。如果你一直在弥补母亲的缺陷或是照顾她，又或者她给你灌输了一种"必须忠于家庭（尤其是忠于她）"的信念，那么要让自己从这张黏人的网中挣脱出来就不那么容易了。

在治疗中，经历过严重养育创伤的人往往需要花费相当长的时间才能真正开始讲述自己童年的真相。一个人最初讲出的故事往往与他的真实感受存在很大差距；而真正需要花时间去了解的，是储存在潜意识中的人生体验。当它被挖掘出来时，为了保护伤口而杜撰的故事就会慢慢瓦解。

即使是那些非常清楚自己与母亲的关系存在某种缺失的人，也会在全然敞开心扉面对生命中的失落时遇到阻抗，这个过程只能随着时间的推移缓慢改进。因为伤口太过疼痛，我们会自然而然地避而远之。只有当部分痛苦被小心翼翼地排解出去，变得比从前更加坚强之后，我们才有可能变得不那么敏感。

将"缺陷"修正为不足

尽管缺乏母爱的人常常会感觉到自己缺失了一些东西，而这种"缺失"至今仍对他们产生着影响，但我们很少能直接看出两者之间的关联。

我希望本书的前几章能帮你将早年环境中缺乏的东西与你现在所面临的困难联系起来。读者对我的《从创伤中治愈》一书最大的赞誉之一，就是这本书使他们明白了自己的症状与创伤之间的关系，而这让他们得以停止自责。同样，了解生活中的不满、局限与养育创伤之间的关系，也会帮你认识到，如今的挣扎只是某些条件所导致的自然结果。正如在缺乏矿物质的土壤中生长的植物会表现出某些缺陷一样，一个人如果没能得到足够的滋养、支持、镜映以及其他必要的养分，也会出现某些方面的发育不良。用约翰·布拉德肖（John Bradshaw）的话来说，你可以将"缺陷"视为一种不足——那些被你错过（但仍有机会弥补）的东西。

处理感受

我们会用很多方法来逃避内心深处的感觉，比如忙个不停，不给自己时间投入到感受中去；沉迷于思考（对强迫症可能很有用）；绷紧身体，阻隔与情感对应的生理反应；浅浅呼吸，尽量减少并遏制体验。

大多数心理治疗领域和类似"十二步治疗法"这样的项目都秉持一种理念，即人无法治愈自己感觉不到的情绪。麻木和掩饰看似能保护自己免受伤害，但也阻碍了伤口的愈合。

在终于突破自我保护，与童年的体验建立起连接的时候，我们会感觉到受伤。那里有一口让人不愿触碰的悲伤之井。这口井里既有当时因太过痛苦而无法被体验到，继而被"封存"起来并储藏在我们的情绪系统某处的感受；也有在当下认识到自己经历了什么、错过了什么时所感知到的新的悲伤。我们在观看母子情深的电影时流下的眼泪，是对本应拥有或可能拥有，但却从未拥有过的一切而产生的悲伤。

布拉德肖将之称为"针对原始痛苦的工作"（original pain work）。在针对原始痛苦的工作中，来访者需要在现实层面上体验最初被压抑的感受，我称其为"自我暴露"过程。这是唯一能带来"次生变化"，即真正导向情感解决的深层变化的事情。[1]

在这项工作中，我们需要处理大量的感受，包括震惊、愤怒、孤独、恐惧、羞耻、困惑以及原始的、无差别的痛苦。它也涉及悲伤，不过悲伤只是其中的一个部分。

第九章 疗愈的过程

要走过这段旅程，需要支持与工具。由于人通常都会想方设法地避开痛苦，所以我们可能会需要他人的关怀与帮助，来为自己的工作提供必要的支持。我认为个体心理治疗可能是最好的"容器"，但并不是唯一的方式。团体治疗、互助小组、论坛、工作坊以及有爱的关系都会有所裨益。向他人暴露这种痛苦，并引起对方的触动（不同于总是铁石心肠的母亲）也是非常治愈人心的。

考虑到我们所谈及的伤害的性质，你可能会发现自己能够产生强烈的感觉，却无法将它们与任何内容关联起来。不过，这也不是搁置伤痛的理由。我们可以将情感与内容分离开来，因为情感是前语言期记忆的一部分，它在大脑能够描述和容纳它们之前就产生了。如果回顾一下，你可能会发现这些时刻在你很小的时候就已经存在了。同样的情感与内容分离的状况也会发生在最具创伤性的时刻——个体的经验会变得破碎，并转向不同的行动轨迹，就像在看一部声画不同步的电影。此时，你可能会感到困惑并体验到自我的割裂。这就是为什么在创伤记忆的恢复过程中，你也许能记得"事实"但却没有相应的感觉，或者可能有躯体记忆但却无法产生画面感，等等。

尽管这种痛苦看似会永久持续下去，但事实上却并不会——不过，你得坚持和它正面交锋。一旦你能以真实的方式与任意一种情感建立连接（感受），它们就会发生改变。最好是你能后撤半步，与情感保持足够的距离，去觉察这个过程，而不只是固着在自己的情绪之中。这会让你摆脱对内容的认同，进入一个"能意识到却不会被卷入"的境地，也就是我们通常所说的"见证者"的

177

状态。这种做法会为你提供一个必要的情感距离，进而帮助你探索那些艰难的感受。有时我将之称为"超越感受"，因为此时你的某个部分是位于感受之外的。

当代灵性作家们在帮助人们找到处理复杂情绪的方法上做了许多探索。在《不羁的灵魂》(The Untethered Soul）一书中，迈克尔·辛格（Michael Singer）邀请读者在体验到重大感受的时候，"从能量中后退一步"。放松肩膀与心灵，让感受像风一样穿过你的身体。

另一种避免被情绪淹没的方法是在强烈的感受和任意一种其他的感觉通道（比如视觉、听觉或触觉）之间来回切换，这种方法通常会要求我们将注意力集中到自己此刻所处物理环境中的某样东西上。比如，你可以切换到思维通道，这个过程通常会在不经意间发生，但你也可以有意识地进行这项尝试。假如你能长时间地将注意力聚焦在痛苦之外的事物上，你的情绪系统就能平静下来。或者，你也可以停留在情绪通道里，同时切换到积极记忆之上。这种"切换"可以帮你避免在情绪体验的过程中"卡壳"。

还有一个有用的策略，是引入一个体贴入微的"客体"，你与"客体"的交流可以是面对面的，也可以通过在日记中展开一段对话的形式来进行。我自己在处理痛苦感受的时候总会用到后一种方法，在汹涌的情绪海洋中，它能给我一种被"锚定"的感觉。

处理痛苦感受是需要技巧的，虽然近年来涌现了许多方法，但是否真的适用还得因人而异。我鼓励大家都去广泛尝试。不过好在，只要多练习，你总能变得更强大。

第九章　疗愈的过程

写日记

写日记可以在处理原始痛苦的时候为你提供一个安全的空间。毕竟你不想麻烦朋友，治疗师（如果你有的话）也没法保证随叫随到。研究人员已经认识到，用书面形式表达情感的方式，与口头表达的方式同样有效，而压抑情感则通常会导致较高的压力水平，甚至疾病。日记可以充当你的知己、镜子以及向导。在日记中，没有人能够评判或是指责你，此外，通过对话一类的高级技巧，你也能够学会如何安慰和支持自己。

日记是你的知己，是旧伤得以治愈的摇篮，所以，用写日记来表达痛苦，真的再合适不过了。这些痛苦可能是悲伤、失望、丧失、受害或是背叛——它可以是任何伤害到你的东西。你通过分享痛苦的方式来款待日记，而日记则通过接纳痛苦的方式来回报你。

书写自己感受的过程可能会让你泪流满面，这没什么不好。你可以在日记中做一些简短的注释，比如打上括号，记录下你在写到某一段的时候落了泪，这能帮你在日后确认哪些内容最能触发你的强烈感受。当然，你要找个安全的地点来做这件事，最好也能在手边准备一点纸巾或是其他有抚慰作用的东西。

我发现，"哭泣"常常意味着转机。眼泪会告诉我，我现在"淘到宝了"，继续写下去有助于我敞开心扉，获得某些重要的资源。而一颗开放的心，以及其中所蕴含的慈悲，可能会成为我对抗痛苦时最为宝贵的一种财富。

虽然每次哭起来的时候我们都会感觉眼泪似乎永远也不会流完，但事实是，只需哭一小会儿，我们就能获得平静。就强度而言，人能承受的痛苦，通常都比自己想象中的要多得多。避免痛苦几乎是种本能，这使得人极少有机会去测试自己对痛苦的耐受能力。

你还得知道，如有必要，你也可以停下来休息一会儿。暂时将日记放下，做点别的事情。比如，你可以去回顾一段愉快的记忆（像是想想某个真正关心你的人）。我们通常所说的"转移注意力"，可能就是大脑为了让我们喘口气所进化出的一种自然反应。

你可以让自己的两个部分在日记中展开对谈——比方说，一个是感受痛苦的部分，另一个是接纳痛苦的某个内在代理人（诸如治疗师，如果你有的话），或是处于痛苦之外的某个智慧的第三方。在对谈时，你只需要往复阐述事物的不同方面，每切换到另一个声音时，就另起一行。

当你在写日记的时候，你就不是孤身一人与情绪共处了。把感觉憋在心里，只会让人更加孤独。

愤怒对疗愈的力量

约翰·布拉德肖说："你可以愤怒，哪怕他人对你的伤害只是无心之失。事实上，如果想要治愈受伤的内在小孩，你就必须允许自己愤怒。"[2]

你也许会觉得很难对母亲表达愤怒——毕竟她生下了你，还

第九章　疗愈的过程

为你包扎擦伤的膝盖。尤其是当你相信她真的努力试过了，并且她确实爱你，只是没能用你可以感受到的方式将爱表达出来的时候，你就更难对她感到愤怒。重要的是要记住：愤怒不是目的，你也不会一直愤怒下去，它只是疗愈过程的一部分。

假如你仍然希望从母亲那里获得什么（爱、尊重、认可、连接……），因而需要避免惹恼她，那么你可能就会觉得愤怒是件危险的事情，甚至拒绝承认你有愤怒。又或者你必须维持某种永远不会发火的自我形象，那么你也会需要将愤怒扼杀在摇篮里。但是，如果你真想保护受伤的内在小孩，想为自己创造空间去感受那些早年前因为太可怕而无法感受的情绪，并且释放它们（而非无意识地困于其中），就要允许自己感到愤怒。

你对母亲的愤怒可能很早就产生了，主动屏蔽掉愤怒的习惯或许也是由来已久。依恋理论先驱约翰·鲍尔比（John Bowlby）认为，愤怒是孩子的依恋需求得不到满足时的一种自然反应。如果孩子感到表达愤怒只会让妈妈离自己越来越远，他就会学会压抑这种表达。这里必须要再次提起两类主要的不安全依恋风格是如何发挥作用的：回避型、自给自足型的人最有可能压抑或隐藏自己的愤怒，并认为愤怒只会伤害关系；而矛盾型、迷恋型的人则会学习到如何用愤怒来吸引他人的注意。

从小到大，我们可能都曾使用愤怒来拉开过与他人之间的距离，甚至将其彻底赶走。所以，愤怒在成长过程中还是发挥过积极作用的。它是你自身体验的一部分，有时这对所谓"家庭神话"是一种挑战。当你长大成人，能够说出"这是我的感觉，我得到的还不够"的时候，愤怒就被表达出来了。

你有权愤怒，感到愤怒并不意味着你就是个坏人，甚至都不能说明你是个爱生气的人——这很重要。愤怒是一种信息，它会提示有些事情出了差错。不被压抑的愤怒，是对"我受到了侵犯"这一事实所做出的健康的反应。

我们必须摆脱对愤怒的恐惧，进而认识到危险的并非愤怒本身，而是与愤怒之间的不健康关系。要是无法清醒地接纳自己的愤怒，只会不分青红皂白地泄愤，我们就会沦为愤怒的奴隶。倘若一个压抑愤怒数年的人到达崩溃的边界，并以暴力方式见诸行动，那么愤怒也会成为悲剧的帮凶。这种情况下的愤怒，是危险的愤怒。还有一种"纯粹的愤怒"，它会以一种既不贬低他人，又能表达尊重的方式为人际关系传达更多的真诚。

我来举例说明何为健康的愤怒。当一件事情以缺乏尊重、违背自身意愿的方式发生时，愤怒会跳出来说："这是不对的。"这也是愤怒的目的——建立必要的边界。

同样重要的是，要释放被禁锢在你体内的愤怒，因为这些愤怒可能在你感受到它们之前就已经被压抑了。这当中甚至可能包括你从婴幼儿时期起就体验到的愤怒。我相信，有技巧的感受或表达可以代谢并释放这种愤怒。但有时候，对愤怒的释放会演变成一个自我强化的循环，这是我们要避免的情形。最为保险的做法是与熟练的治疗师一同展开这种释放工作。

愤怒多种多样，所以我们还要在此做出一个重要的区分：有一种愤怒是"受害者的愤怒"，它会让人牢骚满腹，无能狂暴；还有一种愤怒是自我掌控型的愤怒，它会让人感到你是在为自己挺身而出。我想说的是，我们要追求的是自我掌控型的愤怒，即便刚开始练习的时候，你只能表达出前一种。

有的人会发现愤怒是种很容易表达出来的情感，进而试图以它来替代失望、悲伤、恐惧——各种各样的情绪。另一些人则会出于潜意识的恐惧而将愤怒埋在心里，因为他们担心愤怒一旦打开，就会像开闸的洪水一样不可收拾。但是，任何一种情感创伤的治愈都要求情绪顺畅流动，它需要我们能够在大量的感受中进行体验与区分，而不会被任意一种感觉所奴役。

日记是发泄愤怒的好去处，尤其当相当一部分人都会因愤怒而感到不适的时候。比起"悲伤"这样柔和的情绪，可能很少会有朋友能对愤怒表达支持。愤怒是一种硬邦邦的情绪，有时还会引发憎恨，它不是那种你能轻轻松松将其示人的美好感受，但日记可以包容这种情绪，它不会批判你。

在处理愤怒情绪时，关键在于"允许"。我们当中的许多人都学会了忍气吞声，要改变这点通常需要很长的时间。坚持在日记中袒露自己的心声，有助于我们改掉这种自我审查的不良习惯。

倘若你无法接纳自己的愤怒情绪，还会用有害的方式来见诸行动，那么你可能就需要采取一些特别的预防措施。重要的是，你要学会调节愤怒，让它沿着一个连续体变化，而不是让它保持在机械地"打开"或是"关闭"的状态。你要在愤怒苗头初现的时候就意识到它的存在，要能运用工具来评估它的水平，能在任何特定的时刻控制它的程度，并通过转移注意力、调整呼吸或是宣布"暂停"的方式来阻止不必要的情绪升级。如果你觉得很难控制自己的愤怒，甚至连触碰它的胆量都没有，可以考虑参加愤怒管理课程，或是与治疗师一起工作。

探索你的愤怒（练习）

　　这项练习将用到日记中的"句子主干"部分。我们会给出句子的开头，你可以用脑子里想到的任何事物来补全这个句子。速度要快，这能避免自我审查。我建议你至少补出十种不同的内容（列表越长，练习效果越好），并将想法集中到对母亲的感觉上：

　　我很愤怒，因为……

　　完成之后，阅读所有的答案，并留意自己的感受。要是你想来点自由创作，这也是个好时机。我还鼓励大家进一步反思：

　　在愤怒之下，我感受到……

　　这个句子主干也要补出至少十种内容。你也可以列个表，写出在哪些事情上你还没能原谅母亲。

第九章 疗愈的过程

悲伤

在治愈养育创伤的过程中，我们除了要处理愤怒，也需要应对深深的悲伤。为我们所失去的东西而悲伤，为我们在孩提时期曾遭受的煎熬与哀愁所悲伤，为这一切使我们的生活变得渺小和扭曲而悲伤。那是一种仿佛再延续下去，便会永无止境的悲伤的感觉。

你可能听说过伊丽莎白·库伯－罗斯博士（Dr. Elisabeth Kübier-Ross）对悲伤阶段的研究，尽管我们更倾向于线性地看待这个过程——而这与她的初衷是相悖的。但是，我们也同意否认、愤怒、讨价还价、抑郁和接受这几个元素在这里都是要有的。为了度过悲伤，我们必须放弃不切实际的希望（这种希望否认了最基本的真相），以及用来讨价还价的一系列假设。在与母亲的关系中，我们很早就展开了这种假设：要是我乖乖的，不打扰妈妈就好了；要是我不哭就好了；要是我能安慰她就好了；要是我能让她骄傲就好了……在这些真诚而绝望的尝试中，我们渴望从这个女人身上挖掘出我们想要的"好妈妈"的蛛丝马迹。

然而，我们最终还是要放弃这种对理想母亲的幻想。作家兼心理治疗师琳赛·吉布森精准地指出："许多情感不成熟的人的子女并没有意识到他们的双亲存在着多么严重的发展局限，他们认为父母的内心一定隐藏着一个真诚并且发展完善的人，一个拥有着真实自我的人，只要父母允许，自己就能与之建立连接。"[3]

唉，要是那个完整、温暖、有时间、负责任、能同调的人真的存在,该有多好!尽管我们在成长过程中的大部分体验都与之相反,但为数不多的几次积极响应还是足以让我们保持这种幻想。然而归根结底,我们还是要以哀悼现实的方式来接受现实,即便在一开始,这种现实残忍得仿佛会置人于死地。这也是为什么在"接受"到来之前,人们还要经历一个针对这种丧失的情感反应,也就是"抑郁"。在抑郁阶段,你会体验到心碎的感觉,但倘若能带着同情心去拥抱这种心碎,并获得相应的支持,你最终还是能归于平静。

要是……就好了(练习)

现在我们来探索三组"要是……就好了"练习。

第一组练习关系到妈妈与她的幸福。你可能早就有过这些想法,也可能意识到现在还有这样的想法,比如:

- 要是她能开到对症的药就好了。
- 要是她能摆脱抑郁就好了。
- 要是她能接受治疗就好了。
- 要是她有一段稳定的婚姻就好了。

在期望"好妈妈"回应你时,你会产生哪些"要是……就好了"的观念?请列出来。

第九章 疗愈的过程

第二组练习关系到你的童年时代。我在上面举过一些例子，你可以从你的行为中推断出自己的想法。

最后，你对当下的关系有哪些"要是……就好了"的期待？在这个结构中，第一部分的"要是……"指向一个假设，而紧随其后的"就好了"指向一个具体事例，它与事件对关系及你的自我意识的影响相关。看看你是否能识别出这个部分。

- 要是能让她看到我做得多好，她就会为我感到骄傲，而我会感到被爱。
- 要是我们能好好相处，她就会看到我是个多么优秀的人，也会愿意和我亲近。

这些假设代表的是，你仍然期望从母亲那里获得某些东西。但这可能已经被隐藏起来或早已被摧毁。如果你对此的主要感受是厌恶，那么你的"要是……就好了"可能是这样：

- 要是她死了，我就不用再想她了，那我就会更快乐。
- 要是她不再对我有所要求，我就自由了。

治疗需要我们放下幻想与假设，接受现实与局限。我会在

"聚焦内在小孩的疗愈工作"一章的"从母亲那里解脱"部分（第226页）再次讨论这个棘手的问题。

告别过去

那些不愿深入内心的人在谈论感情或是与过往心结之间的关系时，常会用到这样一个描述——"沉湎"。他们企图抛出这样的词汇来勾起我们的羞耻感，并传达这样的信息——"忘了它吧！"。

的确，我们需要扪心自问："这种状态还要持续多久？"我的感觉是，当我们能够离开过去，我们就能放下它了。要让自己变得完整。就这么简单。

有时这个过程会滋长出有趣的新鲜事物，而过往的情绪将再也无法与之抗衡。我们在情绪的土地上辛勤耕耘，搬走大石，播撒新种，收获新生——这些东西会吸引我们，并充实我们的人生。

这并不是说，当核心创伤再次被他人触碰，你就不会退缩了（尽管的确可能不会），而是说我们已经主动进行了哀悼，继续前行了。在那之前，请试着反驳那些要你"忘记过去"的声音，提醒自己"虽然不是每个人都得这么做，但它还是你的一部分"。不，你不是在自讨苦吃，你也没有主动给自己找麻烦。然而，正因你拥有这份特殊的"遗产"，并且不想将它传承下去（倘若你已经为人父母）；或者因为你内心深处仍与那个缺乏母爱的小孩保持着连

第九章 疗愈的过程

接,想要为他拨乱反正,所以你才做了这些努力——才要为自己"打一场漂亮仗"。哀悼与针对原始痛苦的工作并非全部,但它们仍是其中重要的一环。

诚然,自涉险境确实可能给你带来危险。但是任何强烈的体验,尤其是于早年发生,并给你留下了深刻伤痕的体验,都能帮助你确认自己是谁。克服养育创伤并非易事,这需要极大的决心与智慧。而"好妈妈的能量"正是这样一种有效的资源。

第十章 与"好妈妈的能量"建立连接

为了达到疗愈的效果,我们不仅要承认及哀悼有些东西已经失去,还要想办法弥补。我们可以选择与"好妈妈"的原型建立连接,找到其他能够代替"好妈妈"的人,或在重要关系中解决那些未解决的问题,满足我们未被满足的需求。

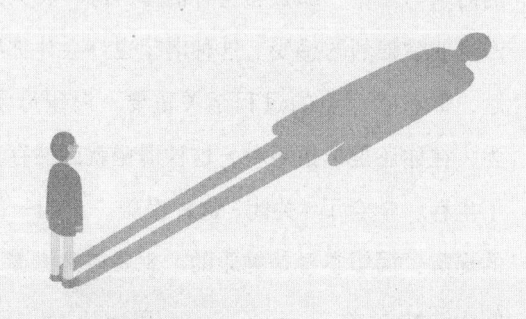

为了疗愈，我们不仅要承认及哀悼有些东西已经失去，还要想办法弥补。要对养育缺失及母爱缺席进行弥补，就要和"好妈妈的能量"建立连接。幸运的是，（除了治疗以外）有许多方法都能做到这一点。本章将重点讨论其中的三种方法：与"好妈妈"的原型建立连接；找到其他能够代替"好妈妈"的人；在重要关系中解决未解决的问题，满足未满足的需求。

向"好妈妈"敞开心扉

如果你也像我们中的许多人一样，压抑着自己对"好妈妈"的需求与渴望，那么当这种渴望解冻，丧失感袭来的时候，你会产生非常强烈的感受。这种渴望也许会让你感到陌生、危险和尴尬，但它对疗愈的过程至关重要。渴望母爱是很自然而然的行为，在你还是个孩子时，这种渴望就已然存在了，虽然后来你为了生存，学会了"关闭"这种渴望。正如一位治疗师对其来访者的提醒：渴望本身是健康的。想要得到滋养与照料，是人之为人的一部分。

虽然这份渴望在过去可能受过挫，但现在，它终于能够开花结果了。我们可以自行"甄别"人选，来执行滋养、照料、指导、保护和镜映我们的职能，并最终以自身的最佳体验或对"好妈妈"原型的经验为蓝本，内化一个强大有力的"好妈妈"形象。

无论你在哪个层面上努力，动力机制其实都是一样的。不要沉浸在缺乏母爱的沮丧之中，否则"好妈妈"也帮不上你；要是你蔑视地转过身去，她就无法温柔抚摸你的脸庞。你要允许自己脆弱，允许她来靠近你。只有这样，你才能收到来自她的馈赠。

原型

原型是一种超越了生命的模式，人类对它的体现永远都只能是局部的和不完美的。之所以说它们能超越生命，是因为它们的表现形式比任何一种生命都更为广阔。比方说：一千个人就能演绎出一千个版本的"老妪"，而某一位"睿智长者"可能会比另一位要更为外向抑或更特立独行。原型，就像是戏剧艺术中对"基本角色"的设置——每场演出的表演者都各不相同。文化，就相当于戏剧导演，尽管每场演出中为了"基本角色"而遴选出的演员略有差异，但他们所扮演的基本角色类型都并无二致。

据那些能从精微能量领域体验原型的人说，原型的设置并非完全出于习惯及传统。同样的原型之所以能一再出现，是因为它们可以作为一种能量模式存在于更为广阔的领域之中。早在人类文化诞生之初，许多这样的原型就已经被人们所认识到了，尽管在早期，这些基本能量更多是与自然界联系在一起的。在圣母玛利亚成为母亲的原型之前，就有"地球母亲"的说法。不同的女神文化也将地球作为滋养和供给的源泉以及主要母性形象。关于这种原型，每种文化都各有自己的称呼和形象，但是，它们都与这一原型相关。

20世纪初，瑞士精神病学家卡尔·荣格（Carl Jung）将"原型"的概念引入心理学，他将其描述为保存在人类共有的集体潜意识（更大的心灵）之中的祖先记忆残留物。从荣格派的观点来看，作为心理结构的"好妈妈"原型是人与生俱来就拥有的。这个原型就像蓝图，当我们得到"足够好"的养育时，蓝图就会开启或发挥作用。[1]

如果原生家庭没能提供这种"足够好"的养育，我们就可能会找其他人来激活这个原型，比如治疗师。而后，治疗师就成了原型的化身及通往更深层原型能量的通道，并在稍后被我们以其他的方式体验到。这一点我们会在下文中讲到。

使用意象与符号

人类常常通过强烈的意象来体验原型。这种体验可以借助梦境、引导性意象或是艺术作品来完成。体验过程中可能出现的原型包括"好妈妈"（尤其是第二章中列举出的那些"好妈妈"的特质）、坏妈妈或女巫、弃儿，以及饥渴、原始的本能自我。

卡拉（Carla）是一位四十多岁的女性，她报告说，自己经常遇到一个熊妈妈形象的保护者，在上述各种场景（冥想、梦境、艺术创作）中都有过。她发现自己会在体验的过程中创作出成对的母婴，还会画很多圆圈——许多人会将"圆圈"与母亲的乳房联系在一起，而在卡拉的版本中，"圆圈"代表的是母亲、子宫，以及被某个安全的空间所涵容的感觉。对卡拉来说，这一切体现的是她对母性的渴望，这是她在现实生活中失落的心愿——她从没受到过保护，也没得到过什么滋养，几乎没和母亲独处过。

卡拉将自己被切断的本能欲望体验为某种原始生物——一个小孩，一个贪婪至极、能将她生吞活剥的原始小孩。别忘了，任何被推入无意识的东西都会汇聚成一股能量。我们不可能在切断本能欲求并且超越欲求的同时，又不让某种与之抗衡的力量定期从我们的个人阴影中破土而出。

我鼓励大家去呈现这种"好妈妈"的形象，这有助于将这种原型带到你的意识深处。拼贴画、绘画、雕塑——任意形式都可以。

其中蕴含的理念，是要锚定一个理想母亲的形象，再赋予她一种表现形式。接着，在开展内省工作时，你就可以用这个形式来唤醒"好妈妈"的能量了。

你也可以列出"好妈妈"所传达的信息，以及与这一原型相关的特质——这也正是我采用的方法，我真的在自制的拼贴画上写下了"好妈妈"所传达的信息。

接受"好妈妈"的"好"

无论是将自己当作"宇宙之子"，还是与承担着"好妈妈"角色的人（无论男女）建立连接，只要缔结了安全的关系，都会给我们带来明确的好处。

与"好妈妈"建立连接，会让我们多多少少继承她的某些品质，无论是自信、亲切、慷慨，还是其他优点。正如安全依恋型的孩子会认同与家人同居的物理住所也完全为他们所有一般（有孤儿情结的孩子就不一定有这种感觉），那些与"妈妈"建立了安全连接的人也会感到自己能够无拘无束地分享母亲的天性并自得其乐。这可能表现为模仿"妈妈"的外在行为，比如学她站立或歪着头的样子，也可以表现为更深的层次，比如孩子会觉得自己是"妈妈"心灵的一部分，而妈妈的品质也像是自己的一部分。

崇拜母亲的孩子会给这份理想化的想象再添上一层光环。安全依恋的孩子会觉得"我妈妈真的很不一样",也会觉得"我也很不一样,因为我是妈妈的一部分"。这与"作为源泉的母亲"的功能相关(第 23 页)。

寻找"好妈妈"的第二次机会

幸运的是,成年后,我们还会再有一次机会去重获早年错失的母爱。此外,能获取到这种体验的关系也不止一种。我们会享受到"好妈妈"所提供的爱、滋养、指导、鼓励、镜映与保护,它们可以来自我们的伴侣、治疗师、密友、姻亲、精神导师或是良师益友,还包括内化进我们心灵的那位"内在母亲"。

能有人始终如一地陪在身边是种莫大的幸福,但前提是——我们愿意敞开心扉去接受。如果执着于早年对爱的缺失而拒绝这份陪伴,那我们就无法好起来。要让自己接受滋养,或许就得忍过这种不适,克服"我不值得"的感觉,并学会信任,但只有这样,才能疗愈养育创伤。

人在看到他人的给予并非出于义务而是因为爱的时候,会受到深深的触动(情感缺席型母亲的孩子常会觉得母亲的关爱只是基于义务)。如果能够接受这份不求回报的爱与关怀,最终,我们就能发展出一种健康的权力感,一种"我的需求很重要""我有权获得支持并得到滋养"的感觉。慢慢地,我们对期望的态度也会变得积极,结果就是,你会相信自己的需求能得到满足。

　　要实现这一点,"好妈妈"的替身就得十分慷慨地对待我们:慷慨地给予关注与慈爱,慷慨地赞美我们,慷慨地为我们提供解决问题所需的空间。正是因为情感缺席、不善表达、疏忽大意的母亲给不了太多,所以这种慷慨才成了疗愈创伤的关键所在。我们往往会惊讶地发现,慷慨的母亲乐于满足我们的需求,甚至这份快乐也是她成长的一部分。

　　显然,履行"好妈妈"职责的人也必须是能让你感到安全的人。现在要发生的可是一场近乎翻天覆地的转变:它会改变你的自我形象,改变你在人际关系中的样子,还会唤醒你内心冰封的孩童状态。假如你已经建立起了顽固的防御结构,认同了周围人的批评,那么要疗愈自己,就得摆脱这些东西。你要变得柔软、善于接纳,就像一个满怀信任安眠于母亲怀中的孩子一样。所以,你要寻找的人,也必须得是能引领你走进这种状态的、值得信赖的人。

　　记住,这是一段旅程——一段漫长的旅程。孩子不会在一夜之间就长大成人。虽然我们的目标是疗愈心灵创伤,成为健康完整的成年人,但还是要循序渐进。我发现,从"治愈内在小孩"这个角度来看问题是最有帮助的,不过,你也可以简单地将这一过程看作在查漏补缺、强化系统,以便帮助你吸收先前未曾吸收到的养分。

第十章 与"好妈妈的能量"建立连接

与伴侣共同填满养育的匮乏

身处浪漫关系之中时，我们会自然而然地想要去填补过去在需求上的空洞。这是一个双刃剑式的选择。在恋爱关系中，我们会感到被关心、被温柔呵护，以及被珍视。我们会与伴侣相互依偎，亲密碰触，卸下心防，尽情展示可爱的自我。事实上，爱情的意义远不止于此。通常情况下，伴侣会成为我们在家庭和物质生活中的伙伴，还要与我们一同抚养子女。我们从伴侣身上满足大部分的性需求，而一旦缔结了这种关系，你也就要背负起培养和照顾对方的责任。既然伴侣一职包含了如此多重的角色，那么要在关系中满足未被满足的童年需求，也就必然存在一些特殊的需求。

倘若你正处于一段恋爱关系之中，以下问题可以帮你审视目前的关系，不过，即便你目前还没有伴侣，也可以用同样的问题来复盘过去的关系：

- 这段关系满足了哪些心理和物质上的需求？你们中有任意一方扮演了"好妈妈"的角色吗？这个人具体履行了哪些职能？
- 你们中是一方承担了比另一方更多的"养育"责任，还是你们会轮流"养育"对方？你们的关系是否有哪些方面有那么一点像是亲子关系？

倘若有人在未与对方达成有意协议的前提下就试图在关系中满足自己的早期需求，麻烦就会出现。毕竟，我们不会在刚和别人约会或是跳交际舞的时候就问："你愿意当我的妈妈吗？"如果伴侣发现自己在未经许可的情况下"被动当妈"，他们就会心怀怨恨——尤其是在这个"妈"一当起来就没完没了的时候。

最好是能就具体的需求给伴侣提供选择，并和对方协商。可以用成年人的方式来提要求："你能抱我一会儿吗？我觉得好孤独，好不安。""我的内在小孩现在好害怕，你能不能跟他说'一切都会好的'？""你能不能告诉我你看到的我是什么样子（镜映）？我想知道你听到我也看到我了。"要是你的"成人部分"有能力跟人讨价还价，那就最好不过了。很多好书和优秀课程都能帮你学会表达自己的需求（如果你对"内在小孩"或是"孩童部分"的内容还不熟悉，可以先读读第十一章第212页的内容，然后再回到这里）。

不过，这并不代表你不能用自己的"孩童部分"来和伴侣建立关系。只是因为"成人部分"更能保护孩子，能够评估在一段特定的关系中什么才是合理的，并带头进行协商，所以，由它来做这件事会更好。"孩童部分"也可以站出来提要求，但最好让他们明白：伴侣并不是你们身边唯一的成年人。你可以选择在其他地方完成大部分安抚内在小孩以及重新养育自己的工作，只偶尔让伴侣滋养一下这个内在小孩就好，这也是个不错的主意。

在恋爱关系中，我们还得做好准备去和对方交换角色——除了做个小孩，也要为伴侣提供滋养、保护和照顾。这可以是一种成人之间的身份互换；也可以是一方充当父母，负责养育另一方的内在小孩；还可以是两个内在小孩之间的相互照料。当双方都以受过伤的"孩童状态"出现时，可能会带来许多伤害与指责；但让两个"孩子"在一起学习如何修复和信任，也会很有意思。

要记住，伴侣不欠我们的，"无条件的爱"是母亲要负责提供的东西。对方有自己的需求与局限，而既然我们已经长成大人，就得为自己负责。这并不是说你不能感到脆弱，不能有婴儿式的需求，但千真万确的一点是：伴侣有权选择是否要回应这些需求，回应这些终究要由你自己来承担的责任。把这些需求交给伴侣只是众多方法之一。如果对方不配合你，你也有其他选择。最重要的是，不要沉湎于孩童的感受而忘乎所以。

伴侣之间还可能会上演这样一种"婴儿模式"——某一方或是伴侣双方试图保留早期融合状态下的一体性。在这种状态里，婴儿觉得自己就是母亲的一部分。我们将之称为"融合"关系。当两个人融合在一起时，他们就不会将自己视为独一无二的不同个体。对许多人来说，坠入爱河的体验之所以令人陶醉，有一部分就是因为能够重新体验这种合二为一的感觉。但随着时间的推移，差异会自然浮现，融为一体的感觉消失，双方都要回归自己的独立身份。但是，倘若你觉得这种融合仍不足够，就会开始抗拒，并且努力保持一体的感觉。这会给你们的关系带来麻烦，因为你要是不能将伴侣当成独立于你的个体，就无法真正关注对方的需求。

当早期需求在一段关系中喧宾夺主，我们就会成为这些需求的人质。有的人之所以很难离开一段关系，就是因为他们向伴侣投射了太多基本的养育需求，而在发展上又还没有准备好要与母亲分离。

过往的复现

许多治疗师都认为，人在成年后会无意识地重复早年亲子关系中的不良模式——比如选择那些和父母一样不愿回应自己的伴侣。此时的治疗就要帮助来访者意识到这种模式的问题，使其在治疗关系或是其他情境下解决这些童年创伤，并在恋爱关系中做出新的选择。企图从和妈妈一样的伴侣身上获取妈妈不愿给予的东西，往往只会是白费心机。

然而，这样的例子并不少见。有些成体系的治疗方法会围绕这样一个观点展开：人们之所以被那些与父母有同样缺陷的人所吸引，是因为在潜意识中，他们仍然希望疗愈早年的创伤。在诸如意象关系疗法（Imago Relationship Therapy）这样的治疗手段中，治疗师会帮助伴侣们借助关系中存在的阻滞来唤起并疗愈早年的伤害。还有一种方法是夫妻情绪聚焦治疗（Emotionally Focused Couples Therapy），它也会利用伴侣关系来修复依恋创伤。从这个观点看，人们并不是挑选了错误的伴侣——而是为了治疗做出了完美的选择。

第十章 与"好妈妈的能量"建立连接

以下的自查条目能帮助你审视自身的模式:

- 写一段话,描述你幼年时期对母亲的感受。不必写出完整的句子,用一串形容词来表述也可以。然后再写一段话,描述你在重要的恋爱关系中的体验。寻找二者的相似之处。(注意:重要的伴侣关系未必是持久的关系,但往往都是情感丰沛的关系。)
- 在你们的关系中,导致冲突和不安的根源是什么?它们是不是对幼年时期某些因素的反映?
- 在当下的关系中,有哪些迹象显示你仍存在早年未解决的创伤,或是你属于不安全依恋模式?
- 在人生的这一阶段,你是否能与一个内心稳定、耐心、热情、满怀爱意的人建立关系?还是你倾向于寻找一个患得患失、无法活在当下的人?

童年时未被满足的需求会在成年后的生活中显现出来,比如下列方面:

- 需要过多的支持与安慰。
- 当伴侣没有立即满足你的需求时,你会感到不安、嫉妒和愤怒。
- 无法忍受伴侣的缺席。
- 与伴侣保持融合关系——就像我们常说的,像一对"连体婴"。

- 将母亲的负面品质投射到伴侣身上。
- 把伴侣捧上天，觉得他比你聪明、比你有能力、在某些方面比你有价值。
- 容忍伴侣过于频繁的遗弃或陪伴的匮乏，或是用会激起童年创伤的方式来回应这种遗弃。
- 对能从伴侣那里获得情感亲密不抱期望（因为没从母亲那里得到过，所以也不指望其他任何人能提供这种亲密）。

安全浪漫依恋的疗愈力量

作家苏珊·安德森（Susan Anderson）在《从遗弃到疗愈的旅程》(*The Journey from Abandonment to Healing*) 一书中说，在一段安全的关系中，一个浪漫的爱人之于我们的作用，就相当于母亲之于安全依恋的孩子的作用。这两种情况下的关系都能提供基本的归属感、安全感以及情感连接。在谈到成年人时，她写道："许多人之所以能如此恰到好处地执行自己的功能，是因为他们能在重要关系中体验到安全。他们自信、自主、满足，因为他们知道有人会支持自己。"这样的关系如若破裂，就会严重破坏这种自信心和幸福感。[2]

事实上，伴侣关系对人的益处是显而易见的，比如让人更健康、更长寿。它也可以成为一个大熔炉，让缺乏安全感的成年人在千锤百炼之后变成安全依恋型的人，并从中收获诸多好处。

第十章 与"好妈妈的能量"建立连接

被拥抱的机会（练习）

你可以与伴侣或是朋友一起完成这项练习。在这里，你会获得一个被安全对象拥抱的机会，你只需接受这种赠予，不必费心争取，也无须回报对方。如果你能以内在小孩的身份想象自己接受了这份礼物，治疗的效果将最为显著。设想一下：有多少女性曾抱怨说自己只是想要一个拥抱，但伴侣总会将其延伸为一场性爱，所以，她们真的很难只是单纯地被抱抱。这项练习就会给你一个机会，来帮你满足一些早年的需求。

※

找个搭档来和你一同完成这项练习，对方必须赞同游戏的指导原则，愿意提供安全的、无关于性的拥抱。

这是个有来有往的练习，双方都有被拥抱的机会，也都有机会去拥抱对方。所以你要想好自己想先扮演哪个角色。最好商定一个大家都能接受的固定的时间段，比如每人接受二十分钟的拥抱。

※

　　练习的基本原则是：提供拥抱的这一方不要抚摸或是安慰对方，只要带着纯粹、接纳的态度待在那里就好。在练习中，通常双方要席地而坐，"孩子"坐在前面，"好父母"背靠墙壁作为支撑。可以拿个枕头软软地靠在后面，这也能在一定程度上为双方的肢体接触做个缓冲。"孩子"靠在"好父母"的胸前，"好父母"则用双臂环住"孩子"。被拥抱的人可以根据需要变换姿势。扮演接受方的这个人要尽可能地放松下来，真正接纳这种非常原始的支持和养育。整个过程中请不要说话。

　　在双方互换角色之后，留出一段时间来讨论一下彼此的体验。

　　要对自己有勇气和决心去尝试一些实验性质的东西表示认可。如果进展顺利、双方都感到满意的话，你们可以约个时间再做一次。

　　一位女士报告说，第一次做这项练习时，她每隔几分钟就要焦虑地检查一下，以防被搭档抛弃。但在她的伴侣稳定陪伴了大约十分钟后，她就放松下来，真正接受了她被拥抱的这个事实，并且承认，这个"容器"足够安全，她是可以在里面休息的。这是一次深刻的体验，也是一种觉得自己"值得沉浸其中"的全新的感觉。想想看，有多少年幼的孩子并未体验过这样的美好时光，也从未感觉到自己足够重要、值得母亲全神贯注，即便只有短短的一刻。而这类练习有助于修正这种刻板印象。

你的"便携式好妈妈"

正如人们所想，幼儿会在内心深处构建一个母亲的形象，这有助于他们与母亲之间不可避免的分离与分化。因此我们可以说，构建"'好妈妈'存在于我的内心"的感受，实际上就是创造了一个可以随身携带的"好妈妈"。

这种感受有可能只是对充当过"好妈妈"角色的人物的记忆合集，但也可能不止于此，比如，它还可以是他人的爱与支持的内化。有一次，我的脑海中出现了这样一个意象：我的治疗师用双手捧起我的心，并怀着极大的温柔和奉献精神成了我的后盾。我感觉自己似乎能将这个意象代入内心，让它变成我的一部分。我还经常在日记中和治疗师对话，日记中的她有时会说出一些出乎我意料的事情，但尽管如此，她也不会变成我不认识的样子。

吸收和内化"好妈妈"能量的过程并非一个纯粹的精神或心理过程。要体会这些美好的感觉，就要让它们浸透你的身体。这里有一个简短的练习，你可以用它来帮助自己内化任何你想要强化的感觉或是资源状态。你可以用它来接纳某个人在生活中对你的滋养，以此帮助自己和"好妈妈"原型，甚至是第二章中提到的"好妈妈"的功能建立连接。

> **强化资源状态（练习）**
>
> 　　首先，有意识地选择你想要深入感受或希望融入自身的东西。当你带着简单的意图去感受它时，留意一下，你最初是以什么样的形式意识到它的。是视觉图像、体内的某种特殊感觉，还是其他的某一种感官渠道或多种渠道的组合呢？
>
> 　　注意一下，它是如何影响你的呼吸节奏和肌肉张力的。它给身体带来的是温暖还是凉意？还有什么别的感觉吗？
>
> 　　你能把这种感觉带到各处，贯穿身体，直抵脚趾吗？
>
> 　　这种感觉对你的姿势有什么影响？它会让你打开某个部位，或是会支撑哪个部位吗？
>
> 　　留意脑海中浮现出的任意记忆或画面。
>
> 　　哪些东西可以帮助你唤醒这种体验？（可以是一个画面、一个词，也可以是对某种躯体感觉的记忆。）
>
> 　　当然，越常进行这项练习，你的感受就会越生动、越持久。

第十章 与"好妈妈的能量"建立连接

当你内化了某个依恋对象或是智慧对象,你就可以在需要的时候向这个对象求助。在内心留存一个这样的部分,会增强你的修复能力。我们会在下一章中对这一内容进行扩展,讨论一下如何在内心培养"好妈妈"。

第十一章　聚焦内在小孩的疗愈工作

孩童时期会为人的成年生活打下根基。遗憾的是，我们中的一些人在童年时期承受了太多的创伤，即便长大了，也只是变成了伤痕累累的大人。这些创伤会时不时涌上心头，让我们做出不成熟的举动。好在，疗愈童年创伤，什么时候开始都不晚。

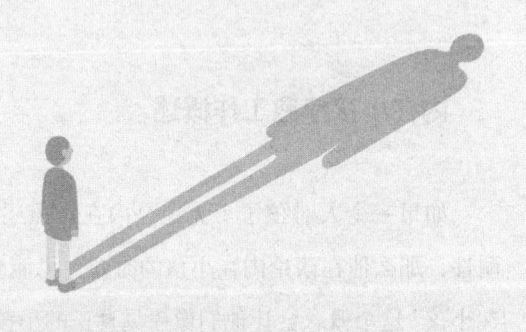

你或许曾听过那句话——"三岁看大"[1]，意思是说，孩童时期会为人的成年生活打下根基。这种根基至关重要。人只有在能成为一个生命力旺盛的小孩时，才能成长为一个生命力顽强的成年人。

遗憾的是，我们中的一些人在童年时期从未培养出那样的修复能力。他们的"孩童部分"承受了太多的创伤，这使得他们即便长大了，也只是变成了伤痕累累的大人。哪怕这些创伤在大部分情况下都能得到良好的处理，看似不见踪影，但它们还是会时不时涌上心头，让我们做出不成熟的举动。

好在，疗愈童年创伤，什么时候开始都不晚——你还是可以期待养育出一个有修复能力的孩子，也能希冀他长成健康茁壮、生命力顽强的大人。

内在小孩疗愈工作概述

如果一个人对孩子（无论是内在小孩还是其他小孩）没什么耐性，那么他在谈论内在小孩的时候，可能会觉得有些不适。"内在小孩"这个概念会让他们像撞见真正的小孩一样感到恼火。

第十一章 聚焦内在小孩的疗愈工作

然而，数以百万计的人发现，与内在小孩，或者我更愿意称作的"孩童状态"（child states）打交道，是很有帮助的。我之所以使用复数形式，是因为并无证据显示人心中的内在小孩只能有一个。"内在小孩"的概念，常会和一般意义上的内心生活（更准确地说是内心的感觉与冲动）混淆在一起。我认为这是偏颇的，因为你的每次悲伤或愤怒并不都源于内在小孩的反应。

人是非常复杂的生物。虽然大多数人只会有一种稳定的人格，但人格涵盖许多不同部分，各部分会在不同的情境下发挥作用。有时，我们会在某个年龄段密集地收获多种孩童状态，这些状态有着不同的信念、情感以及记忆。有些状态聪明睿智，有些富有创造力，还有些会带有某些特定的体验，比如创伤或是被遗弃的伤痛。如果想要真正认识自己，成为一个完整的人，我们可以去了解一下这些不同的孩童状态。在英语中使用复数形式来指代"内在小孩"会让人觉得很奇怪，所以有时候我会换成单数形式。内在小孩疗愈工作中会用到的方法主要包括以下几种：

- 使用引导冥想、意象或是催眠，以此与孩童状态相遇并展开互动。
- 使用童年时期的老照片来帮助调动彼时彼刻的回忆与感受。
- 使用玩偶、泰迪熊或类似的（能代表孩童状态的）道具来帮助获取你的孩童部分的感受，或者让你的成人部分练习如何扮演一名"有滋养功能的父母"。
- 以艺术为媒介，让你以孩童状态进行自我表达。

213

- 与内在小孩通信（写信给他或是以他的口吻来写信），以此建立连接。
- 通过写日记、内部自我对话或是语音对话法这样的技巧，让成人部分与孩童部分展开沟通。

内在小孩的疗愈工作可以由你自己完成，可以去工作坊，也可以与治疗师一同进行。这项工作非常重要，即便你是在老师或者治疗师的介绍下才接触到它，又或者你是在心理治疗课程中深入进行内在小孩疗愈工作，你都会希望在脱离了专业的助人力量之后，也能自己在家里开展这项工作。

我认为，在这方面最实用、最有帮助的书籍，是露西亚·卡帕席恩（Lucia Capacchione）的《内在小孩的疗愈》（Recovery of Your Inner Child）。书中提供了涵盖多种活动的四十多项练习。卡帕席恩充分利用了艺术及写作形式与内在小孩状态进行交流，还推广了"换手练习法"，以此区分成人部分与孩童部分（惯用手代表成人部分，非惯用手代表孩童部分）。

约翰·布拉德肖在其畅销书《回归内在：与你的内在小孩对话》（Homecoming: Reclaiming and Championing Your Inner Child）中大量使用了写信及自我肯定的方法，来为孩子提供早年缺失的"好父母"信息。他以不同发展阶段为根基来组织结构——这个方法很好——但我觉得他对每个阶段的描述有点太弗洛伊德化了，我不太喜欢。我认为，就算不用诸如俄狄浦斯情结（Oedipus Complex）之类的理论对事实进行过滤，你也可以回应内在小孩及其需求。

第十一章 聚焦内在小孩的疗愈工作

大多数情况下，人们压根意识不到这些内在小孩的状态，但却会与它们融为一体，并体验到与孩提时期完全相同的情绪与需求。我们可能会陷入十几岁时的焦躁，或是像两岁的孩子那样耍性子，表现得黏人、没有安全感、沉溺于自我安抚，又或者感觉自己太过弱小，还不适合到外面的世界去闯荡。要去区分和识别属于我们的每一种状态，这能帮助我们与之建立有意识的关系，并了解我何以为"我"。

有的人认为，内在小孩是永远无法长大的，我们的目标就是要保证他们的快乐和健康。另一些人则认为，与内在小孩状态打交道的过程，就是要将这些部分完美地融入成人状态。对此我并无特殊的偏好，两种说法都很好。在内心留住一个可爱活泼的孩童很好，把他们的积极品质整合到成人自我中也是个不错的选择。

正如孩子的成长离不开需求的满足一样，填补过往未曾填满的空缺也会让内在小孩变得成熟。围绕这些需求展开的那部分自我可能会在之后消退或者散去，随之而来的是另一些孩童状态的浮现。这些状态中蕴含着重要的天赋及特质——它们往往在童年时期遭到了切断或是遗失，而现在，你可以将它们找回来了。下面就来描述自然状态下的孩童所具备的特质。

孩子是自我之母

我们已经知道了，三岁看大，也就是说，孩子是成人之父。我们也同样可以说，孩子是真实自我之母。通常的表述是：孩子代表了真实自我的本质。这正是卡尔·荣格对儿童原型的描述，他认为，这个原型象征的就是一种完整性。

这一原型也被称为"自然之子"或是"圣子"，其品质包括：

- 诚实与真挚。
- 可爱、慷慨、有爱心。
- 童真与初心。
- 开放与信任。
- 想象力与直觉认知。
- 好奇心。
- 惊奇、敬畏及游戏的态度。
- 自发性和为我们所喜爱的幼年那种不加修饰的自然行为。
- 生命力与活力。

大多数倡导内在小孩疗愈工作的人不仅希望能疗愈受伤的小孩，还希望能恢复这些美好的儿童品质。

"各部分的工作"

我们已经界定了内在小孩的多种状态，其中最常见的包括自然的小孩（见上文"自然之子"）、脆弱的小孩、受伤的小孩、被忽视或被遗弃的小孩以及愤怒的小孩。当然，我们也有各种"成

第十一章 聚焦内在小孩的疗愈工作

人"的部分——比如，负责养育的部分，以及负责批判的部分。

有了对不同层面的认知，再来谈论"各部分的工作"（parts work）就顺理成章了。这是人们思考自我的常见方式，许多治疗师也会使用这类语言。

通常来讲，要开始探索这些不同部分，我们只需要允许自己用这些术语展开思考，愿意抛开怀疑与恐惧，并开始觉察。通过对自身感受、行为模式、内在评论以及肢体语言的关注，你可以看到各部分是如何运作进而塑造你的自我体验的。这些部分都有自己的需求、动机、信念、记忆以及独特之处。

有的人一想到这些与众不同、看似独立的东西正在自己内心发挥着作用，就像是许多个不同的独立人格一样，便会深感不安。这会让他们联想到所谓多重人格障碍（现在称分离性身份识别障碍或DID），并且感到害怕。两者的区别在于，分离性身份识别障碍患者的各部分与意识是完全分离、不易共存也不易发生联系的。患者会"失去时间感"，并从某些证据中惊讶地知晓他们对自己的行为一无所知。各部分在无意识间切换，而这些会发生切换的部分通常都是在创伤中产生的。当患者能就这些部分展开工作时，各部分之间就会发生更多的觉知，也会变得更能协作，而这正是大多数"各部分的工作"治疗的目标，并且这一点适用于所有人群。

有些新疗法强调，这些会在所有人身上交替出现的自我都"像真人一样"，有着自己的风格和能量特征。看起来，我们越来越能理解和接受系统（包括人）的天然多样性了。只要你没在衣柜里囤积奇装异服，别人也没有突然改变对你的称呼，那就不必担心这种多样性会影响到你的生活。

谁还不是个会生气噘嘴的小孩子了？谁心里又能没个愤怒上头的批评家了？有这些部分不要紧，但最好能够了解它们，"在行动中发现自己"，继而选择我们希望着手的方向。

我发现，给这些部分命名，再将之与某种形象联系起来的方法很有用。如有必要，你也可以用上艺术素材，包括自己的照片。你还可以使用其他各种物品（比如毛绒玩具）。通常情况下，你可以从某个特定的表征入手，这个表征就相当于某种意象，它是对某个时刻的快照式记录，你可以根据需要来改变这种表征。你也可以同时运用多种表征，并创造性地对其加以组合或演化。下面来讲讲我与玛丽亚（Maria）一同工作的故事。

> **玛丽亚的故事：从顽石小孩到甜心宝贝**
>
> 当玛丽亚意识到情感缺席的母亲留下的空洞时，她开始认真地做"各部分的工作"。她在家中遭受过身体虐待，治疗刚开始的时候，我鼓励她去接触任意一个内在小孩，她能找到的只有"幽灵娃娃"，那是个看起来虚弱至极、轮廓不清的小孩。玛丽亚在童年期的快乐记忆寥寥无几，这使得她几乎无法从中寻找到任何具备修复能力的孩童部分。不过，为了继续之后的"各部分工作"，她还是同意去购买一些艺术素材。

第十一章 聚焦内在小孩的疗愈工作

　　这些材料刚到手,玛丽亚就听到内心出现了一个声音,执着地要求她进行自我表达,这让她吃了一惊。她用红色硬纸板、闪粉,还有从包装纸上剪下来的图片制作了一个儿童的形象,并给她取名叫"草莓"。玛丽亚认识到,草莓是个生命力很强的孩子,她脱胎于我们多年以来的共同工作,以及她对我(她的治疗师)建立起来的安全依恋。草莓很有勇气,她有着无师自通的聪慧,又很讨人喜欢。很多人会说,草莓是自然之子。而玛丽亚认为,倘若她曾得到过足够的滋养,并能顺势成长的话,草莓就是她应该成为的那种小孩。草莓的出现是一种安慰,而她也成了玛丽亚及玛丽亚身上各部分受伤小孩的行动指南。

　　这些受伤的部分包括"弃婴"(她心上有一个红色的、渗血的空洞)、"顽石小孩"(代表受惊吓的状态)以及"神圣狂怒"(代表与虐待相关的愤怒)。玛丽亚还表示,她还有一个叫作"可爱无邪"的部分,代表她原本未受伤害的天性。

　　经过一段在家中及在治疗中的努力,"顽石小孩"慢慢消失,"神圣狂怒"也逐渐退隐。而在此之前,"神圣狂怒"曾叫嚣着要求得到其他所有部分的承认。

"弃婴"的形象也随时间的推移变得更为明亮与复杂了。玛丽亚找到一张自己的老照片，并用它来代表"原初的受伤的小孩"。她把照片贴在一个小盒子上，又把代表其他受伤小孩的图片放进盒子里。

现在这个（合成的）受伤的小孩具备三种主要的资源：她的成人自我——正在学习成为更具滋养功能的内在父母形象；我——她的治疗师；以及，草莓。有了这三个人的爱，受伤小孩变得愈发开朗和快乐了。

之后，玛丽亚将受伤小孩（现在她用自己的本名来称呼这部分）与草莓整合了起来，这代表二者之间不再像过去那么泾渭分明了。她还针对成人自我（也在随时间演化）和核心精神自我（她称之为"古老的自我"）开展了工作。

果不其然，随着各部分变得更加整合，玛丽亚的"各部分的工作"逐渐退居幕后。在卸下防备的过程中，她的成熟自我越来越多地呈现出"可爱无邪"的特质。我在治疗中的镜映、草莓的出现，以及她在内外部世界中恰如其分地保护自我的能力，共同促成了这一点。可以说，玛丽亚从一个顽石小孩进化成了一个甜心宝贝，又成了更有爱心的成年人。"各部分的工作"并非玛丽亚痊愈的唯一因素，但却是一个相当重要的因素。

第十一章　聚焦内在小孩的疗愈工作

天赋与负担

被解离的部分通常都会带着心理负担，那种感觉就像是它拿走了有毒的情绪材料，成了它们的唯一载体，进而在本质上容纳了这些毒素，并使系统的其他部分无须再对其进行处理。当这些部分能够分享其所背负的东西并处理相关的感受，为自己减负的时候，它们就会改变，变得更加轻盈、自由与快乐。

各个部分的进化方式是非常迷人的。它们可以在时间的推移中，从看似休眠或非人的实体，转变成具备个体性的自我。当这些部分中未被满足的需求受到了关注，隐藏的情感也得到了承认的时候，它们就可以解脱了。之后，这些部分的角色和本质特征就会发生变化。

我们会在最深度的工作中触及某些超出个人历史的东西。那是一些立足于个人的深层本质，又超越了这种本质的东西，也就是我在第228页"索菲亚的故事"中所描述的"超个人状态"。你也可以将之视为一种原型能量，是荣格所说的"自然之子"或"圣子"的一部分。某些传统将之称为"真我"。这些趋于本质的能量都倾向于向深处扎根。

这就是所谓"天赋"。至于这种天赋究竟是伤口进化出来的产物，还是从伤口之下更深的维度上挖掘而来的，都不重要。重要的是，要获取这些天赋，并让其永久地成为我们的一部分。

当内在小孩的疗愈工作变得复杂

内部家庭系统（Internal Family Systems）和语音对话是两种围绕"部分"展开工作的著名疗法。发展需求满足策略（Developmental Needs Meeting Strategy）则是针对"部分工作"中发育创伤（早期生活缺陷）进行治疗的有效途径。它以"养育性成人自我""保护性成人自我"以及"精神核心自我"为重要资源，采用特定方案来识别与治疗未被满足的发展需求。你可能已经意识到了，"养育性成人自我"和"保护性成人自我"，恰恰就是我所说的"好妈妈"的面貌。幼小的部分总是需要得到父母视角部分的照顾。"精神核心自我"则属于刚才提过的超个人自我的某种版本。

许多治疗师，包括我自己，都认同"各部分的工作"的价值，但并不会限定于某一种既有的框架。在我针对母爱缺失的成年人所进行的治疗中，绝大多数都涉及孩童部分的工作。这通常是治疗的一个重要方面。

尽管开展内在小孩工作的形式可以非常简单，但在通常情况下，这绝不是项简单的工作。我发现，治疗中耗时最长的来访者，恰恰就是大部分时间都活在孩童状态里的人，又或者是内在系统非常复杂、各部分之间交流很少却冲突频发的人。我们来分别看看这两种情况。

船上没有足够的成年人

孩子是无法驾驭成人世界的，他们的能力不足以做到这一点。

第十一章　聚焦内在小孩的疗愈工作

大部分时间都处于孩童状态的人与安全感缺失的孩子的体验非常一致：他们常常害怕惹麻烦，觉得自己不够好，感到孤独、不被爱（很多时候也不招人喜欢），恐惧被拒绝，常常情绪失调，并且极度缺乏力量感。有的人会发现自己总是冲动行事，因为"童年时期"所秉持的全或无的思维，使得他们认为一切要么必须即刻发生，要么就不会发生。有些内在小孩空有成年人的躯壳，却只能用食物、毒品和我行我素来自我安抚。他们常常抗拒自我约束。用弗洛伊德的话来说，他们展现的完全是"本我"（id）部分——要求随时随地的满足。

在心理动力学的视角上，活得像孩子的成年人，其自我的发展水平是不够的。以我在此所使用的框架来讲，就是"一群孩子要登船出海，可船上却没有足够的成年人"。他们要学习延迟满足；停止"凭感觉思考"，变得更加客观；要学习冒险，知道自己可以在失望中存活；还要学习为自己的幸福承担更多责任。通常情况下，这样的个体一旦进入婚姻，就会让配偶来扮演父母的角色，并像对父母发火那样，对配偶发难。

有的人完全不具备成人的技能，不过有意思的是，还有一些人，尽管没有这些技能，也能在生活的一些方面上胜任（虽然在另一些方面的表现很糟）。这让我想起一位男士，他在工作和育儿方面都做得很好，但却没法在人际交往中冒一点点险，因为他被内在小孩牢牢拿捏，湮没在了"我不值得、我不可爱、我不够好"这样的感觉中。

如果一个人至少具备一部分成年人的能力，他就可以借此来帮助自己发展那些欠发达的领域。我很欣赏心理治疗师兼作家阿尼·闵代尔（Arnie Mindell）对"前缘"（leading edge）及"后缘"（trailing edge）的阐述。正如我们在针对各部分的工作中所看到的，人在不同部分上的发展水平并不一致。高功能的部分属于前缘，功能不足的部分则属于后缘。而使得人们在生活中难以前行的，正是后缘部分。

提高"养育性父母"的音量——一种鼓励、支持和关怀之音的音量——能够帮助这些不够强大的孩童部分感受到所需要的支持，从而减轻依赖感。这有助于消除他们的恐惧，使他们不必再因木僵反应而动弹不得。有了支持和"接纳"的关键技能，孩子就能继续发展。而对父母角色所进行的练习也能强化我们的成人部分。

失序的系统

理查德·施瓦茨（Richard Schwartz）使用内部家庭系统所开展的实践及其对分离性身份识别障碍患者的治疗结果显示：个体心智的复杂程度超乎我们的想象。学界对这种复杂性的理解已经远远超越了埃里克·伯恩（Eric Bern）在近五十年前的交互分析中所发现的简单的"儿童－成人－父母"关系图谱。目前，我们已知的处于不同分化层面上的"部分"可能就有一百多个。这样一个系统，一旦失序，就会变成一座"疯人院"——当中的每个人都在惊声尖叫，并且所有声音都抢着发言。

要与高度失序的系统一同进行疗愈工作，是一项极具挑战性的任务，进展也会相当缓慢。只让那个表现更突出、更有意识的部分展开学习是不够的，还得让那些功能不在线的部分反复吸纳新经验。举个例子，我曾与一位女士一起进行疗愈工作，她的母亲在一年前过世了，但直到现在，这件事仍在不断触发她身上令人震惊的新体验。

除此之外，保护性的部分也是很复杂的，它把持着交流通道，又会出于保护的目的而将某些事情隐藏起来，这就不难理解为什么系统中有很多部分都是藏于暗处的。这种系统应该算作被解离的系统，因为各部分之间是失联的。解离指的就是系统中有某处出现了断联的状态，这种断联可能是环境、身体、情感上的，也可能是这个例子中的情况——各部分之间的断联。

此时的困境源于彼时的艰难

我发现，在大部分情况下，一个人陷入真正的崩溃状态时，眼下所遭遇的事件往往可以追溯到某种过往的经历。这个观点并不新鲜。很多人会说是当前事件激活了相同的神经通路，或是它与过往经历之间存在某种关联。从另一种略有不同的角度来看，它代表的是这些事件是经由一个共同的载体联系在一起的——这个载体承载了早年的体验，而这个人现在正在以某种形式重新体验它。

我经常会见到这种情况：有些人会感觉到自己的某个部分

对所选的伴侣并不满意。可能大部分时候，这个人对伴侣都是满意的，但有时带着过往情绪的旧观点会突然爆发，比如缺乏安全感或是想要逃离。通过识别这个缺乏安全感的部分，并将它从过去带至当下，我们能帮助这个部分适应新的现实，从此远离那些痛苦的感受与恐惧。某些部分往往会在特定的时间被冻结。而成人之所以比幼童更有能力，就是因为他们总能将过去带到现在，将新信息和新能力纳入考量，继而带着更多的资源来回应创伤。

另一种情况则是反应过度，比如，一个成年人会将孤独感视为一种要命的威胁。成年人对孤独的恐惧大多源于他们的孩童部分。那个孩子或许曾在独处时经历过创伤，而那接踵而来的危险就被锚定在了"独处"这一条件之上。问题在于对独处的恐惧及联想，而不是独处这件事本身。如果你已经内化了养育性父母的声音，也许就能将害怕孤独的内在小孩从过往的困境中解救出来，或是在当下对他进行安抚。这个养育性的父母可以提醒内在小孩：现在的环境是安全的。

从母亲那里解脱

最难搞、危害最大的一种心理动力，就是一个人的某个孩童部分完全不肯放开自己的母亲。这个孩子会觉得"她就该在这儿陪我！"。尽管母亲已经多次让他失望，他却依然不肯放手。孩子认为："只要我嚷得更大声、时间更长，她就一定会回来。"

遗憾的是，这种方法根本就行不通。通常情况下，母亲并不会以成年子女的内在小孩所期望的方式来回应他们的要求——而这个事实会将双方都置于挫败和冲突之中。

有一个三管齐下的解决方案：

1. 帮助前来求助的成年人看到，这些要求来自内心的孩童部分，但它们在当下并不一定合适，也不可能得到满足。

2. 直面内在小孩的沮丧、愤怒，以及任何一种绝望和无助的情绪。要接受自己的期望永远得不到实现，需要我们处理随之而来的悲伤。

3. 帮助这个孩子觉察到自己内心的那个成年人。如果养育性父母还没出现，那么首先要培养出这个部分。不过通常，这个部分早就存在了（比如，这个人在现实生活中可能已经是某个孩子的养育者了），只是还没有与内在小孩的部分建立连接。孩童部分可能需要花点时间才能信任这个成年人，并建立起所谓内在安全依恋。从本质上讲，我们是要让内在小孩松开紧抓住过去那个母亲不放的手，并让其与我们在内心培养出的更有响应能力的新母亲建立依恋。

上面讲到的第一步中可能还包括帮助成年人更客观地了解自己的母亲（这需要更成熟的心智水平）。当我们看到母亲因何受困，她能做什么、不能做什么时，就不会再把她的情感忽视或是虐待归咎于自己，也能更加积极地去满足自身的需求。

索菲亚的故事：与失落的自我重逢

　　索菲亚（Sophia）在来找我之前，已经接受过多种不同类型的心理治疗。我们的工作涉及许多方法，"各部分的工作"只是其中一种。除此之外，我们还使用了许多经典工具：检查信念、处理感受、识别资源、视觉化、角色扮演、提出新的应对策略、破译早期生活脚本以及重议过往创伤。

　　在我目光所及的范围内，所有能在治疗中取得重大进展的来访者都会在治疗间隙进行大量的情绪处理工作，索菲亚也不例外，她在这方面展现出了非凡的投入。经她同意，我在此分享她故事中一个极为简短的片段，因为这个片段与"各部分的工作"相关，它能帮助你进一步了解这项工作的意义何其深远。

　　刚开始时，索菲亚对能就内在小孩展开部分工作感到非常兴奋。她能十分清晰地觉察到各部分的体验。这使得她对各部分间互动的描述几乎与外部互动无异，只不过它们发生在内在世界而已。

　　我们接触到的第一个部分，是子宫中的一个胎儿。这是个"眼神回避"，并不"看向"索菲亚的胎儿。要知道，当索菲亚还在妈妈肚子里的时候，医生曾建议她的父母把她打掉，因为并发症可能会导致她先天缺陷。这就不难理解，为什么她早年曾于一种"不想活下去"的感觉中挣扎。

第十一章 聚焦内在小孩的疗愈工作

那么现在，我们就要针对持有这种感觉的部分展开工作。

索菲亚在房间一角放了一张婴儿床，并待在那儿，以讲述和歌唱的方式来回应我们将要迎接的这个部分。考虑到她已经有了一些与这部分的情感融合体验，我提醒她关注这些体验，并解释道，在觉察到开始融合的时候，可以问问那个未出生的婴儿，比如，能不能"不要用她的感受套住你"。

伴随着这样一个友好环境的滋养，几周后，那个未出生的孩子"诞生"了，尽管刚开始的时候，她看起来还不太像个人类。她更像是一幅漫画，一个黑色的轮廓。索菲亚能感觉到她的反应，那当中带着许多恐惧、愤怒和被迫害感。我建议她放慢脚步，每次觉察都给自己留出足够的调整时间。

几个月后，这个不怎么像人的小东西长成了一个七八岁大的孩子，她没有名字，我们叫她"无家可归的人"。索菲亚告诉我，这个孩子背对她坐着，但很喜欢靠在她身上，和她说话。这个孩子坐在床边，而索菲亚则抱着另外两个内在小孩陪在一旁。索菲亚想把所有遗失的爱全部给她们，想为她们创造一个安全的成长环境。这一切在时间的推移中不断进化，内在小孩们在这个充满了怜悯的支持环境里卸下了包袱，变得更加轻松和快乐。

疗愈工作仍持续在此时的困境与彼时的艰难之间摇摆，我们尝试了解索菲亚在家庭中的角色以及这种角色定位是如何将她变成了"折翼的天使"。索菲亚非常清楚地记得，大约六岁的时候，她曾（在内心深处）做过一个"决定"——她要放弃自己。她本是个非常活泼、精力充沛的孩子，但却不仅要被迫照顾兄弟姐妹，还得照顾母亲。从那以后，她的身体变得更加虚弱，她失去了大部分的生命能量，而且很容易晕倒。

索菲亚的内外部世界以一种令人着迷的方式相互交织着，她在试图帮助母亲的过程中经历了一些可怕而痛苦的体验。似乎就是这种痛苦的经历，促使她放弃了照顾母亲及兄弟姐妹的约定。

但恰恰就是在她这样做了的时候，最奇妙的事情发生了：她重遇了自我放弃前的童年天性。索菲亚感受到了极大的自由与幸福（就像许多小孩一样），但她所体验到的又不仅仅是孩童的想法与感受。那是一种超个人状态（超越我们作为个人的体验）：不受束缚、不被身体限制、没有问题、没有需求、心满意足、内心广阔而平静。她感受到的幸福是一种没有条件、不依赖于任何东西的幸福。我在观察中验证这种幸福是否会转瞬即逝，但它

第十一章 聚焦内在小孩的疗愈工作

没有。作为一种状态，它的确会出现也会消失，但是，索菲亚已经掌握了重回这种状态的秘诀。

我很清楚，这种豁达并非源于解离。因为索菲亚仍然对身体有清晰的知觉，也能觉察到当前的困境，变化在于，现在的前景与后景出现了改变，所以，即便身处困境，她也依然能活在这个更为广阔的空间之中。

这是最深层的疗愈能够引领我们去往的地方——它超越了我们过往对心理疗法的一贯批评，不再"沉湎"于过去。它可以超越过去，超越受限的自我，甚至超越此时此刻身而为人的局限，抵达一种更广泛的自由，一种栖息于（许多人所说的）"存在"之上的自由。

索菲亚强调，这种自由源于对痛苦的克服，而非回避。我们曾在工作早期引入过一些资源。她学会了表达痛苦而不是推开痛苦。这是项湿漉漉的活计，就像有人说的那样，"一把鼻涕一把泪"。索菲亚在一层层剥开自己内心的过程中释放出了更多的能量，也收获了更多的扩展和平静。那就像是这么多年以来，她一直都生活在一个紧巴巴的盒子里面，而现在她终于找到方法挣脱出来了。

一般来说，深度疗愈工作的进程并不会呈现在黑暗中盘旋上升进而永远地告别过去的态势，而是会继续潜

> 入新的痛苦，并常常在这个过程中发掘出新的部分。索菲亚最近告诉我说，她很高兴在觉察到这些部分的时候"有人可以依靠"。所有孩子都需要这种依靠——甚至每个成年人也都需要这种依靠。小时候无依无靠的孩子，长大后也仍然需要依赖某个健康的成年人。索菲亚的故事告诉我们，这个健康的成年人就住在我们心里。

成为自己的最佳母亲

著名的荣格分析家兼作家玛丽安·伍德曼（Marion Woodman）曾说："未曾在爱中活过的孩子，也不会懂得如何爱自己。长大成人之后，他们必须学会滋养自己，养育迷失的内在小孩。"[2]

这种学习是分阶段进行的。从本质上讲，我们是在成长中逐渐适应这份工作的。就像一个女人不会自动知晓如何养育后代，但她的养育本能和心灵仍然能够被唤醒；同样，我们也有能力与内心的小孩建立连接，并积极地"养育"他们。

刚开始时，你可能会觉得很别扭，你会遇到各种各样的阻碍。除了在逐步深入内在母职的过程中会遇到的障碍之外，你还可能在行动之前就被一种贬低的声音所打垮（最有可能来自吹毛求疵的父母或是监护人），那声音会说："这太可笑了。"它所用的

第十一章 聚焦内在小孩的疗愈工作

策略，就是否认你的需求。"你这是小题大做。""哪有那么糟啊，振作起来。"此时，对这些部分进行觉察会给你带来许多好处。只有在认识到这是某个部分（一个引出议题的部分）在表达的时候，我们才能选择抛开这些想法，按照自己的意愿前进。

接下来，你可能会觉得自己无力胜任。假如你未曾得到过良好的养育，就会很容易感到茫然无措，不知道该怎么做。你会觉得不自在，不知道该说什么，也不知道该干什么。非得那样逆势而为，让你觉得自己特别虚伪。而这些想法就足够让你裹足不前了。

当你成功地与内心缺乏母爱的部分建立起真正的连接时，你可能会因此而产生一种罪疚感，你会责怪自己没能早点出现，进而让这种遗弃又延续了如此之久。毕竟，没人会喜欢感受伤害他人所带来的剧痛。

正如我在前面说过的，母亲可能会无意识地与孩子保持距离，以免唤起自己的伤痛。同样，你也可能会觉得，为了与内在小孩重建连接而打开心中被禁锢的痛苦，这代价未免太高。

除了痛苦，我们还会担心无法自控。当将自我的某个方面压抑在无意识中时，我们常常会忧虑，如若向它敞开心扉，就会被它压垮（被压抑的愤怒、悲伤和性欲等都是如此）。与此类似，我们也会害怕内在小孩的需求会超出我们的能力范围，进而淹没或是控制住我们。

如果你仍在某种程度上无意识地认同着这个缺乏母爱的孩子（往往已经有很长一段时间了），你就永远不会觉得自己拥有

233

许多资源，可以慷慨给予；相反，你会觉得自己像一口干涸的枯井。你可能会想："我自己都这么匮乏，如何能去滋养别人？"在成为自己的最佳母亲这个议题上，我总结出了几种你可能会遇到的障碍：

- 你在自己身上看到了什么？
  ○ 会干扰你承担养育职能的侮辱性、贬损性信息
  ○ 感觉不知如何承担母职
  ○ 为自己没能早点出现而感到内疚
  ○ 自我保护，拒绝体验自身的伤痛
  ○ 对一切被压抑事物的恐惧
  ○ 觉得自己拥有的东西太少，没什么可给予的
- 怎样才能帮助你克服这些困难？

要成为自己的最佳母亲，最重要的一步就是超越自己的不足、恐惧和防御，让心变得柔软。把心敞开，你就有能力去爱。

内在小孩会帮助你。孩子就像一个"爱的银行"。存得越多，得到的回报也越多。孩子天生就是爱的高手，所以，如果你能向内心缺爱的孩子传递哪怕是涓涓细流般的爱，他们通常就会对你有所回报。不过，刚开始可能会有些磕磕绊绊。通常情况下，内在小孩最初都会表现出不信任。正如被伤害或抛弃过多次的孩子不会向母亲张开双臂一样，内在小孩也会产生类似的反应。倘若如此，请不要放弃努力，尽你所能向这个孩子伸出援手，要知道，

第十一章　聚焦内在小孩的疗愈工作

信任的建立是需要时间的。

当你更懂得如何呵护自己的时候，你的内心可能也会生出某些与早年环境非常类似的感受。比方说，假如你的父亲无法容忍"溺爱"或是温柔对待他人的举动，那么你在刚开始以一种真正关爱、体贴的方式对待自己时，可能会听到一些与父亲的说法极为相似的内在自我对话。此时，需要提高警惕，要识别内心的感受和反应是否源于自身。要学会为慢慢存于内心的"好妈妈"提供支持。

许多缺乏母爱的女性在生下自己的孩子之后，都曾与这些内在力量进行过搏斗，她们在灵魂深处许下承诺：绝不会像母亲抛弃自己那样抛弃自己的孩子。她们竭尽全力地学习如何当一个好妈妈，寻找榜样，阅读书籍，寻求帮助。她们从不指望能有一份白给的"养育指南"从天而降。

同样，在重新养育自己的过程中，我们也可以立下誓言，坚持用某种方式来发展自我，即便那种方式在最初的实践中并不那么自然而然。我们也可以寻找榜样、阅读书籍、寻求帮助，还可以召唤出早已存在于内心，却从未被使用过的能力。许多人尽管缺乏母爱，却会一反常态地承担起养育及照顾他人（比如兄弟姐妹或是伴侣）的工作。在帮助来访者培养自己内心的"养育性父母"时，有一种治疗方法——发展需求满足策略——会要求来访者回想自己曾经养育他人的时光，并以此为基础，在内心培养出"养育性父母"。你也可以自行尝试。

回想一下你在养育、保护或是实际参与对他人的照顾时有什么感觉。让这种感觉贯穿全身。强化它。彼时,你或许曾抑制过其中的某些天然的倾向,但现在,你要再多给自己一点动力。体会一下:你是个有滋养功能的成年人,你能给缺乏母爱的内在小孩提供良好的养育。对此,你的身体有什么感觉?为你在这个角色中的模样拍摄一张"内心快照",以供日后调用。

刚开始学习与内在小孩沟通的时候,可能会比较费劲,但之后,这会成为你生活中自动而发且不可或缺的一部分。觉察这在最初为你带来了何种能量。你并不想在这里重现牢骚满腹的母亲给你带来的感觉。内在小孩是你的快乐,而不是一种负担。

幸运的是,养育内在小孩的能力会自然而然地越变越强。一位女士报告说,这增强了她的自尊心。被关注与被爱的感觉很好,一旦与内在小孩建立了良好的关系,他也会回报给你许许多多的爱。

为孩子创设一个安全的环境

要疗愈,就要先找到与我们失联的部分——在本书中,这指的就是孩童部分。这当中有许多都是由于缺乏安全感而被分裂或解离出来的孩童部分。要让这些脆弱的部分知道,现在他们和你待在一起,情况不同以往,你们很安全。

南希·纳皮尔(Nancy Napier)是自我催眠状态(即深度的放松及接纳状态)领域的专家,她在《重塑自我》(*Reclaiming Your*

第十一章 聚焦内在小孩的疗愈工作

Self）一书中写道："将内在小孩带到现在是这个过程中的重要部分。孩子会在永恒的无意识中，以一种体验当下的方式继续体验原初的童年环境。当眼前的事件可回溯至过往功能失调的环境时，内在小孩是无法意识到他正与你活在另一个不同的空间中的。"[3]

你要格外小心，给足内在小孩安全感，以此帮助将他们"锚定"在当下。在孩童状态与内心有爱的父母之间建立起强大、有滋养的连接，孩子就能从过往的阴影中解脱出来，拥抱幸福的家庭生活。当我们以尊重及共情的态度倾听孩子的内心世界，并通过艺术或对话等方式为他们提供表达自我的途径时，这一点就能实现。

你可以留一点时间，与内在小孩状态展开对话，了解如何为他们提供安全感。

共处时间

一旦你将内在小孩带离创伤的过往（这可能需要治疗师的帮助），就能为他们创设出一个更为适切的成长环境。

要做到这一点，你只需要和孩子进行对话，或是以轻松惬意的方式与他们相处，还要带孩子做些喜欢的事情。如果你的内在小孩喜欢户外活动，就安排一些户外活动。你也可以带孩子去骑马或是滑旱冰，这也是很有滋养功能的活动。有时，我们会在这些活动中体验到与内在小孩的融合，但通常情况下，你也能同时

237

觉察到成人部分的存在。有成人在场，既能起到监督作用，又能建立关系，还能重新养育自己的孩童部分。

另一种有效的方法，是在想象中创造机会去满足内在小孩的需求。有位女士每天都会花时间来陪伴自己的三个内在小孩。她根据孩子们的不同年龄选择对应的照料方式——为婴儿洗澡，给宝宝拥抱，带青少年购物。我们可以看到，当身处稳定、有爱的家庭中时，每个内在小孩都能得到与正常的发展阶段相匹配的成长环境。孩子们正在这位"好妈妈"的照顾下慢慢痊愈。

你也可以从现在开始关爱你的内在小孩，以此疗愈忽视导致的童年创伤。

利用"好妈妈"的信息

在第一章中，我列出过十条有关"好妈妈"的信息，下面我们再来重温一遍。这些信息可以帮助你关爱内心的任意一个小孩，成为他的"好妈妈"。我鼓励你去发现有哪些方式（无论使用玩偶、图片或是某种表征）能够帮助你觉察到内在小孩的存在，接着大声表达出来。注意一下，有哪些陈述更容易唤醒你的孩童记忆，哪些陈述对你来说最为困难。重点关注这些问题。

通常，在与新事物打交道的时候，我们都得花点时间来慢慢适应，即使我们要面对的是某种积极但并不熟悉的状态时也是如此。我们要慢慢习惯这种状态，给它机会融入自身，进而从中吸取养分，所以，要给自己足够的时间与空间来开展练习。充分感受积极的体验，本质上就是要将它"安装"到自己的资源库中。关注你的身体，看看它是如何回应每一条信息的。在放松的状态下开展工作，这样你才能更容易接纳自己，也能够注意到自己的反应。

- 我很高兴你在这里。
- 我看见你了。
- 你对我来说是特别的。
- 我尊重你。
- 我爱你。
- 你的需求对我很重要。你可以向我寻求帮助。
- 我就在这里。我会抽时间陪你。
- 我会确保你的安全。
- 你可以在我这里休息。
- 我以你为乐。

不要止步于此。你也可以创建专属于你的"好妈妈"信息。如果你能与某个具体的内在小孩一同做这件事，就会更有针对性。问问处于这些孩童状态下的你想要听到什么信息。

另一种练习，是要以孩子的口吻来说出安抚人心的话语。下面给出一些例子：

情感忽视

- 妈妈喜欢为我付出和给我帮助。
- 妈妈会在我需要的时候来陪我。
- 妈妈真的以我为荣。
- 妈妈真的很喜欢我！

不要觉得上述练习只做一次就可见效。越是频繁、深入地开展这些工作，就越能让它们在你内心扎根，进而帮你构建新的人生。

给内在小孩的一封信（练习）

留出一段不被打扰的时间，营造舒适的氛围感，做一点内在工作（比如找点合适的背景音乐、点支蜡烛、关掉手机，或是去某个对你来说与众不同的地点）。先做个简短的定心冥想，然后写一封信给你的内在小孩（广义上的，如果你还无法分出每个具体的孩童状态的话），或是写给某个具体的内在小孩，也可以写给自己在某个特定年龄段的孩童状态。你可以用成人的口吻来写，如果你能进入状态，也可以以具有滋养功能的成人身份来给孩子写信。告诉内在小孩你对他所经历的事件的感受。如果你觉得加入一些"好妈妈"的信息更为妥当并且真诚，也可以试试看。

第十一章 聚焦内在小孩的疗愈工作

疗愈不被爱的小孩

对大部分缺乏母爱的孩子来说，重新养育的重点都在于疗愈不被爱的内在小孩。当然，他们也会有其他的需求，比如得到指导、鼓励、保护以及"锚定"等，提供这些功能也是疗愈不被爱的内在小孩的一部分，但首先要做的，还是与他们建立温暖、关爱的连接。你的内在小孩和其他所有的孩子一样，都需要被爱。

我的某个内在小孩曾对我诉说：她只想被抱着，没有目的、不限时长地被抱着。她需要被"好妈妈""包围"起来。有些婴儿状态是非常脆弱易碎的，只有极其温柔的抱持才能帮助它们发育和成熟。

在养育内在小孩时，你可以设置一个能与之发生物理接触的外部客体，这会很有帮助。比如，你可以用玩偶或是毛绒玩具来代表幼年的自己。最好选择柔软的物品，它们抱起来更舒服，既有良好的触感，又能吸收你的眼泪。有时，人们会抱着玩偶入睡，或是将它放在某个舒适的婴儿抱具里。大部分人至少也会抱住某种与之类似的替代品或者与它聊上几句。

在初始阶段，你会遇到的内在小孩通常都在3~6岁的年纪，但在某些时候，也会出现婴儿时期的内在小孩。与婴儿期的自己相处往往会触发最为强烈的痛苦感受。尽管此时的你会出现年龄上的退行，但如若能够解决这些原始创伤，你也会比以往更有力量。

改变想法

　　向内在小孩传达"好妈妈"的信息，从他人那里接收"好妈妈"的信息，以及在自己的内心培养"好妈妈"形象，这些努力能给我们带来的效果远不止满足内在小孩的需求那么简单。它能真真正正地刷新你的想法，改变你的思维结构以及你对自己及整个世界的信念。

　　随着时间的推移，你所培养出的"好妈妈"的声音便能够取代"批判型父母"的声音，而后者正是导致内在小孩产生观念差异的主要筛选因素。假如你自己仍固着在"挑剔型家长"的状态，那么你也会用相同的方式来对待他人（至少在你心里是这样）。你会表现得缺乏耐心、爱指手画脚，也无法向他人敞开心扉。当然，你对自己也会同样严苛——我想你应该知道那是什么感觉。但是，带着爱去看世界，难道不比带着偏见要好得多吗？

　　虽然修复的工作要耗费大量的时间，但这仍然值得。改变内在的思维状态，是对心灵的最大修缮。

第十二章　心理治疗：有关母亲的议题及养育需求

处理情感忽视和虐待是一项相当缓慢的工作，有时需要心理治疗师的介入和帮助。大多数类型的治疗里都会有一些也许能够奏效的疗法，我们可以选择其中一种或多种疗法。倘若治疗的过程顺利，我们就会获得成长，学会容忍自己的脆弱，并允许他人进入自己的内心。

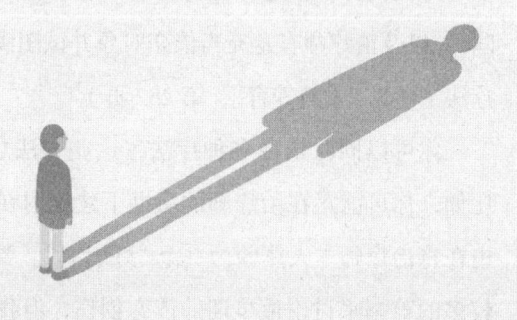

当然，自谈话治疗开创以来，心理治疗师们就一直在倾听来访者关于母亲的苦恼。从那以后，我们在治疗方法的扩展方面取得了长足的进步，但有关母亲的议题仍然是咨询室里的重要话题。

大多数类型的治疗里都会有一些也许能够奏效的疗法——无论是像艺术疗法、运动疗法这样的表达性治疗，还是将身体作为信息及学习来源的躯体疗法，抑或是眼动脱敏再处理（Eye Movement Desensitization and Reprocessing, EDMR）、脑点技术（brainspotting）这样的协议驱动型疗法。需要提到的是，各部分工作疗法（有时也称自我状态疗法）也是一种重要的治疗方案，这一点在上一章已经讲过。

其他相关的疗法还包括针对出生创伤及出生前体验的工作、依恋导向的伴侣治疗（任何安全依恋都有助于弥补其中的某些缺陷），以及治疗师有意充当依恋对象并试图满足来访者早期需求的疗法（参见"重新养育"，第252页）。

你可以同时选择多种疗法，这些方法之间并不存在排他性。比如，你可能正在治疗师的协助下建构内在母亲的形象，但同时也在将治疗师本人体验为一个"好妈妈"。要记住，尽管本章花了较多的篇幅来讨论最早期的依恋创伤，但我们在治疗中所处理的

第十二章 心理治疗：有关母亲的议题及养育需求

问题以及未得到满足的发展需求都远超生命头几年的内容范畴。

一般来说，短程治疗和认知行为疗法不会给早期童年创伤的处理带来太大帮助。对这一点的一种解释是，这些疗法或许会影响到新皮质，即思维脑，但不会对情绪脑起作用。大多数情况下，情绪脑的激活需要人们卸下创伤、放下防御，而这一切在随时间发展出的安全、有滋养功能的关系中最容易发生。此外，根据《爱的一般理论》(*A General Theory of Love*)的作者、精神病学家托马斯·刘易斯（Thomas Lewis）、法里·阿米尼（Fari Amini）和理查德·兰农（Richard Lannon）的研究，要让一个人的情绪脑（或称边缘脑）发生改变，就要使其与治疗师的边缘脑进入边缘共振状态，并接受后者的调节，一如母亲在生命初期对婴儿的大脑进行调节一样。这个过程通常会花上数年的时间才能完成，要重设并修复情绪脑，没有捷径可走。

现有的数百种心理疗法在许多问题上仍存在着强烈的分歧，比如治疗师是否该与来访者之间发生身体接触，以及他们要在多大程度上直接满足来访者的需求。对此，尽管我也会给出一些小众的案例，但我的大部分看法仍归属于主流认知。

或许我们有必要在此介绍一些心理学术语。心理动力学（psychodynamic）通常指的是深入探索行为童年根源的疗法，而当治疗聚焦于咨访关系的修复效果时，有时我们会用到关系疗法（relational therapy）及基于依恋的心理治疗（attachment-based psychotherapy）这两个词。这些疗法与依恋疗法（attachment therapy）存在极为明显的差异，后者目前仍是一种存在争议的治疗手段，其适用对象主要是还未对新养育者形成依恋的领养儿童。以下讨论内容与针对早期依恋的长程深度治疗相关。

治疗与"好妈妈"的相似之处

治疗与母子关系的相似之处在于，它之所以存在，是为了满足来访者的需求，而非治疗师的需求，就像母亲的存在是为了满足孩子的需求，而不是相反。治疗师与"好妈妈"一样，都会以同调的方式关注你，给你表达一切的自由空间，对你的内在体验充满好奇，并且能帮你解决困难。一些研究型的临床工作者甚至认为，正如母亲是婴儿神经系统的一部分（尽管属于"外挂设备"），是孩子成长的平台一样，治疗师之于来访者也有类似的功效，他们会在治疗中进入与来访者的"共享状态"，并为对方提供新的意识及关系模式（想想边缘共振理论）。[1]

精神病学家兼儿科医生温尼科特提到，一如母亲对婴儿的哺育，治疗师也要为来访者提供一个"抱持"的环境。他认为，治疗师应当像母亲对待婴儿一样，给予来访者耐心、包容以及依靠；要把来访者的愿望视为婴儿式的需求；要搁置其他的兴趣爱好，以便更好地满足来访者。[2]此外，正如"好妈妈"会在一开始全力照顾婴儿的需求，但也会随着时间的推移允许挫折的自然浮现（尽管是校准式的），治疗师也可以在来访者发展出一定独立性以后，稍稍后撤几步。

第十二章　心理治疗：有关母亲的议题及养育需求

治疗师与"好妈妈"的另一个相似之处在于，能够在关系中同调的治疗师可以保持双管齐下的意识，他们能在帮助来访者处理特定问题的同时，也保持对双方互动的觉知。尽管所有疗法都会要求治疗师与来访者的感受同调，但并非所有疗法都能关注到关系中的共舞，尤其是当这种共舞与依恋问题相关的时候。着力于解决具体问题的大部分行为、认知及短程疗法通常都关注不到这一更深的层面。

在治疗拥有本书所述的那类母亲的来访者的时候，治疗师如若不能关注与依恋相关的问题，就会让来访者再次体验到与对子女的需求一无所知的母亲相处的那种痛苦。情感缺席的母亲只看得见眼前的任务，而压力太大的母亲可能连这都做不到。这些母亲也许能（在一定程度上）满足孩子的外部需求，但却无法回应他们的内在感受与需求。而情感在场的治疗师则必须同时同调这两方面的感受。

不同于对关系"两眼一抹黑"的母亲，能在关系上同调的治疗师会明白，自己是来访者稳定感的重要来源。而这正是缺乏母爱的人们最需要的。他们没有一个可以始终如一去依靠的人，因此也无法建立起安全感。而如果治疗师愿意，也能够提供这份稳定感，就能帮助来访者填补因早期环境或心理匮乏所带来的缺失。

缺乏母爱的孩子在成年后通常都会有一种强烈的需求——他们希望能感受到，治疗师所提供的关怀并非出于职业操守（就像妈妈一样），而是因为来访者个人。这些人中有许多都不认为母亲真正了解自己，因此也无法感到母亲喜爱自己。或许他们能在某种程度上体验到母亲对自己或多或少都是有爱的（表面上），但感受不到真实的自己能被母亲看见，因而也体会不出真正的爱意（甚至连喜欢也体会不到）。要让这样的来访者真正觉察到治疗师的好感，必须让他们知道，治疗师能同时看到他们的潜力与痛苦。

这一切的实现都需要治疗师具备高超的技巧——他必须表达出真正的关心，但也必须与来访者之间维持一定的界限，以使双方的关系保持清晰与专业，而不致纠缠于治疗师本人的需求。

依恋导向治疗工作中的一些特殊问题

在依恋导向的治疗工作中，治疗师需要充当新的依恋对象，为来访者提供建立依恋连接的机会，帮助对方处理早年关系中某些未被解决的问题。这是一种非常深入的工作形式，它需要治疗师具备一些特殊的技能。

首先要明确的一点是，存在依恋创伤的来访者往往意识不到自己在受哪些东西的影响。因为婴儿的许多体验都是前语言期的，它们不像外显记忆那样能被编码及存储，它们无法描述，甚至也无法被有意识地觉察到。这些无意识模式，更多是在来访者之后的治疗及生活中呈现出来的。

技巧娴熟的治疗师会观察来访者身上重复出现的模式和反应，阅读他们的肢体语言，并密切关注自身的体验，以此来判断来访者的变化以及咨访关系的进展。正如心理治疗师及作家戴

第十二章　心理治疗：有关母亲的议题及养育需求

维·沃林（David Wallin）在《心理治疗中的依恋》（*Attachment in Psychotherapy*）一书中所写的那样："对那些无法用言语表达出的东西，我们倾向于与他人一起活现（enact）出来，在他人身上唤起（evoke），以及/或者去具身（embody）。"[3] 他解释说，依恋关系的质量很大程度上取决于构成这种关系的非言语互动。[4] 眼神交流、面部表情、靠近或是远离的动作，都是母婴、恋人以及咨访关系之间美妙共舞的一部分。

有时，来访者会出现退行（来访者退回到非常早期的状态），关系中可能会浮现出融合的感觉，进而模糊正常的边界，所以，治疗师要做到滴水不漏，不能助长来访者的依赖，使之超出医疗所需范围，也不要利用身体接触或是关系中的任意方面来满足自身对情感、权力及连接的私欲。可以想见，一个渴望被人需要并要与来访者相互依赖的治疗师，会给来访者带来的更可能是陷阱和伤害，而非疗愈。

大部分强化治疗中都会出现来访者对治疗师的理想化，他们会在一段时间内戴着玫瑰色的眼镜来看待治疗师。治疗师会从来访者饱含爱意以及需要被爱的眼睛中感觉到自己被看见。由于来访者太过需要这份爱意来填补自己在童年的缺失，所以他们可能会将爱意投射到治疗师身上，以此填补对方身上的匮乏，进而美化治疗师的形象。最终，我们看到的就不是治疗师本来的样子，而是我们需要他们成为的样子。

这种理想化在一段时间内是有用的，因为它可以帮助我们对治疗师产生依恋，就像孩子对父母的理想化也有助于他们依恋父母一样。虽然有些人断言，所有的孩子都会出于某种必要而将父母理想化，但是对此我并不十分确信。一位女士曾告诉我，她对母亲的初始印象就是个"能力非常有限的人"。三岁时，她就觉得自己比妈妈聪明。诚然，一个三岁小孩不可能拥有比母亲更多的生活常识，但这一体验仍具有非凡的预见性。这位女士长大后成了一名医生，而她的母亲却始终像个没长大的小孩。

尽管所有的治疗都会要求来访者在一定程度上暴露自己的脆弱，但处理早年被遗弃的创伤、允许自己在治疗关系中产生需求及依赖的感受，的确会加重这种脆弱感。来访者需要极大的信任才能耐受并表达这种感受，而治疗师必须知道如何以尊重并用有技巧的方式来处理这些感受。

如你所见，处理早年的依恋关系是项精细活，很显然，并非每个治疗师或每种治疗方式都可胜任这项工作。在我所描述的这种依恋导向工作中，关系就是疗愈的工具。而其他疗法虽然也认同关系必须足够稳固，以便承载其他元素，但各种干预措施才是具体的治疗工具。

治疗中的身体接触

大多数治疗师所接受的专业训练都要求他们限制或避免与来访者发生身体接触。心理动力学疗法认为触摸是一种需要探索的需求，但是，将这种需求带到关系里，而不是帮助来访者"解决"

第十二章　心理治疗：有关母亲的议题及养育需求

它，则是一种"见诸行动"。更"以身体为中心"或是所受训练不那么传统的治疗师通常会持不同的看法。有些人会使用触摸来帮助安抚极度焦虑的来访者；有些人会用这种方式来帮助来访者调整自己的体验；还有些人会觉得，如果来访者在早年经历中缺乏被触摸的经验，那么偶尔的身体接触对他们来说就有重要的意义。一位创伤治疗专家曾评论说，或许有一天，不去触碰来访者会成为一种不道德，因为这会阻碍治疗中的基本要素发挥作用。

身体接触的问题在处理早期依恋创伤的时候显得尤为突出。这类来访者通常都经历过严重的触摸剥夺或是有着高于平均水平的触摸饥渴。他们对身体接触的需求更旺盛，而触摸能对他们产生的影响也更大。

一位治疗师会通过允许来访者握住他的手，或用脚触碰他的脚的方式来表达对连接和支持的需要。这一方法回避了那种模棱两可的接触形式，它既满足了来访者渴望身体接触的原始需求，也轻松化解了他们在表达渴望时对被拒绝与限制的恐惧。

曾在童年有过不当性接触、过度的触觉刺激或是有触觉防御的成年人，都会有些特殊的弱点。对他们来说，身体接触可能会唤起过于强烈的情感体验，或是带来威胁的感觉。这是个非常复杂的问题。

大多数接受过触摸训练的治疗师都了解在触摸前要征得对方的同意，并用语言明确地表述出自己接下来的行为（"我可以在这时候拍一拍你的肩膀吗？我只是碰一下这里，像这样。你感觉如何？"）。

如果触摸由来访者主动发起，并且预示着他的某个重要的进展，治疗师可能就会愿意接受。例如，上文中提到的那位来访者在解决早年问题（比如觉得伸手碰触或是有所需求太过危险）的时候会去触碰治疗师的手。但如果来访者的触碰暗含某种性诱惑、操控欲或是企图模糊边界的意味，治疗师就需要引起重视。

重新养育

偶尔也会有些治疗师愿意以更直接的方式来扮演"代理母亲"的角色，通常这类治疗师也更愿意与来访者之间发生身体接触。我知道有一位这样的治疗师，她会为成年女性提供"重新养育治疗"，她鼓励来访者放松，打开自己对依赖及依恋的需求，并让它们得到满足。治疗师索尼亚·金（Soonja Kim）写道："我不会因为那些缺乏母爱的女性对爱的渴望而羞辱她们，相反，我会认真对待她们的渴望。"[5] 她就像一位真正的"好妈妈"一样待在那里，愿意（用最彻底的方式）去爱自己的来访者，包括拥抱想被拥抱的来访者，并以我所说的"好妈妈"的信息来让她们安心。

索尼亚·金邀请她的来访者静下心来，接纳这种饱含爱意的关注：

> 被动的爱是一种不求回报的关怀之爱。它需要给予者提供更多的直觉和共情，也要求接受者能有更强的接

第十二章　心理治疗：有关母亲的议题及养育需求

受能力。接受被动之爱对缺乏母爱的女性有深刻的疗愈效果，因为她们在早年间就不得不如此主动地去获取爱意。她们会从自己的情感需求中体验到高度的羞耻，所以，在不需要直接透露自身需求的情况下被给予爱，会让她们感到十分安心。[6]

她继续写道：

> 当你感觉到自己的依赖和依恋需求被一个慈母般的形象甜蜜地抱住，并能够允许自己接纳这种被动之爱时，你的身体、心灵、思想和精神都会逐渐放松下来。在这种放松之中，你可能会首先经历一段悲伤的时期，以此来哀悼自己在成长过程中需要得到却未曾得到的关怀以及温馨之爱。然而，当你能够允许这股悲伤流动和释放的时候，就会进入到更深层次的放松状态，并在当中体验到真实的自我。你还会感知到一个真相，即你与万事万物是相关相连的，而这会将你从先前深深的孤独感中解放出来。[7]

许多人都会赞同，放松自己，进入更深的连接，抵达更深层次的本性，是他们非常需要的一种疗愈。有些人会说，这是我们与生俱来的权利，当母亲无法为孩子的"存在"提供支持时，我们就失去了这种权利。

这种性质的工作通常需要比传统治疗所需的五十分钟治疗时间更久的时长。它可能会花几个小时的治疗时间，有时或许还得采取一些特殊的形式。一位年近五十岁的女性讲述了她与治疗师的一系列会谈，在此之前，她已经就母亲情感缺席的问题与治疗师进行过一年多的电话沟通。她来到治疗师所在的小镇，在附近的一家汽车旅馆住下，以便开展若干次更长时间的治疗，甚至还要与治疗师一家共同度过某些非治疗的时间。（请记住，对一个从未感到被母亲需要的人来说，她真正需要的是充满爱意的人际交流及包容。）

　　这位女士描述了她是如何克服婴儿期的深层核心痛苦的，以及被治疗师拥抱对她而言意味着什么：

　　　　我发自内心地为自己的存在恸哭，在那一刻，我最需要的是有人能用有爱的怀抱来拥抱我、涵容我，而我的治疗师做到了。过了一会儿，尽管我身边的人还是治疗师，但我感觉抱着我的仿佛又不仅是她这个人了。

　　　　（之后）我产生了一种奇妙的感觉，我感到自己被爱意本身拥抱在怀，这种爱意超越了治疗师一家所能提供的具象的关怀，它是一种更为深层的东西。我们触及了一项核心现实——对我来说，那个被爱意本身抱住的感受，是对我一生中所需的爱与拥抱的一种隐喻。我渴望被需要，真正地被需要；渴望有人承认我存在，而不用我费尽心思才能证明这种存在或是生存的权利；我是美

第十二章　心理治疗：有关母亲的议题及养育需求

丽可爱的（被抱持，而不是被视为毒瘤）——还有什么可说的呢？

这种针对早年创伤所进行的重新养育会成为一剂猛药，但它处理起来的难度很大。我曾听说有些治疗师会给来访者提供拥抱、持续的眼神交流、治疗性的言语信息，有时甚至还会用上婴儿用奶瓶。来访者报告的结果好坏参半。我还听说过，当治疗师鼓励来访者退行到依赖状态，而后又抛弃他们的时候，会对其造成严重的伤害。还有一些时候，治疗确实是良性的过程，但其目标并不总能匹配来访者的需求。"好妈妈"的首要原则就是同调，所以，即便治疗师满怀善意并且长于共情，但如果与来访者的同调不到位，也无法达到最佳的治疗效果。

我相信，真实、同调、可信并且充满尊重的情感连接才会带来疗愈的效果，这不像其他类型的干预措施，它不是治疗师能随手从口袋里掏出来的东西。因此，我更愿意相信在治疗中自然浮现的需求与反应，而不是那些公式化的疗法。

我自己也经历过被治疗师重新养育的过程。在针对早期创伤做了几年的干预之后，我从内心深处产生了被重新养育的需求。正如其他人所言，那种感觉就像是心上有个空洞，而它本应由母亲来填满。当我向治疗师表明，希望她能做我的"代理母亲"时，她一时还不大情愿（因为这与我们所接受的专业训练背道而驰）。不过后来，她还是跟随了内心的指引，并且，她是真的为我而来。她从没抱过我（我也没要求过），但她也从不害怕身体接触，这种感觉真的很治愈。我想,我们之间最深的连接,是在深情凝视对方的眼睛时产生的。那是一种穿过眼睛直抵心灵的连接。对我来说,那是一次极为深刻的体验,随着时间的推移,这种连接(我在内心强化了它)重塑了我对自我及生命的全部认知。它让我有机会感受自己错过了哪些基本的发展要素,也使我的成长突飞猛进。后来谈起这件事,我说那次治疗中最重要的东西,是我得以用一种非常具体并且真实的方式感受到了爱意。

从孤立到安全依恋

倘若治疗的过程顺利,我们就会获得成长,并拥有更多的选择。那些发誓不再表露脆弱的人可能会学会容忍脆弱,并允许他人进入自己的内心。下面举例说明,一个采取自给自足型策略的人可能会与治疗师一同经历哪些过程:

1. 保护性隔离

做出自保姿态的人往往会抗拒他人的靠近。这是对可能被拒绝的痛苦做出的一种防御。自给自足型的个体已经得出结论:我是得不到爱的,所以还是不要渴望它的好。而任何温暖和深情的表达都可以打破这种立场。

2. 铠甲上的裂缝

有耐心、能同调的治疗师最终会找到方法帮助来访者感到被看见、被理解,并融化一部分他们的保护性铠甲。

3. 矛盾与渴望

随着接触的增多,被压抑的渴望会浮出水面,并与旧有的防御展开斗争。现在,既有"停止"的信息,也有"开始"的信息,还伴随着矛盾的情绪。

4. 消融

因为渴望一直被压抑着,所以它在爆发出来的时候会非常强烈。事实上,它足以消融来访者的阻抗,让对方变得愿意自我暴露并表现出脆弱。

5. 恐惧

脆弱和依赖的感觉可能会令自给自足型的人警铃大作。而这正是他们要不惜一切代价避免的感觉。

6. 不安全感

倘若能够克服恐惧,就会缔结更多的依恋,治疗师对来访者的重要性也会更上一层楼,而这通常是来访者难以忍受的。治疗师会外出(度假或工作),而且他们也只能在有限的时间内提供服务。来访者的成人部分能够理解这一点,然而,被唤起的婴儿式依恋需求远超每周一小时的时间。当来访者沉浸在婴儿期的自我感受中时，会觉得没有治疗师自己就活不下去。一旦治疗师离开，陷入这种状态的来访者可能会担心治疗师不再回来，或者不会再像之前那样关心他。

7. 享受滋养

即便来访者此时仍有不安全感，但也会越来越能够接纳和享受被给予的滋养，并从中体验到感恩与满足。

8. 提升关系的安全性

随着治疗师与来访者之间连接的不断加强，咨访关系会变得更为稳固，也更有韧性。来访者更能忍受（因假期或误解所导致的）关系的中断，也不那么需要治疗师提供承诺了。

9. 健康的力量感

随着时间的推移，来访者会在能够持续获得积极回应的过程中感到更自信、更有价值，并会开始要求满足他的需求。这对来访者的自信心以及其与他人的关系都会产生积极影响。

10. 依恋对象的内化

依恋对象的存在以及处于安全依恋关系时所产生的良好感受，共同参与构成来访者的心智及心理结构。在安全依恋中，依恋对象会成为你内心的一部分（参见"你的'便携式好妈妈'"，第

第十二章 心理治疗：有关母亲的议题及养育需求

207页）。

尽管我在此描述的是一种始于保护性隔离的自给自足依恋风格，然而，这种隔离并非总是那么显而易见。依恋创伤可能会潜伏相当之久。经历过这些阶段的来访者也可能拥有舒适而亲密的友谊。尽管这种友谊并不会唤醒隐藏在深处的依恋创伤，但它们也不足以治愈伤痛。自给自足型的成年人甚至也能维持长达数十年的稳定婚姻关系，但他们所用的策略也无非是拉开一段足够远的亲密距离，以免动摇依恋之舟。虽然我对这一疗愈过程的描述是基于亲密的治疗关系背景，但是，相似的过程也可能发生在你与任何潜在的依恋对象之间，只要他们能始终稳定在场，并支持你逐渐改变。

从挫折到满足

迷恋型（焦虑型）依恋的人则要经历不同的过程。他们的依恋系统并非觉醒不足，而是"过度活跃"。这个系统太专注于建立连接，几乎到了痴迷的程度。根据黛安·普尔·海勒（Diane Poole Heller）的观点，此处的任务应该是帮助他们接纳连接，进而体验到满足。尽管这个风格的人始终在寻找连接，但他们却会摒弃或是拒绝接受他人所提供的关系，因此，他们的依恋渴望一直得不到满足，也一直处于高度焦虑的状态。他们就好比一个爱挑剔的婴儿，会因为心烦意乱而无法接受成人的安抚。焦躁会阻碍他们接纳这份安抚。再一次，同调、稳定、耐心以及想办法让来访者"有感觉"并且接纳关怀（包括在治疗关系及其他重要关系中）对治疗至关重要。最终，这些感受会让来访者获得安全依恋的体验。

作为"榜样母亲"的治疗师

对处在这样的密集关系进程中的来访者而言，最困难的事情之一是要明白，即便治疗师为其提供了美好、令他们渴望已久，并希望永远沉浸其中的"好妈妈"的体验，但治疗师仍然只是个临时的替身。治疗师之所以会处在这个位置上，是为了帮你发展出内心的"好妈妈"。而他所有的温柔、智慧以及耐心，都只是为了向你示范应该怎么做以及怎么做更好。我称此时的治疗师为"榜样母亲"，这意味着他就像一个标杆，会向你的成人自我示范应该如何行事。

该在圣诞节、长周末或是午夜陪着你的是你的内在母亲，而不是治疗师。当然，如果你已经内化了治疗师的形象，也可以随时调用他的各种功能。

即便治疗师未曾在治疗中直接提及"内在母亲"，我们也可以说，他已经为你启动了某些未曾发挥过作用的功能，比如提供支持或是能以恰当的方式保护自己。我们不希望这一切只能在治疗室里得到实现。熟练的治疗师会帮助来访者整合这些能力，使其随时可用。

第十二章　心理治疗：有关母亲的议题及养育需求

给治疗师的建议

根据我的经验，处理情感忽视和虐待是一项相当缓慢的工作，而且它们往往会令人心碎。你得有自己的情感资源，这样才能满足来访者的需求，并承受在该领域从业所要经历的情感痛苦，这一点很重要。如果治疗师不具备足够的情感带宽，最终就会再度复刻母亲对孩子的阻抗或是拒绝，并使来访者受到严重的伤害。

这是一项需要温柔与耐心的工作：要温柔，是因为我们所要面对的是来访者内心无比稚嫩和弱小的部分；而要耐心，则是因为重建个人根基是一项需要长期奋战的工作。你可能得在治疗中花上好几年的时间，才能看到经历了最严重虐待与忽视的部分浮出水面。来访者需要时间来建立对你的信任，也需要时间来做好准备承担最为不堪的过往。与此同时，你永远也不知道哪些你认为无害的东西下面实际却潜藏着危险。

除了要具备必要的耐心、内在力量、针对相关议题的知识以及治疗技巧以外，治疗师还得了解自己的依恋动力，这很重要。大部分治疗师都曾有不安全依恋史，关键在于你修复了多少由此产生的伤害。你要让来访者对你产生安全依恋，并通过欢迎的姿态、温暖、共情、同调以及处理来访者需求和挫败的能力来帮助增进这种依恋。

如果能够知道自己的依恋敏感性会在何时被激活，那也是很好的，例如，是当来访者黏着你不放的时候，还是拒绝你走近的时候。治疗师所具备的专长会使他们更能匹配某些特定类型来访者的需求。比如我就意识到，相比于需要大量的口头承诺、更倾向于迷恋型依恋的来访者而言，那些需要学习信任的来访者对我的满意度更高。因为我通常习惯于给来访者提供更广阔的空间，但较少主动伸出援手。

你可能也会发现，接受一些重点处理依恋相关问题的培训也会很有帮助。黛安·普尔·海勒使用DARe方法（Dynamic Attachment Re-patterning experience，动态依恋重塑经验）为治疗师提供多个级别的培训和认证，其中包括学习各种依恋策略以及相应的治疗干预措施。[8] 你还可以阅读戴维·沃林的《心理治疗中的依恋》，或是参与他的现场培训来了解更多信息，学习如何与各种依恋风格的人一同工作。[9]

为特定类型的父母服务的作家和治疗师也可以提供培训。比如卡瑞尔·麦克布莱德（Karyl McBride）就会依据自己在疗愈自恋母亲方面的工作来为治疗师提供短程培训。[10] 一般来说，你对情感忽视、虐待及不良养育方式的了解越多，就越能为他人提供帮助。

这项工作很有价值，但要求也确实很高，所以，一定要了解自己的能力和局限。接受督导可以帮助你扩展技能，并修通不可避免的、阻碍你胜任此项工作的"成长契机"。

在这项工作中，最为重要的因素始终是你自身的疗愈及人格的整合程度。世间所有的书本知识都无法弥补一个只会被动反应而无法主动镇静的系统，也帮不了一个无论如何都不肯暴露缺陷的自我。没什么比"先完善自己"更好的了，你可以遵循自己的处理方式并通过治疗关系甚至灵性工作灵活地实现这一点。正如戴维·沃林所言："我们是自己的工具。"

第十三章　更多治疗步骤及实操技巧

与其回望缺席的母亲,继而陷入无法填补的空洞感中,不如从这种感受中走出来,评估自己心中有哪些具体的空洞需要填补,从中识别出自身需求,来主动采取行动去满足。我们会发现,几乎所有需求的满足都会带来自信感的萌发。

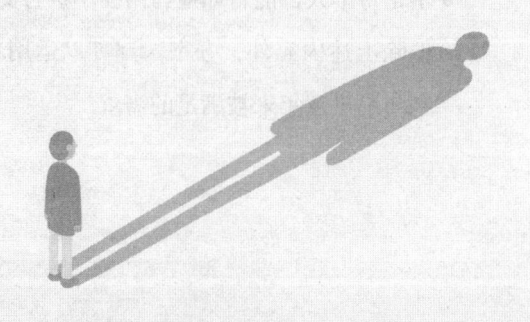

我已经介绍了很多处理养育创伤的方法，但如若不提起我们可以基于已识别出的需求来主动采取行动的方法，那就是我的失职了。请将以下问题纳入考量：

- 不是每个人都那么幸运，能找到一个人，愿意成为他童年缺失的"好妈妈"的替身。
- 不是每个人的伴侣都渴望清醒的关系，并且愿意在这种关系中处理童年的创伤和未被满足的需求。
- 不是每个人都会被伟大的母亲所吸引，或是愿意针对原型问题展开治疗。
- 不是每个人都有资源、决心或是意愿去接受心理治疗。
- 不是每个人都能自如地与内在小孩打交道。
- 但除上述内容外，每个人都可以运用本章的观点，主动识别与满足童年未被满足的需求。

识别特定的"空洞"

对缺乏母爱的孩子来说，本该由妈妈填补的那个空洞简直如宇宙一般浩瀚无边。当我们长大成人，再回头来面对这个问题的时候，可能会觉得那个空洞永远也无法被填满。

要知道，这只是一种感觉，而非现实，事实上，这个空洞是可以被填满的。记住，心上的这个空洞只是破碎自我的栖居之地，是因为我们还没得到所需要的支持，所以它才填不满，意识到这一点，会很有帮助。它并不是什么"无底洞"，只是若干个特定空洞的组合，而每一个空洞都代表着一项你未曾得到过的"好妈妈"的功能。空洞与空洞之间是干燥的土地！那代表的是，无论你缺失了什么，其中总有某些部分的发展得到了支持，并构成了坚固而真实的那部分的你。了解自己拥有什么，与了解自己缺乏或还没发展出什么同样重要。

下面是每个孩子都会有的十种需求。你会发现，这与第二章中列出的"好妈妈"的十大功能存在大量重合。

- 感觉自己属于某个地方，是更大的生命之网的一部分。
- 能以安全的方式依恋他人，知道展露脆弱和表达需求不会导致危险。
- 让人看到真实的自我，并与我的感受相遇（镜映）。
- 能得到随自身需求而调整的帮助与指导。
- 得到鼓励与支持，感到有人在支撑我。

情感忽视

- 有人能成为我的榜样，并教导我成功所需的技能。
- 需求能被及时满足，烦恼能够得到抚慰，继而发展出一种自我安抚的能力，使我的系统恢复平衡（自我调节）。
- 能得到足够的保护，进而感到安全，并且不被压垮。
- 得到尊重的对待（尊重你的边界、需求及感受等）。
- 感到被爱、被关怀。

还有一种普遍存在的需求，是感到被珍视，不过我没把它单独列为一项，因为我认为这种感觉是由其他所有需求导致的结果。当我们感觉自己归属于某个有正面价值的群体，是其中的一员时，就会产生价值感。价值感源自安全依恋，源自积极镜映，它会帮助我们认识并接纳每个部分的自己。别人花时间来指导、支持、鼓励我们，是一种珍视。别人为我们提供恰当的保护，希望确保我们的安全，也是一种珍视。同样，当别人表达对我们的尊重时，也有助于我们价值感的建立。当然，被爱也会让我们感觉自己值得爱，并且有价值。

> **识别你的需求（练习）**
>
> 看看上面列出的十种需求。想一想，每种需求在你的童年时期和现在分别得到了多大程度的满足。如有必要，也可以使用下方的数字评级系统：

> 1——非常不满足
>
> 2——有点不满足
>
> 3——有点满足
>
> 4——非常满足
>
> 无论你选择怎样的练习方式,我们的目标都是要在最后列出你有哪些需求至今仍然保持活跃。

主动采取行动

与其回望缺席的母亲,继而陷入无法填补的空洞感中,不如从这种感受中走出来,评估有哪些具体的空洞需要填补,然后负起责任,在这些领域中追寻自己的所需。

在《重新长大:养育自己,养育我们的孩子》一书中,作者琼·伊尔斯利·克拉克(Jean Illsley Clarke)和康妮·道森谈到,空洞要一个一个地填补。"没有捷径,"她们写道,"要获得所需的技能,重新找回自信和自尊,并没有什么神奇莫测且立竿见影的方法。一定要一步一个脚印,建构自己的内在世界。"[1]

建构的第一步,就是要识别自己的需求。举例说明:如果你了解自己从没得到过多少鼓励,也意识到你常常避免尝试新事物或是拒绝去做那些能力不够的事情,你就可以问自己:"我需要哪些支持？需不需要找个人来教我？用不用找人来给我摇旗呐喊？怎样才能发展出更多的自我支持呢？"

再比如，你感觉自己与外界脱节，成了"美丽世界的孤儿"，没有归属之地，这时候，你就可以寻找恰当的场合来发展人际关系，并最终体验到归属感。你还可以想想怎样通过工作或是志愿者活动为自己在世界这张大网中争取一席之地。

许多做法都涉及内、外两个层面。比如，要是你觉得自己能从更多的爱中获益，你就可以考虑如何培养有爱的关系，以及如何增进自爱。

我想表达的是，我们可以采取主动。大体上，我觉得有三种方法可以帮助我们追回错失的个人片段：

- 识别自己的需求，直接提出来。
- 寻找一些能让我们的需求更容易得到满足的人和环境。（比如，一个能得到充足的安全触摸的情境。）
- 实现对缺乏之物的自给自足。

我发现，当我对他人有某种具体要求的时候，准确地把需求说出来（以不苛求的方式），会产生很好的效果。有时候，我甚至会给别人"安排台词"（大部分时候是开玩笑），然后要求他们：除非你真心这么想，否则就不要这么说。通常，他们都会回答"我当然可以这么说"，然后重复我给出的"台词"。当别人在谈话伊始跑偏，我会温和地将他们引回我想要的方向。例如，我可能会告诉某人，我现在不想听他批评我对下一本书的构思，也不希望他跟我说我之后会遇到什么挑战，我想要的是他的支持。也许我会这么说："我想听的是你觉得这个点子很好，而你会支持我。"

当我们能够直截了当地告诉别人，我们何时想被拥抱，何时需要镜映，何时渴望支持话语，等等，就不会感觉那么无能为力。这样做的另一个好处在于，他人眼中的我们不会再像个"无底洞"一般，否则他们就很可能会以某种方式摆脱看似欲壑难填的我们。一般来说，具体的需求给人带来的威胁与压力都会更小一些。

缺乏支持所导致的空洞

父母情感疏离的孩子身上最常见的就是缺乏支持的空洞。当我们为一个目标努力时，没人来支持我们；当努力以失败告终时，也没人来安慰我们。从没有人会在我们面前欢呼雀跃，说着"哇，你真的做到了！"，也没有人拍着我们的肩膀，说过"我会支持你"。在理想状态下，说出这些话的人应该是母亲，然后是父亲以及其他人。如果从没人表达过会相信我们，我们就会更难相信自己。

缺乏支持往往意味着一个人的自信心得不到应有的、充分的发展。我们会感觉自己好像缺了点什么——事实上确实缺了点什么！因为缺乏稳定的支持，孩子的内在世界就有某个部分得不到发展。而那个没有被发展起来的东西，就是效能感和内在的支持感。这会让我们感觉害怕、匮乏以及不安。在体验到缺乏支持所导致的空洞时，我们会对自己说，"这洞太大了，我觉得我填不满"，或者"面对这个洞，我觉得自己好孤独"。

人在面对结果难料的新状况或是遇到新挑战的时候，就会需要支持。在遭遇某种形式的"挫败"时，我们也会需要支持。

与其因为缺乏自信而不停自责，困惑我为何不能如他人一般勇往直前，不如复盘一下自己在成长过程中得到过多少支持，这可能会有所帮助。我会保持讨论的广度，你可以用任何你心中的"父母形象"来回答这些问题。

- 父母多久能来看一次你参与的演出或是活动？看完后他们会说些什么？他们的肢体语言传达了什么信息？他们的到来对你而言是否是种支持？
- 父母对你取得的成就有何反应？是否会表示认可并且为你庆祝？
- 除了成就之外，你觉得父母支持你做自己，支持你面对成长中的内在挑战吗？
- 父母是如何应对恐惧、不安及匮乏感的？当你感到失落，需要知道有人在关心你的时候，他们又是怎样对你的？
- 在你有需要的时候，你是否感觉存在某个"父母形象"，是你可以向他求助的？

与我们研究的几乎所有领域一样，在这个问题上也存在着代际传递。我们拒绝或无法支持自己及孩子的那些部分，也恰恰是没能从父母身上得到支持的部分。而有意识的决策可以帮助我们打破这一链条。

现在就去获取支持

要想扭转支持不足的局面，首先要去审视自己的需求是什么，接着致力于构建更多的支持体系。除此之外，还要关注自己在获得支持时的接纳程度。通常，当一个人在幼年时期没有得到太多支持的时候，他接受支持的能力也会被发展出的防御系统所阻碍。

心理自助类图书和治疗中都提供了很多可以增强支持感的方法。我在这里列出一些有用的策略。

向他人寻求支持

这项技能并非可有可无，而是必不可少。无论需要何种形式的支持与鼓励，你都要向能帮到你的人求助。

学会靠近他人，即使对方不在身边

当你需要某个人但又找不到他的时候，可以在内心演练这个过程。你可以在心中展开内在对话，也可以在日记里写下这些对话。如果是后者，只要想象一下对方会说什么就好。这个人不必非得是现实中的，也可以是某个"好妈妈"的形象，是想象中的向导，或是更高层次的自我。

寻找支持性结构

发挥创造力，积累或是搭建你的支持性结构，包括支持性团体、课程、工作小组、练习搭档、靠得住的伙伴或是任何能在特定状况下为你提供帮助的事物。想一想要如何设置一系列的目标及奖赏措施，以及如何安排日程和学习情境才能帮到你。

抛开感受，变得客观

提醒自己，看到你真正的实力。你或许会觉得自己没有足够的支持，但那归根结底也只是种感觉而已。当你对这种感觉的关注超过了你应对某种情况的实际能力，感觉就会成为你的阻碍。

支持你的内在小孩

内在小孩状态常会陷入恐惧及不安之中，你可以成为自己的"好妈妈"，与小孩对话，倾听他的恐惧，给予他共情、拥抱与安慰。

对自己说"甜言蜜语"

留意一下，你有没有总在喋喋不休那些垂头丧气的话，要是有，改成"甜言蜜语"。问问自己："'好妈妈'这时会怎么说？"你可能会用到下面这类陈述：

- 我相信你。
- 我知道你能做到。
- 不管发生什么,我都支持你。

通过想象,让一件事成为现实

想象你已经获得了所需的支持。尽可能让这种感觉变得生动真实。看看想象中的自己是如何轻轻松松通过挑战的。

感受恐惧,怕也要做

遇到困难任务的时候,全情投入,或许会对你有所帮助。投入的状态本身和你取得的进展一样,都能为你提供支持。假如你因为恐惧而退缩或屈服,那么恐惧就赢了,而你也将再次落入被其利用的旋涡。

获得身体的支持

并非每个人都能体会到身体是自己的一种资源,但倘若你能有这种感受,那就是一笔巨大的财富。例如,觉察骨骼的存在可以为我们提供稳定的感觉。你也可以将双唇贴在一起,体会皮肤靠近的触感。觉察体内肌肉的存在会让你感觉良好,而开展适量的运动可能有助于打破自信不足的魔咒。

向灵魂求助

许多人都会在需要的时候祈求灵魂的帮助——无论是向外部

的灵性存在请求庇佑，还是与自身超越日常经验的部分建立连接。我可以明确地告诉大家，这些方法确实有用。

对缺乏母爱的人来说，支持往往是个需要持续关注的问题。然而，它仍值得我们为之付出努力。当我们学会寻求与接纳外部支持，并能慢慢发展出更多的内部支持力量时，我们就能更加轻松地向前迈进。我们将不会再被同一块石头绊倒，而生活也会变得更加自如。

自信的感觉

什么是自信？它从何而来？自信并非一种要么全有要么全无的东西，它是我们在不同的生活领域中或多或少都会产生的一种感觉。一个成年人可能会对自己的人际交往能力非常自信，却对他的电脑技能没有信心；也有可能他对自己的决策能力很有自信，却对自己是否能积极追求想要的东西没有信心。

据我观察，对有些人来说，自信与行动的关系更密切（而且取决于技能及表现）；但对另一些人来说，自信则更多地关系到他们在与别人的相处中是否能体验到安全。我怀疑，那些将自信与行动挂钩的人，其父母都非常强调能力。如果孩子们不会由于没有掌握某项技能而感到羞耻，并能够仅仅因为他们本身就能收获充足的爱的话，能力就变得不那么重要了。有安全感的人此时只会说"我不知道该怎么做"，接着满怀好奇心地观察。孩子在任何

第十三章　更多治疗步骤及实操技巧

层面上的能力都需要被镜映，这样他才能把这种能力结构纳入个人的认同，否则，他往往就会产生自己"不够格"的感觉。

虽然成年人不该把自信建立在他人对我们的感受之上（正如我们也不该把自信建立在自己的表现之上），但是，拥有安全的依恋关系是孩子产生自信感的基础。安全依恋会为你在这世上提供一席之地，让你感觉有人珍视你，愿意为你投入，让你感觉自己有权待在这里，并占有一些空间。自信的一种定义，就是有勇气展示和表达自己。如果能得到别人的支持，这会容易得多。

看看自己的需求清单，你会发现，几乎所有需求的满足都会带来自信感的萌发。当感到自己被需要，并能被一个我们认可的更大的群体所接纳的时候，我们会发展出自信；当真实的自己被看见、被接纳，当我们受到尊重时，我们也会感到自信。他人的鼓励与赞扬可以帮助我们建立起信心，我们在知道自己能够得到所需的帮助与支持时，也能建立起信心。除此之外，当我们能够调整自己的身体状态和情绪起伏，让机体恢复平衡时，也会感到稳定与自信。

可以问问你的内在小孩需要哪些东西来帮助培养自信。比如，有些内在小孩就会说，他需要安全感，需要被人喜欢，需要有人为他能做到某些事情而兴奋不已，需要有人能看到他的力量。

你呢？你需要什么来发展自信？

找到自己的力量

假如不具备充足的力量，我们就很难在生活中取得成功。没有力量，你就无法在人生的多个舞台上展开竞争，无论是运动场、商界，甚至是在约会场合，你都会遭遇阻碍。有时，治疗师会将这种力量感称作自我效能感或是"自主感"（以主体的身份对环境施加影响）。大部分时候，人们会认为这种力量主要体现在对周遭环境的改造，但是，在知道自己有能力改变内在体验，比如心理模式或是情绪状态的时候，你也会感到力量十足。因为一旦知道自己能够改变现状，你就不再是受害者了。

许多方法都能帮助我们发展力量感，比如：

- 培养沟通技巧，帮助自己提出需求，捍卫边界。
- 发展说"不"的力量（比如通过自信训练或是自卫课程）。
- 选择进入你能有所作为的情境，缩减你"做不到"的情境。有些情境本质上就是会剥夺权利的。
- 当你确实对某种情境产生了影响时，要关注到这一点。总对自己发挥作用的时刻视而不见，是无法增强力量感的。要吸纳成功体验，进而将其纳入你的自我概念。
- 学会改变你的自我对话。自我对话指的是你在脑海中展开的关于事物，尤其是关于你自己的对话。学习课程，阅读书籍、博客及文章都可以帮助你将消极的评估及评论模式调整为更积极、更富同情心并且更客观的模式。

- 感受身体的力量。包括但不限于健身。通常情况下，只要感受到肌肉或骨骼的支撑力，就能为我们带来坚实感及力量感。此外，伴随"具身"而来的还有一种赋权感，它会让你对自己的身体产生更多觉察。以身体为中心的疗法，以及任何能够增强身体觉知的方法，比如好的瑜伽练习，都能帮你做到这一点。
- 通过心理治疗等途径来解决力量感受阻的问题。
- 学习如何寻找资源来满足特定需求。感到自己有力量并不代表你得孤军奋战。想想全世界的首席执行官（CEO）们都是怎么做事的吧！

保护珍视之物

如我们所知，"好妈妈"的职能之一，就是要提供一个安全的地方，一个受保护的环境，让孩子可以茁壮成长。即便我们已经长大成人，也依然需要一个这样的环境，一个能够安全舒适地提供抱持，并能滋养我们的环境。就像"好妈妈"会为婴儿提供这样的环境一样，成人也要学会为自己提供这样的环境。

抱持的环境、安全感及受保护的空间包括这几个方面：一个是家，也就是我们居住的地方。你在家中是否感觉安全并且能得到滋养？你喜欢待在那儿吗？如果再向外扩展一级呢？你所居住的社区会给你宾至如归的感觉吗？

你的身体边界和心理边界分别是怎样的？你能与他人保持恰当的距离吗？你会允许别人侵犯你的隐私或是打破你的心理空间，不停问些八卦的问题或是给出你并不想要的建议吗？如果有人用你不喜欢的方式在身体或情感上入侵你的私人空间，你能将他们推走，并与其保持一个更为舒适的距离吗？

倘若父母咄咄逼人，家庭成员的关系纠结难分，保持边界通常就会更加困难。不过，即便在情感疏离的家庭里，也有可能出现边界冲突。为了释放自身更为隐秘及更为脆弱的部分，你要培养出一种能力，要觉得自己可以在必要的时候保护自己。

就像"好妈妈"会为孩子创设合适的环境，避免孩子受到苛待或是侵犯，让孩子得到所需的资源一样，珍爱自己的表现之一，就是要留意何种体验对自己来说才算恰到好处。例如，要知道怎么才算过度社交，怎么又算缺乏社交，以及什么程度的社交最令自己满意。显然，这不仅是量的问题，也是质的问题，所以，要去观察怎样的社交接触会让自己感觉舒适，进而对生活做出相应的调整。此处的保护职能与调节职能是结合在一起的。调节的功能，就是要让一切变得"刚刚好"，既不太多，也不太少。

以下问题可以帮你评估自己在履行"好妈妈"的保护及调节职能时做得怎样：

- 在你的生命中，是否曾有某个时刻，你没能保护好自己所珍视的东西？
- 如果要创设一个对你而言恰到好处的"抱持"环境，你会针对现状做出哪些改变？尽量多考虑几个层面，包括物理环境、社会环境以及情感环境。

展现自我，让自己被看见

通常情况下，我们在得不到镜映的时候就会与自己的某些部分失联。而现在，是时候启程去找回它们，让自己踏上现在就被看见的旅途了。诚然，看见自己是其中的一部分，任何形式的自我探索都会有所帮助，但是，让他人看见并承认这些部分确实缺失了也有助于巩固这些部分。

父母之所以"隐身"，可能是因为他们太忙、太疏于管教，或是缺乏真正看见子女的能力，但是，我们长久以来的习惯以及对真实世界的回避也有可能延续这种糟糕的状态。通常，为了应对情感缺席的父母在体验上的贫瘠，并在不受欢迎的早期环境中存活下来，我们不得不变成那样。在那之后，我们便不敢在人际交往中伸出双手，而是选择退缩。不过，疗愈的一部分就是不要再与世隔绝，而是要重返真实世界。

为了增加被别人看见的机会，你可以考虑参加一些鼓励表达的活动甚至表演，比如戏剧演出、合唱以及舞蹈。我的母亲是位非常传统的女性，她甚少展示自己，而我也继承了类似的倾向，但我发现，参加某些活动能帮我摆脱这种倾向的束缚，在这些活动中，人们主动自发、无拘无束，这让我感觉非常自由。

有些团体会给人提供机会,让他们在一段时间里成为舞台的焦点(拥有团体的全部注意力)。站在"C位"上的人可以自由表达任意想倾吐的内容。能在那一刻毫无保留地表达真实的感受,就是一种最好的疗愈。

与另一个人(哪怕就这一个)保持情感上的亲密关系,能向对方展示自己内心世界的一切,也会给我们一种被看见的感觉。

在生活之网中占据一席之地

许多与母亲不够亲密的人,也会觉得与其他家庭成员或是整个家庭都缺乏连接。这也会留下空洞并造成缺失。我们仰仗家庭,期待它能以一种有意义的方式将我们与世界联系在一起,为我们提供许多资源,也期待它能成为我们在风暴中的港湾,为我们提供归属感、身份认同以及支持。人人都渴望被家人了解并且包容的感觉。

如果你现在已经有了伴侣和/或孩子,这或许能帮你弥补先前的缺失。但如果你只有原生家庭,而且与其之间只有一点细若游丝的牵绊呢?要是我们并没有那种在部落或家族意义上可称为"家"的地方,要怎么办?

我发现,有的人在感觉不到身边有家的氛围的时候,会产生近乎极端的被剥夺感。诚然,家庭与伴侣确实是安全网络的重要组成部分,但这两者都不像我们所想的那般不可或缺。再者,我们的安全网络和社群意识都会随着时间而发生改变。必须看到,

第十三章　更多治疗步骤及实操技巧

每个人都会规律地介入又淡出我们的生活，这是一种常态，而最重要的是，在需要的时候，会有人——哪怕是陌生人或是近乎陌生的人——站出来帮助我们。

我曾在朋友那里听到过一个非常感人的故事。她说她最近刚认识的一位女士联系她，并向她求助。这位女士搬来社区不久，刚做了手术，她分别给八位女性写了信，想知道她们当中是否有人愿意帮帮她。她跟这八个人都不熟，有点不好意思开口，但她又确实没有可找的人。而这八个人都说愿意提供帮助。

有的人看起来总是很忙，虽然他们不如我们想象中殷勤，但通常也会针对具体的需求做出回应。大部分人都是乐于助人的。当然，要是帮个忙得花上几个月的时间，别人可能不会答应，但即便这样，也未必是因为对方不在乎你，而是因为他们有其他的事情要做。

我们中的一些人是如此脆弱和缺乏保护，他们孤身一人，不能依靠父母，也没有兄弟姐妹，我在他们身上看到的恐惧主要来自孩童部分。如果我们能像社区里新来的那位女士一样，主动伸手求援，那么即便不被家庭庇护，你也不会感觉自己深受威胁。越能扎根于自己的成人部分，就越不会在离开亲人时产生漂泊不定的感觉。

随着部落及社区意识的淡化，核心家庭在西方文化中的重要性被格外凸显了出来。在某些文化中，整个村落都履行着与家庭相当的职能，不过我们在此所讨论的仍是人数有限的小家庭。联系家庭成员的关系线条没有几十、几百那么庞杂，可能只有六条，甚至只有一两条。这还不足以维持一种健康的情感连接及归属感。

解决的办法是去建立更多的情感连接或是归属感。可以重点尝试以下途径：

- 可以将密友圈子视为"自己选择的家庭"，他们会在需要的时候陪伴我们，也会与我们一同庆祝生命中的重要时刻。
- 与群体保持联系，会让我们在生活之网中占有一席之地。这些群体可以是兴趣小组、治疗小组、社会群体或是其他任何团体。有些人也会在互联网上展开互动并建立起社区。虽然虚拟社区在某些重要配置上存在缺失，但它确实能给许多人提供一种有意义的连接感。
- 有意义的工作（可以是志愿活动，也可以是有偿劳动）会帮我们找到生活的位置及目标。
- 与某些地点建立起联系。这会以一种有形的方式将我们锚定在地球上，如此一来，我们便不再是流浪者，也不会"迷失在太空中"了。这些地点可以是自己的家，或是家周围的其他地区。很多人都会体验到自己与周围的土地之间存在着很强的连接。

驾驭情感的海洋

人类世界是一个情感丰沛的世界，但缺乏母爱的人在其中体验到的更多是不安的感受。学习驾驭情感的海洋，是成功融入世界并成为完整的人的重要一环。

约翰·布拉德肖曾对"与世隔绝"的心理机制做过阐释:"在功能失调的家庭中长大的孩子会在三种情况下学会压抑自己的情感表达:第一,不被回应或是镜映,也就是不被看见;第二,缺乏述情或情感表达的健康榜样;第三,因为表达情感而遭到羞辱和/或惩罚。"[2] 他说:"情感被压抑得越早,孩子受到的伤害就越深。"[3]

当情感因上述三种方式而遭到压抑的时候,人可能需要大量的学习才能重返情感世界。我们要自行打破身上"静止脸"的魔咒,敞开心扉。有的情感比其他情感更难处理。通常,父母难以忍受的情感也会成为子女的心病,但如果能修复对应领域的情感创伤,这一点就会得到改善。

扩充你的情感库(练习)

● 以下哪种情感是你最难接受和表达的?

○ 伤害　○ 欲望

○ 悲伤　○ 爱

○ 喜悦　○ 敬畏

○ 愤怒　○ 失望

○ 恐惧　○ 悔恨

○ 脆弱　○ 妒忌

○ 骄傲　○ 嫉妒

> ○ 迷惑　○ 自信
>
> ○ 憎恨　○ 幸福
>
> - 你的父母最难接受和表达哪种情感?
> - 以上述清单为起点,列出你想要添加到情感调色盘中的内容。
> - 针对你刚刚列出的每种情感,写出哪些因素能够支持它的发展。

正如我们可以积极应对本章指出的其他缺陷一样,我们也可以主动要求或是重新获取对那些不易表达的情感的主动权。例如,或许你的原生家庭不允许你表露失望,你也意识到了自己至今仍然羞于表达这种情感。你可以选一个你信任的人,与他分享一些失望的体验,在过程中寻求验证,让失望的情绪得到镜映并被正常化。要表达这是件很正常的事情,可以这么说:"这当然很难了!要是我也会失望的。"如果你曾因为表达失望而感到羞耻,那么这会是一种很有效的矫正体验。

情感风格与照料模式

请记住,许多缺乏母爱的人都需要持续接触自己的情感才能看到疗愈的效果。当母亲没能注意到或是没回应我们的感受时,我们自己与这些感受的连接通常也会比较薄弱。更有甚者会为了保持与母亲的一致而关闭这些连接。

一个人会形成压抑情感或是夸大情感以获得关注的风格，通常都是对其照料者的风格所做出的回应。当照料者持续表现出对孩子情感的淡漠，或是会在孩子表达情感的时候惩罚他们，孩子就会学会压抑自己的情绪。此外，如果照料者有时能同调孩子的需求，而另一些时候却做不到，孩子就更有可能为了得到帮助而夸大情感，这一点也得到了研究的证实。[4]

花点时间来想一想：

- 你是更倾向于因为害怕被拒绝而隐藏自己的感受，还是会为了得到别人的回应而给自己"加戏"？
- 如果以上两种表现你兼而有之，那么你会在什么情况下隐藏情感，又会在什么时候夸大情感呢？当你夸大自己的情感时，你期待发生些什么？

悦纳自己的需求

我们对待需求的态度与父母对待需求的态度是一致的，至少在生命初期是这样。举个例子：要是母亲对你的需求感到不耐烦或是抗拒，那你也会很难容忍自己的需求。有一次，我在自己的治疗中表达了相当多的需求，接着，我突然产生了一种特别抱歉的感觉。实际上，我简直就像在翻白眼然后说："我要的也太多了！"幸运的是，我觉察到了这一点，并意识到这是从父母那里继承的"心理遗产"。治疗师对我说："我真高兴你发现了这一点，因为我觉得你要的一点也不多。"

对许多早年需求没有得到过满足的人来说，有需求会让他们感到羞耻和危险。一位女士向我透露：要将自己置于相对更依赖另一个人的位置，简直无异于给对方递刀并邀请他来割自己的喉咙。依赖他人总会使人联想起不够成熟、失去保护以及会被胖揍的感觉。

要克服这种感觉并不容易。我们需要知道依赖不再会成为威胁，而有人愿意满足我们的需求。学习这一点要冒一定的风险，因为你只有亲身尝试过才能知道结果。而这所导致的风险可能是令人难以承受的。

没有新的输入，信念就无法改变。倘若一个人在幼年时期的需求常被忽视，他就会觉得，只要我有需求，就会遭到拒绝。这会导致一种信念，让你觉得自己的需求太多，或是别人会被这种需求吓跑。表达需求，并让需求得到满足的过程可以帮助我们消除这种信念。

假如你能从小事入手，先练习找安全的人求助，会很有帮助。这种方式的风险更小，你可以在其中逐渐培养对脆弱的耐受力，并积累成功经验。

对自给自足型的人来说，要从"我自己来"走到"很高兴你能帮我"，需要跨越一段漫长的旅途。这意味着，他们要在这个过程中习得一种信念：事实上，我的需求能够得到他人的响应。

第十三章　更多治疗步骤及实操技巧

能了解自己的需求，并将其表达出来，是一项重要的发展成就，它会成为培养亲密关系的重要工具。作家杰特·普萨里斯（Jett Psaris）和玛莲娜·里昂斯（Marlena Lyons）在《不设防的爱》（*Undefended Love*）一书中对这一观点表达了肯定。然而，仅仅这样还不足够。我们希望的是，即便伴侣没能满足需求，我们的心情也不会遭到破坏。正如普萨里斯和里昂斯所言："越是早期未解决的需求，当其在成年后没能被另一个人所满足时，个体维持幸福感的能力就越弱。"[5] 当婴儿时期的依赖需求得不到满足时，个体往往会在当下产生意识的割裂。因为我们没有足够的资源，也不具备成熟的能力来将它"聚合到一起"，也就是说，我们无法整合自我。这种围绕需求所产生的不够成熟或是敏感过头的感觉，正是源于这些非常早期的伤害。

要将不光彩的一面暴露出来可能会让人有点尴尬，但这是疗愈的一部分。自进入亲密关系伊始，人们就带着童年未解决的创伤和已修复的情感两个部分。对那些立志要在关系中获得成长的人来说，这是一种祝福。

要了解你目前在疗愈之旅中所处的位置，可以思考以下问题：

- 你对需求持怎样的态度？你是否能从这种态度中看出早期照料者是如何体验及回应你的需求的？
- 有需求的时候，你通常会期望别人能来帮你，还是更倾向于对此产生更多的被剥夺感？
- 你最难表达的需求是哪个？

- 你是否能表露某个需求，只部分地满足它，但依然感觉良好？你是否具备心理空间，能让你在本质上"保留"你的需求，而不是将它们像烫手山芋一样地丢开或是彻底压抑？

培养亲密的能力

要培养亲密的关系，需要情感的开放、看见及被看见的意愿，还要让需求得到满足。要是你还没能克服缺乏响应的养育方式所留下的影响，这将是一个很大的挑战，不过，它依然值得我们努力尝试。或许多年以来，你已经对人际关系失望透顶，但人对连接的深切渴望仍是不可磨灭的。当你开始退缩并陷入自保防御的时候，可以利用这种渴望来推动自己前进。

主动解决这一问题的一个方法，就是去反思自己是如何培养亲密关系的。哪些"依恋行为"属于你的"保留节目"？如何才能增加这类行为？想想以下几点：

- 在遭受威胁或感到痛苦的时候，你能接受他人的安慰吗（这是一种"依恋行为"）？
- 当有人向你伸出援手时，你会如何回应？你能允许他人需要你吗？
- 你能以充满关怀的方式触摸他人吗？你能与他人保持亲密的眼神交流吗？

第十三章　更多治疗步骤及实操技巧

- 做爱时，你能与对方保持情感连接吗？
- 在真正靠近伴侣时，你会产生什么样的恐惧和防御？

一位治疗师报告说，如果一对夫妻能增强他们的依恋连接，就能帮助彼此进行自我调节，并解决一些各自的问题。对自给自足型的人而言，疗愈的任务就是唤醒他们的依恋系统，使其能够按照大自然的旨意更为正常地运作。想一想你能做些什么来培养亲密能力。

接受有益的抚触

充满关爱的抚触往往能给人带来渴望已久的温暖感觉。我们可以在很多情境下实施安全触摸行为（通常比我们想象得要更多）——比如各种形式的舞蹈、互动性活动、体育项目、按摩或塑形，当然了，少不了拥抱！

如果你希望自己触摸他人的时候能更自在，可以先找一个接触起来非常轻松、自然的人来打个前站，因为触摸行为的关键就在于能否获得对方的许可。照顾孩子或是与他们一起玩耍也能提供这样的机会，不过，要保证那不是我们强加给孩子的意志，而是对他们需求的回应。其他类型的照料，比如照顾老人、病患以及伤心欲绝的人也是一样。

走出匮乏意识

母亲是我们的第一环境,我们如何体验母亲,对我们之后如何体验世界,以及会对世界怀有怎样的期望有很大的影响。要是母亲对我们的早期需求就表现得十分淡漠,我们一般也不会指望整个世界能对我们有所反应。假如母亲不欢迎我们,我们也不会认为这个世界欢迎自己。事实上,治疗的一个重要部分就是要看到世界与母亲并不相同,进而改变我们的观念以及和世界的关系。

我发现,很多在童年缺乏母爱的人都会产生所谓匮乏意识。这是存在于内心的一种匮乏感,它会成为我们接收经验的无意识过滤器。甚至可以说,有些人是在自行编写"被剥夺的故事",并在生活中不断重复这样的主题。这类故事中充斥着"我得到的永远不够"或是"我永远都得不到我想要的"之类的想法。通常这与这类人看待他人的方式截然相反。那感觉就好像你是孤儿院最后一排的孩子,东西常常在还没轮到你的时候就分完了。

假如你对这种匮乏感有共鸣,请考虑以下几点:

- 你感受到的匮乏是一种什么样的体验?有没有什么图像或是隐喻可以描述它?
- 你能否看出这种体验是如何贯串你的生活的?

只有当你能将在这个故事中所产生的痛苦代谢掉之后,你才能真正放下它,收获不同的感受。

第十三章　更多治疗步骤及实操技巧

作为体验过程的一部分，你或许还想了解当前还存在哪些障碍会阻止你获取不同的体验。试着想象一下"富足"是什么感觉。是哪个环节卡了壳，阻挡了你产生"富足"的自我意象？要怎么做，才能改变这种阻碍，进而让你体验到富足而非匮乏？

我们在经历全新的事物时，首先会产生的是一种震撼的感觉。如果你几乎从未得到过很好的支持，或是从没有一个人对你表现出完全支持的态度，此时你可能就会感到特别迷茫，并且开始质疑新事物的真实性。想想那些中了彩票的幸运儿，他们一夜暴富，可其经济水平却会在数年之后重返当初。这就是因为这种瞬息的变化太过戏剧性，而人对事件的体验又从未被整合到一起。

- 你是否能回想起某个时刻，你的匮乏感曾受到某种截然不同的东西的挑战？
- 举出五个你拥有的东西比你所需要的或是希望得到的一切都要更多的情形。那是一种什么感觉？

有时，匮乏感会被烙印到心灵深处，而我们会沉浸到某种象征富足的事物中，并试图以此取代匮乏的感受。这可能的确会让人比先前感觉好些，但如果旧的烙印能被消除，匮乏意识可以被彻底摆脱的话，则更是好上加好。这样，即便只是生活在平凡之中，你也会感到内心富足。

接纳美好

有意识地吸纳积极体验是一种有助于我们消除匮乏感影响的做法。这一课题一直是积极心理学的研究焦点，而且它也得到了现代神经科学的支持。在该领域的研究资源中，我首推心理学家里克·汉森（Rick Hanson），他的作品非常易读。[6]他解释说，大脑在处理消极体验时的功能类似于魔术贴，而在处理积极体验时的功能就好比防粘涂料，所以，即便你当前的生活充满了积极的体验，如果不学会停下来积极接纳它们，它们也会直接流走，更别谈滋养你了。

汉森创建了一个模型，并针对模型做了大量的论述。他称之为"疗愈过程"，并经常将其描述为"接纳美好"。首先，你要有意识地关注某种积极体验，然后坚持与它相伴。你要沉浸其中，尤其要关注它带给你的好处。你甚至可以引入尽可能多的感官信息，有意识地强调或是丰富这种体验，进而赋予它更多的情感及个人意义。这种对体验的细细品味与流连忘返，正是促使我们改变的原因。

研究发现，积极情感具有深远的影响：提振情绪、让人更乐观，并帮助培养修复能力——许多遭受过情感忽视及虐待的孩子都会在成年后体验到情绪崩溃的感觉，而这种修复能力恰恰是解决情绪崩溃的良药。[7]

另一种受到研究支持的方法则是感恩练习。[8]可以从下面这个小练习做起：

第十三章　更多治疗步骤及实操技巧

数数你的福气（练习）

我在本章的开头说过，空洞之间是干燥的土地，在缺陷与不足之间的部分就是我们的需求得到了满足的部分。要增加力量感，减少匮乏感，有一部分就是要将自己牢牢扎根在这些优势与资源之上。我们会在下方给出三份不同的清单，第一份是你已经发展出来的能力，第二份是你生命中所具备的资产或福气，而第三份（也许是最难的一份）则是关于你童年的积极事件。

列出你已经发展出的二十种能力，比如：

- 我知道如何与他人发展友谊并为对方提供支持。
- 我机敏能干，知道如何获取需要的信息。
- 我对自己和他人都富有同情心（也许并非一直如此，但许多时候都是如此）。
- 我已经学会了识别自己的感受，并能用言语表达出来，而不是简单地见诸行动。
- 我能感受到自己的珍贵。

列出你生命中至少二十件会被你视为福气的事情。比如：

- 我住在一个犯罪率很低的地方,邻居们都认识我,也喜欢我。
- 朱迪(Judy)对我十分大方,她愿意把设备借给我,这样我就不用总自己买了。
- 我晚间的睡眠质量很好。
- 我有一位很棒的按摩治疗师。

列出二十件你童年时期发生的积极事件,其中至少要有一半与母亲相关。比如:

- 小时候,哥哥会在学校里保护我。
- 妈妈会在我需要的时候带我去看病,积极地帮我治疗头痛。
- 爸爸会带我们到野外去玩。
- 在旅行途中,我们常在车里唱歌,这让我很开心。
- 妈妈会关心我的外表,但不会过度控制。

要是你能留着这些清单作为参考,那么,当那种弥散性的匮乏感再次袭来的时候,你就有了能与之谈判的筹码。

练习好好照顾自己

正如我在前面提到过的,别人怎么对待我们,我们就会怎么对待自己。对某些人来说,这种"以其人之道还治其人之身"会体现为自我照顾意识的明显不足。通常这都是觉察不够所导致的。由情感缺席型母亲养育长大的成年人缺乏良好的榜样,他们无法理解何为同调,也不知道怎样才算贴心照料,而且,他们也经常忽略他人的痛苦信号。这让我想起一位女士,有一次下了雪,她连袜子都没穿就来找我,她甚至意识不到自己的脚会很冷。

缺乏自我照顾意识的另一种不太常见的表现是自我排斥与拒绝。有位女士告诉我,当她在别人的提醒下开始关注自己的皮肤时,她体验到了一种明显的感受——"我讨厌照顾你"。她会等到皮肤开裂的时候才用保湿乳液。

还有些时候,我们之所以不想照顾自己,是因为心中隐隐希望会有别人来照顾我们。我听过这样一种说法:要是我能照顾好自己,别人就不会来了,我就永远得不到他们的照顾。有位女士说,她只有在崩溃的时候才能得到他人的拥抱(所以满足自己的需求与得到别人的照顾是对立的)。

事实上,满足自己的需求并不代表就会失去被他人满足的机会。我发现,在我的社交圈中,我更喜欢满足那些在意自己的朋友的需求。自我满足会让你变得不那么依赖和黏人,而这也会向他人示范你期望得到怎样的对待。

一位曾遭受过情感忽视的来访者茫然地看着我,问道:"什么叫照顾自己？我真的不明白那是什么意思。是吃好、睡好、锻炼好吗？"没错，不过，远不止这些。

- 好好照顾自己就是要回应自己的需求，而不是将任何痛苦和麻烦的事情都拒之门外，妨碍正常功能的运转。你的感受和需求很重要，理应得到尊重与关爱。
- 好好照顾自己就是要找出那些能给你带来快乐，或能让你暂时从压力中解脱的（健康的）活动。
- 好好照顾自己就是要在遇到困难的时候，不要强迫自己发挥最佳水平。
- 好好照顾自己就是要怀着恻隐之心对待受苦受难的人，只不过，此时这个遭受苦难的人就是你自己。你能像同情你的好朋友一样同情你自己吗？
- 好好照顾自己就是要善待自己。你能像对待所爱之人那样，带着共情和关爱对自己说话吗？你能温柔地抚摸自己的脸庞或手臂吗？在你需要的时候，你能允许自己休息一下吗？
- 好好照顾自己就是要找到让自己心情愉悦的事情，无论是捧着最爱的石头、听一首歌、坐在某个不一样的地方，还是给某个特别的人打电话。

在照顾大病初愈的人时，我们通常会为对方带去食物、提供帮助，让对方能够好好休息、早日康复。同样，要照顾好自己，从情感痛苦中恢复过来，也意味着我们得为自己提供滋养，尽你所能使生活更加轻松惬意。这表示：你和你的福祉比符合他人的期望更重要。尽可能保持最佳状态固然很好，但也不如你的疗愈过程重要。

正如创可贴可以保护受伤的手指，良好的自我照顾也能为神经系统提供缓冲。神经系统会关注所有对你有影响的事物，比如声音、温度、光线、不同食物及饮料对消化系统的作用，还有不同的人对你情绪系统的影响。当我们疗愈自己的情感创伤时，神经系统实际上是以一种一开始就受损了的不利状态在"加班"。

了解了这一点，你就能多给自己一些"余地"：多睡一小时，把时间用来写日记而不是处理待办事项，在只想独处的时候离开礼节性的社交聚会（或者干脆不去）。

练习好好照顾自己会给你的系统传递一项关键信息——"我关心你。你很重要"。对遭受过情感忽视或是虐待的孩子而言，这个信息就是一剂良药。

- 你在哪些方面忽视了自己的身体或情感需求（尽可能展开讲讲）？你愿意做些什么来改变这种模式？你还可以想一想，怎样在已经引起你重视的领域中做得更好。
- 列出当你需要被滋养时可以做的事情。寻找有益健康的事物，也可以找些"好妈妈"会建议或提供给你的东西，比如：冲热水澡；足部按摩；蜷缩在舒适的椅子里，盖着棉被读一本好书；煮一锅汤或是一杯滋补热饮。

照顾自己是一件需要练习的事情——这种练习会让我们成长。也许刚开始你会笨手笨脚,但请记住,你也会在这个过程中得到反馈。当你能体验到身体变得放松或是有了更多情感空间时,就是自我照顾在起作用。坚持下去!

"万金油"

有些东西具备普遍的疗效,对任意缺陷或是创伤都是如此。它们属于强化这个系统的"万金油"——比如创造力及自我表达、培养与身体的友好关系、有滋养功能的自我对话,以及花时间待在大自然中。许多人都能从"大自然母亲"身上找回先前缺失的"抱持"。

关注一下,哪些才是你的"良药"。就像"好妈妈"会同调孩子的需求一样,你的工作就是同调自己的需求,滋养自己。

我鼓励读者们在阅读本章之后承担起责任,弥补自己童年的缺失。结合前四章的内容,相信你已经积攒了不少的素材,够你用上一阵子,进而变更自己的整个体验,改写自己的故事了。

第十四章　改写你的故事

理解母亲的故事,探索它如何影响我们自己的故事,以及这种影响是如何在代与代间传递的。尽管疗愈的过程永远不会真正结束,但伤害却是有终点的,多年后的我们或许会将创伤视为一份遥远的回忆。

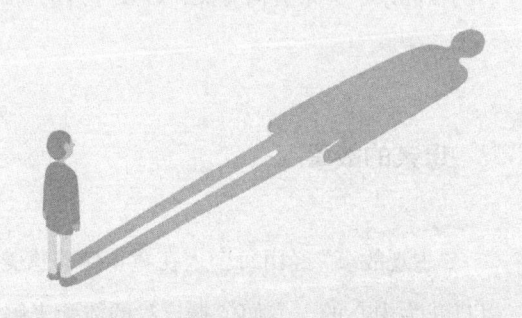

"故事"一词可以有好几种不同的用法。一种是指对某事的叙述，也就是我们自己会如何讲述一件事情。讲给自己的故事可能会与客观事实大相径庭，甚至还会让事实更难被看清。比如，当一个人深陷被剥夺的感觉时，他就看不到自己实际上拥有了哪些需要的东西。

"故事"这个词也可以用来描述更为客观的事实，比如对其他人个人史的叙述。在这种情境下，我们关注的是构成这个人人生的一系列事件。

我们将在本章中理解母亲的故事（第二种含义），探索它如何影响我们自己的故事（第一种含义），以及这种影响是如何在代与代间传递的。此外，我们还会讨论所有这一切的修复工作对成年后的实际亲子关系有何意义，以及疗愈的持续性意味着什么。

母亲的故事

"主观故事"经由每个人在童年期的感受维系，它在本质上是以自我为中心的。人们依据自身的体验来解释世界。我们对母亲的认识，源自她对我们的意义。

但是，倘若止步于此——她过去是我们的谁，现在依然是我们的谁——则有管中窥豹之嫌。假设你已为人父母，你能想象别人对你的认识只是源于你与某个子女的相处状况吗？人有多个面向，而生活中的许多其他部分，都会对你作为父母的表现产生深刻的影响。

疗愈的过程，在很大程度上就是要突破对母亲的有限描述，停止重播那些偏颇的片段，让她以真正的"人"的样貌呈现在我们面前。我们要看到她生活的本来面目。下面的练习可能会有所帮助。

讲述母亲的故事（练习）

这项练习可以用几种不同的方式来完成。一种是邀请一位朋友来听你讲述母亲的生平，另一种是把母亲的故事写在纸上，具体写多长、多详细，都由你自己决定。你可以以下列问题为提示，也可以自由发挥。这些问题并非都与你相关，或许也不都是你能答得上来的。

- 你对母亲的童年（包括家庭环境）了解多少？她与父母是否亲近？她的父母是怎样的人？她有几个兄弟姐妹？她在家中排行第几？她有没有在家承担过什么责任，比如照顾弟弟妹妹？

- 她的童年是否快乐？你觉得她自己对童年的体验是怎样的？
- 成年以后，对她来说什么是重要的？她想过什么样的人生？
- 组建家庭之前，你觉得她在多大程度上"找到了自己"？
- 她是如何处理亲密关系的？
- 她为什么要生小孩？
- 对她来说，成为年幼孩子的母亲是一种怎样的体验？哪些事情对她来讲可能特别困难？她得到了哪些支持？
- 当时还发生过什么？家庭内部和外部世界是否出现过什么变化？当时存在哪些社会和经济压力？
- 你对她的健康状况和整体精力水平了解多少？
- 你的出生环境如何？这种环境对你与母亲之间的情感连接有何影响？
- 如果当时她有工作，是份什么样的工作？她喜欢这份工作吗？她在职场上有自主权吗？
- 当你步入青春期的时候，她为人母的体验如何？
- 你有没有哪个成长阶段曾让作为母亲的她感到尤为艰难？你觉得这与什么有关？

第十四章　改写你的故事

- 她在青年及中年时期还经历过哪些重大事件？
- 她最大的财富和匮乏分别是什么？
- 你觉得这一生中最让她挣扎的是什么事？
- 你觉得她对养育你的方式感到满意吗？
- 她生活中最不满足的方面是什么？
- 要是她对你保持绝对的坦诚，你觉得她可能有哪些遗憾？
- 现在给她的人生故事想个标题。什么样的标题才能切中主题？

母亲的人生阶石（练习）

以下给出一种替代（或补充）方案——以概括的笔触来描述母亲的故事。它叫"阶石清单"（stepping-stone list），是艾拉·普罗戈夫（Ira Progoff）发明的一种以日记技巧为基础的方法。艾拉·普罗戈夫曾发明过"强化日记"（Intensive Journal），他以"阶石"一词来指代人生中的重大里程碑，不过这些里程碑并不都表现为事件。阶石清单上的项目可以指具备某种氛围或是品质的完整的人生阶段。

情感忽视

> 普罗戈夫建议将阶石清单的条目限定在 8~10 项以内，最多不超过 12 项。不必非得按时间顺序排列，甚至也不必按重要性排序。只要在脑中回想这些"里程碑"，并把它们写下来就好。不必穷思竭虑，保持安静、接纳的状态能帮你更轻松地完成这项练习。
>
> 根据上述指南，列出母亲生命中的 8~12 个里程碑。

来自母亲的一封信（练习）

> 第三项练习可能更加发人深省。以母亲的口吻给你自己写一封信。无论她是否还在世，也不管你是否还与她保持着联系，都不要紧。想象一下，倘若她能做到开诚布公，可能会对你说些什么。信件内容可以涉及你们的关系、某个问题、她对你的期望……任何你能想到的、她也许想说但没说出口的话。留意你在完成这项练习后的感受。

其他一些治疗方法也会从母亲的视角出发。诸如格式塔治疗、角色扮演、心理剧和家庭系统排列法之类的治疗方法会要求你或其他人代入母亲的视角，以她的身份来发言及处事，尽管有时这种方法更多是从更深的灵魂角度入手，而不是为了向外界展示某种人格面具。在某次替身体验中，一位"母亲"透露说，自己空空如也，什么也给不出来。看着女儿令她感到痛苦，因为她意识到，女儿需要的远比现在更多。

了解母亲的经历非常重要，这有助于避免你过多地将其行为归咎于自己。比如，倘若你能看到母亲在表达爱意方面的局限，就会更容易摆脱"我不可爱"的想法。了解母亲从无指导他人的经验，并且自己可能也没接受过任何指导，你就不会身陷失落与缺少庇护的感觉而无法自拔。

越能看清母亲的模样，就越容易对她产生同情。

你的故事

治疗师兼作家伊芙琳·巴索夫（Evelyn Bassoff）写道："培养对受伤母亲的同情，并不意味着要罔顾内在小孩所受到的创伤。"[1] 母亲的故事只是整个剧情中的一个片段，我们自己所经历的故事也是很重要的部分。

正如我在上一章中讲到的，我们的故事并不总完全发生在意识层面，不过，我们可以通过觉察将其拉到意识层面。我曾在本章的第一项练习中邀请你来讲述母亲的故事，现在也请你来讲一讲自己的故事，你可以说给别人听，也可以写在纸上。版本可长可短，短篇的优点在于你往往能更容易从中看出自己的人生主题。

思考一下：在你回顾自己的整个人生经历时，其中最为突出的是哪个部分？

我发现，在初次叙述自己的人生故事时，我很难从童年时期开始讲起。因为它太有感染力、太可叹、太悲伤了。我决定从十八岁离家开始讲起，让故事贯穿当下，抵达未来。后来，我因为自己的讲述而微笑了起来。我喜欢它的结局，它让我感到有力量并且被治愈。我想，现在我有能力回到从前，从童年开始说起了，我能说出真相，同时又不会受困于那种会让一切都黯然失色的感受了。

一旦你能感觉到被治愈，你的故事就会改变。当你能更加客观地理解为什么母亲在某些方面失误，承担起自我养育的责任，同时能接受他人的照顾，确保自己的需求得到满足的时候，你就改变了你的人生。

母子共舞

母亲的故事与你的故事交织在一起，创造了你们之间独有的舞步。要记住，这是非常重要的一点，因为它有助于解释为什么同是生活在一个家中的兄弟姐妹，却会产生如此不同的经历。兄弟姐妹的敏感度不同、需求不同，与母亲的匹配程度也不同。在其他条件一致的前提下，孩子的耐受力越强，与母亲的匹配度越高，就越好带。但是，这种"其他条件一致"的情形在现实中是不可能发生的。比方说，当一位母亲失去了父母或是配偶，十二个月大的孩子和六岁大的孩子能从她那里体验到的悲伤是不一样的。所以，每个孩子与母亲之间的共舞都是独一无二的。

- 你会用哪些形容词来描述你与母亲的关系？冷酷？敌对？有没有什么特别的冲突点？这种冲突是流于表面还是时有发生？你们双方在共舞时是否有亲密的时刻？如果有，你在当下的感受如何？你喜欢这种亲密的感觉吗？还是你会觉得有点不舒服，很难完全接受？

在回顾母亲的一生时，我们曾用到了"阶石清单"。现在，我们也来为你与母亲的关系列一个"阶石清单"。将清单条目限制在8~12项以内，关注你们关系中的"里程碑"。

评估可能性

有些人在听到自己可以抛开与母亲目前的关系去疗愈养育创伤时，会感到十分震惊。然而，认为"只有她理解了我的感受并弥补了过去的错误，才能治愈我的创伤"，这种想法是错误的。它会给你带来3个方面的麻烦：

1. 你给了她权力，让她来把控你的疗愈进程。但你并不非得要她的协助才能好起来。

2. 要是你依然沉浸在悲伤、怨恨或是愤怒中,你很可能就无法以开放的心态与母亲建立新的关系。但是,在艰难的情绪中取得一些新的进展对你来说又很重要。

3. 倘若与缺乏母爱的内在小孩过度融合,你就无法评估出母亲的真实能力。为此,你得呼唤出那个强壮有能力的成人部分,为一切反抗或是修复工作做好准备。

在思考如何迈出下一个舞步时,重要的是问问自己想要什么,客观地评估其实现的可能性,并且知晓自己愿意承担怎样的风险。下面这些问题或许会对你有所帮助:

- 你想要什么?你是否会有一些"应该做某事"的想法——比如,我"应该"和母亲更亲近一些吗?要是你暂时放下这些想法呢?你在思考各种可能性时,其中是否有哪种可能性让你感到如释重负?
- 如果情况一直没有改善,会怎样呢?
- 你觉得母亲具备的哪些能力能帮她建立起更温暖、更真诚的关系?(可以用你在她的其他关系中看到的事实来加以佐证。)
- 你觉得母亲眼中理想的母子关系是怎样的?(代际和文化因素也会影响她的期待、愿望以及能力。对她来说,"亲密"更多体现为在节假日到场,还是能够分享感受、相互陪伴?)
- 你认为你具备的哪些能力能帮你拉近与母亲的情感距离?

这需要你的内在世界做出怎样的改变？
- 你会害怕这种关系会变得更真实吗？
- 当她有时能回应你的示好，有时又不能的时候，你会作何感想？
- 目前的时机如何？你是否具备处理关系的情感能量？她会关心你们的关系吗？

母亲与成年子女间的亲子关系并不存在一个统一的最佳模板。只有匹配双方个性、能力、成长史、需求及现状的关系才会是舒适的关系。

保持礼貌但有距离的关系

在面对情感封闭并且疏离的母亲时，人们最常用的方法就是只与之维持一种表面化的关系。在这种关系中，双方会将接触频率降到最低，且彼此间的交流只浮于表面，从来没有也永远不会有机会变得亲密。这种模式适合那些感觉到受伤却又不愿伤害母亲或是不想与家庭断开联系的成年子女，只要保持情感上的距离，就不存在"自找麻烦"的情况。

在面对过分干涉、纠缠不休或是极度无助的母亲时，明确边界、减少接触可能会给母子关系带来新的帮助，因为这能保护孩子不在这段关系中继续受到伤害。从某种程度上来说，这是在给母亲"降级"，因为她在你的核心圈子里的影响力过大了，而现在，你将她移出了这个圈子。

强化边界

能够熟练地把控边界会给我们一种感觉——无须为了关系而放弃自我。有说"不"的能力，就会有更多说"是"的自由。

要以怎样的边界与年迈的母亲相处取决于母亲的类型。我们先从无助型母亲开始说起。这类母亲依赖成年子女为自己提供各种帮助。她们可能会经常打来电话寻求建议，但又很少真正听从。因为她们真正想要的并不是建议，而是和子女联系。这种母亲可能令人感到恼火，因为她们会不断挑战成年子女的底线。如果不让她们在工作时间打来电话，她们就会不断制造自以为是的风波，不停地打扰你。

劳森在《理解边缘型母亲》一书中提出的与"流浪者"打交道的建议非常适用于无助型母亲（第159页）。她鼓励子女不断向母亲传达这一信息：你可以帮助自己而且必须自己帮助自己。子女可以说："很抱歉，我帮不了你，我知道你能自己解决。"别被那些一般性的无助感和需求控制住，要迫使她直接提出自己想要什么东西。我觉得这是个很好的指导原则。当需求以十分具体的形式被提出时，你就可以自行决定要不要满足它，而不至于过度卷入，对母亲的所有问题大包大揽。

第十四章 改写你的故事

应对这类母亲的重点,是要表明你不会被操控(让你内疚是她们的主要策略),也不会允许她们侵犯你的空间。劳森建议读者像对待孩子那样对待母亲——针对不当行为发出警告,并将合乎逻辑的自然举措贯彻到底。

女王型母亲则很不同。她在许多方面都比其他人脆弱,所以,尽管你要在每次被她侵犯边界的时候勇敢指出,但讲述的方式必须非常谨慎。要是她觉得受到了责备,你就要小心了!劳森在提及如何应对危险性最高的虐待型母亲——也就是"女巫"时也有与我类似的看法,这类母亲与报复型自恋者非常相像。遇到这类人,不要恋战,因为任何口头辩护或是反击都只会招致更多的虐待。这不是说你必须得装死,而是说不要用任何方式来火上浇油。

情感缺席型母亲更无害一些,与她们相处时你的确不必过于谨慎,但最好也不要刻意恶化当前的敌对状态。我有一个来访者,她母亲住在离她三十分钟车程的地方,一开始,这位母亲要求自己成年的女儿在周六带她去某个地点。女儿发现,当她学会说"周六不行,但我可以周五下午带你去"的时候,母亲似乎更尊重她了。别人会从我们的回应里学会应当如何对待我们。

设定边界可以是很简单的事情,简单到可以只是一句"我不方便",不必解释,也不要因为拒绝了别人而感到不好意思。

有边界会给我们创造一种完好无损并能掌控全局的感觉。你越能感受到自己的能量边界,越清楚自己能通过哪些外部行为来维持这些边界,就越能感到放松,与那些麻木不仁甚至会实施虐待的人待在一起的时候就越容易感到安全。

要与侵犯型的家庭成员分离，设置边界往往是重要的一步。为自己发声对建立自主感和权力感非常重要。然而，如果你的家人不愿尊重这些边界，你也要准备好应对可能出现的伤害和愤怒。遗憾的是，通常需要我们与之划清界限的人，恰恰就是那些习惯了侵犯他人边界的人，面对这一必然的结果，你要做好心理建设。当你告诉母亲，要是她再大喊大叫你就挂断电话，而她也没有停止吼叫的时候，你就得真的挂断电话。

说出真相

我认识的许多成年人，都迫切地希望母亲知道他们小时候是如何感到被抛弃、被误解，以及被亏待的。他们都希望自己最终有能力坦言内心的真实感受。

有时候，表露自己的真实想法和需求能够促进关系双方相互理解，让暖意在彼此之间流动。做得好的话，正视问题就会变成一种建立密切关系和亲密的行为，这是在允许另一个人探访你脆弱的内心。

然而，大部分人都不太擅长"打直球"，需求通常会在一开始演变成一种以抱怨为主的行为，而他人对此往往会产生防御性反应，因为谁都不希望承认是自己做错了。在我的经验中，最好的"打直球"的方法就是告诉对方如何取悦你，而不是用错误来敲打他们。让对方高高兴兴地接受你的意见，不被冷落，继而赢得你

第十四章　改写你的故事

的欢心。

不幸的是，面对那种对孩子最没有爱的母亲，无论你如何巧妙地陈情，她们都不能也不会听你说话。我曾在治疗实践中亲身体验过母亲拒绝靠近自己是怎样一种令人心碎的感觉。此时的你或许会大哭、恳求、提出建议、告诉她你需要什么，但最多也就只能得到这样的回应："你是今天心情不好吗？"她们无法吸纳也无法接收你的体验。这些感受会在撞上南墙之后反弹回来。更有甚者，还会被对方当成攻击你的武器。

我发现，大部分人都不明白，人的心理防御机制何其坚固。只有当自我足够灵活时，我们才有能力接纳那些让我们感觉糟糕的东西。然而，不健康的母亲能给出的，却只会是否认（事情没发生过）、最小化（哪儿有那么糟啊）、扮演受害者或是进行攻击。

选择说出真相时，你要诚实地面对自己的动机。你是为了疗愈创伤和增加亲密，还是当中掺杂了若隐若现的愤怒，让你想以牙还牙地报复母亲？你的立场，对你会制造的结果至关重要。

坏消息是，当你以内在小孩的身份去靠近母亲时，你很可能会得到与小时候一样的回应。我当然明白，在这么做的时候，你真正想确认的是母亲会为此感到抱歉，而且她也很在乎你，但是，让内在小孩来直面问题是有风险的，因为他可能会因为再一次的抛弃或是攻击而再度遭遇创伤。最好能让内在小孩在治疗情境中发言，因为治疗师能够给予共情。如果你已经想好了要让母亲面对一些恼人的真相，就让你的"成人部分"来表达。

离开母亲

有些作者和治疗师在谈到离开某段关系时，会用到"分手"这个词。这个词适用于某些存在剧烈冲突或纠缠的关系，但用来描述一开始就很冷淡的连接似乎就不那么贴切了。我都能听到有些人的嘟哝："分什么手？我们根本都没在一起过！"

通常情况下，当大量的个人疗愈未能见效，想"让事情好起来"的多次尝试也以失败告终之后，人就不得不离开一段关系，这是最后的手段。有时，当母亲无法尊重你的边界或是无法停止伤害你时，你就得离开，只有这样才能继续创造你想要的生活。

这就像是分手，你可能需要分许多次才能最后成功。正如《刻薄的母亲》(Mean Mothers) 一书的作者佩格·斯特里普（Peg Streep）所言：当你的情感需求与一厢情愿离开的想法压倒了你明知的那个事实（母亲无法满足你的需求）时，你就可能会重返这段关系。

在提及自身经历时，她分享了一个极其重要的见解："直到几年后，我才意识到，母亲从未主动提出过和解，现在我明白为什么了：我的离开让她感到宽慰。从她的角度来看，我是一面镜子，照出了她最大的恐惧与失败——作为母亲，她在本性上就是爱无能的。我相信，对她而言，保守这个秘密，比和我在一起更重要。"[2]

在《爱无能的母亲》(Mothers Who Can't Love) 一书中，畅销书作家苏珊·福沃德（Susan Forward）博士建议那些想要离开母

第十四章　改写你的故事

亲的子女去给母亲写一封信，简短一些，坦率一些，只需告诉她你再也不想与她有任何瓜葛，写明这包括不想要哪些方式的联络，并要求她尊重你的意愿，最后直接寄给她。不要在信里煽情，不要为问题纠缠不休，也不要牢骚满腹，只要讲清楚你要开始新生活了就好。以书信为载体可以避免直接的对峙或是纠结。我也有一些来访者是不愿意写这种信的，不过，在反复强调要与母亲划清界限之后，他们干脆就不再回应母亲的任何联系了。这也是一种方法。

要离开母亲并非一件容易的事情，大部分人都会在一段时间内体验到内疚，不过，大部分人也都会因为摆脱了这段关系而感到解脱。尽管你可能需要哀悼自己再也得不到你想要的那种爱，但这的确是迈向个人独立的必经之路。

我听过很多人对我说，担心这一变化将会在大家庭中引发怎样的震荡。自恋程度更高、心理更不健康的母亲会扭曲故事的实情，并且大肆传播，以期得到他人的同情，进而惩罚或诋毁离开自己的成年子女，这种情况并不少见。你控制不了母亲的行为。但要让自己不去控制母亲或其他人的想法与感受，的确很困难。不过，尽管母亲或许还是会随心所欲，但明眼人仍可明辨究竟。你也可以和那些最亲近的家庭成员分享你的所作所为，当然，最好向对方保证你不会让他们卷入其中。也许有些人会肯定你的做法并成为你的后盾。

体验内在的分离

当母亲目前并没有对我们造成实际的伤害时,更重要的就不是在物理层面上切断与她的联系,而是要在内在世界与她分离。许多人尽管对关系不甚满意,但仍会与母亲消极融合在一起。他们受困于一个仿佛无处不在又难以挣脱的母亲形象,他们的内心仍与母亲发生着激烈的缠斗或是抗衡。

对那些担心自己会变得像母亲一样或是陷入母亲的剧本中的来访者,我会让他们做一个练习——列出自己与母亲的不同之处,形成一张对照清单,这种对照的效果就是会直接揭示出"我与母亲是不一样的"——通常这对来访者来说会是一个极大的宽慰。

带着边界,保护自己,拒绝侵犯,避免纠缠,开始分离,就能更自由地走向更为疗愈或至少更加平和的关系。最重要的是,你会在途中收获更多的自我。

迈向更疗愈的关系

我注意到,在我最初的访谈群体中,但凡母子关系得到了改善的,通常都是成年子女主动提出要改变。看起来,成年子女似乎更有能力向母亲传递温暖,而母亲则很大程度上不具备这项技能。当这些被疗愈的成年人能够理解母亲的局限性,原谅她,并愿意接纳她再度进入自己的生活时,这种改善就出现了。

第十四章　改写你的故事

劳拉·戴维斯（Laura Davis）是畅销书《治愈的勇气》（*The Courage to Heal*）的两位作者之一，她极大地拓展了我们对"和解"一事的理解，之后，她又创作了《我以为我们再也不说话了：从疏远到和解》（*I Thought We'd Never Speak Again: The Road from Estrangement to Reconciliation*），内容不仅涉及她与母亲在疏远八年之后的和解经历，还包括她对其他人进行的一百次访谈。这些访谈对象要么是与某个已经一刀两断的人恢复了关系，要么就是在不可能重建连接的情况下收获了内心的平静。这是一本值得推荐的好书，它能帮助我们超越"只要推心置腹就能重修旧好"的观念，转而将"和解"视为一个随时间推移逐渐发生的过程。过程中的挫折是常有的，但随着信任的建立，你会慢慢看到进展。戴维斯发现，对有些人来说，谈论过往的创伤是必不可少的过程，但对另一些人则不然。

戴维斯认为，能够与母亲和解，最关键的因素还是她已经疗愈了自己，克服了创伤，放下了过去。可以说，这种"放下"涉及一种"赢来的自主"，在这样的自主中，你摆脱了对结果的执念，不再对母亲有任何要求。只有当你接受了"我可能永远也得不到一个道歉，母亲可能永远都不知道我经历了什么，但我自己知道，并对此坚定不移，这不需要她的确认。这是我好不容易完成的疗愈，不是靠她得来的"的时候，这种状态才会出现。

戴维斯写道："太过渴望关系，便无法得到关系。你得顺其自然，才可能窥见它从后门悄悄现身。"

我曾亲眼见证，"少翻旧账"确实能够带来和解，朱莉（Julie）

317

的故事就是个很好的例子。她在自恋型的母亲身边长大,和许多自恋者一样,朱莉的母亲根本关注不到自己以外的事物。世界就是围着她转的。朱莉与母亲之间维持的就是上面提到过的"礼貌但有距离的关系"。毕竟,当一段关系没能给你留出转身腾挪的空间时,你是很难靠近对方的。

朱莉的母亲被诊断出患有黑色素瘤,且晚年体弱多病,朱莉经常横穿整个国家去帮忙照顾她。起初,这些旅行只是出于义务,但三四年之后,随着母亲对她感情的升温,旅行也被灌注了更多的意义。母亲第一次在朱莉临走时站起来并拥抱她时,朱莉感到无比震惊。母亲吐露道:"你是唯一一个一直陪在我身边的人。"类似的话或许很常出自情感操控型母亲之口,而朱莉却从中捕捉到了脆弱与真诚的踪迹。结合母女二人同舟共济的大背景,朱莉将此理解为"这是母亲在邀请我进入她的内心"。在为母亲提供现实层面的支援时,朱莉也同时在倾听她的声音。她越是了解母亲早年遭受遗弃的经历,就越能对这个垂危的老妇人生出怜悯之心。随着母亲的身体愈发孱弱,朱莉终于能够安全地卸下防备,并打开自己的心。而这份开放也为她带来了福报。母亲对朱莉说:"你是我见过的最善良的人。"朱莉非常珍惜那一刻。现在,她真的很怀念在母亲生命的最后几年里重新认识的那个"最熟悉的陌生人"。

我该选择宽恕吗

大部分人都能意识到，我们会很自然地"要求"自己宽恕他人对我们造成的伤害。当然，这一点常见于将宽恕视为"大义"的宗教与伦理教义之中。社会对"宽恕"这一美德的支持是如此之多，人们认为，这么做至少能让别人对我们留个好印象。你或许也注意到了，许多人都会在他人表现出深切的伤痛时体验到极度的不适。他们期待的是，只要你能选择原谅，一切就都会烟消云散。

就连我们自己可能也会保有这种幻想。一个简简单单的宽恕举动就能消除所有的坏情绪，何乐而不为呢？

遗憾的是，现实世界中并不存在这样的美梦。正如苏珊·福沃德在《有毒的父母》中所注意到的：宽恕并未给她的来访者带来任何显著或持久的改变，他们也没能体验到任何感受上的好转。事实上，指责是不可避免的，要是它不能指向某个具体的人，就只能转向内部，破坏你对自我的感觉。

这就引出了一个问题：到底什么才是宽恕？它从何而来？是来自努力当个好人，来自对超越痛苦的迫切渴望，还是来自对现实的接纳？

我的观点是，与其说宽恕是要我们去做什么，不如说它是在我们疗愈自己之后会在特定情境下自然生发的东西。它是放下旧怨，允许某人重新回到我们心中，而这一切通常都要在我们克服了愤怒、伤害与失望的情绪之后才能发生。当我们能从这些经历中走出来以后，便不会再执着于指责，而是只想尽快了结。曾经让我们不断内耗的情感，现在也不过是负担而已。我们有更有趣的事情要做。

另一些人则认为，宽恕源于恩典。无论宽恕以哪种方式降临，当它到来的时候，我们所原谅的都是不甚完美的人，正是自身的创伤导致他们做出了非常糟糕的举动。这并不是说他们的所作所为无可非议，也不是说错误能够一笔勾销，而是要承认："是，你确实把事情搞砸了，但我仍在心中为你保留了位置。"

要实现这一点，有一部分就是要理解他人伤害你的原因。劳拉·戴维斯解释说："当我们接纳他人的不足时，就会生出同情。我们不会再将他们的瑕疵视为针对我们的恶意，而是会认识到其本质——人性的弱点。"[3]（划重点）

相比我们的起点，这是一项重大的转变。人们会自然而然地将他人对自己做的坏事理解为恶意，孩子们尤其会这么想，他们还不具备足够的成熟度，尚不能理解伤人行为可能始于对方自身的破碎。而我们正是在疗愈自身残破的过程中，才能看到健康与完整是何其难得，要带着情感的伤痛全身心投入是那样不易，而生而为人的我们，又是多么地不完美。

戴维斯的书中还提到过另一个非常吸引人的案例——一位母亲承认，当成年子女处境艰难并需要她的时候，她总是会消失。她说："我无法忍受自己看到你受伤的样子。"只要打开格局，那些会被自然而然地视为无情、冷漠和自私的举动就会变成：母亲只是缺乏能力，而不是处心积虑地"一点也不关心你"。

宽恕伴随成熟而来，伴随着克服痛苦之后的敞开心扉。的确，有时候天真无邪的年轻人们似乎不必经历这些就能原谅别人,因为这是潜藏在每个人身上的一种能力。然而,越是宽恕他人,就越需要疗愈自己,继而重新敞开心扉。我的经验是,宽恕的过程通常是缓慢发生的,而且,除非你能有意识地回想,否则你是察觉不到它的。

或许我们有必要再次澄清:尽管你在历经艰难险阻之后,原谅了一个曾深深伤害过你的人,但这并不能保证你再也不会回到原先的感受中去。比如,在从创伤记忆中走出来的时候,你可能会体验到强烈的愤怒。这是战斗/逃跑自然反应的一个部分,但当我们进入研究创伤的文献中所提及的那种冻结或是木僵状态时,这种反应就会受到抑制。野生动物在被天敌捕获时就会这么做。它们会装死。而很多时候,人在遭遇他人攻击时,也会出现既不能逃也不能战的情况,只能瘫软在地,并常常陷入解离——就像一部按下了停止键的电影。但是,当电影重新开始播放,木僵状态消失的时候,被压抑的东西就会再次出现——在这里,就是作为战斗反应一部分的愤怒情绪重现江湖。无论在生理角度还是心理角度,这种愤怒都是很正常的。它是人类的本能,是我们对侵犯行为所做出的健康反应。

不管是考虑到克服过往创伤的体验过程,还是因为解离状态时有发生,人都可能会在任意特定时刻与幼年时自己的某个部分发生融合,它仍然被困在过去而不能原谅,即便我们的成人部分已经完成了某种程度上的谅解。

出于上述复杂的原因,我们必须对"宽恕"这一主题保持开放且灵活的态度。

要是自己就没得到过良好的养育，我还能成为好父母吗

诚然，大部分遭受过情感忽视或情感虐待的父母都会将其体验到的糟糕的养育方式传递给子女，但多年以来，我也非常欣慰地看到，许多没能获得过充足母爱的来访者也成了十分优秀的父母。

大部分选择不生孩子的女性可能都有些缺乏母爱，她们会忧心忡忡，不知道该怎么养育孩子。有时，她们害怕自己会把孩子"养坏了"，就像母亲把自己"养坏了"那样。（不过也别忘了，有的人不生小孩可能还有其他重要的原因。）

对有这类忧虑的女性，我想说的是，你不必成为母亲的翻版。首先，女性会有一种母性本能，只要不受干扰，它就能自然地发挥作用。我认识许多女性，她们都对自己身上喷薄而出的"好妈妈"的能量赞叹不已，在真正成为母亲之后，她们也会被这种爱意包围。

其次，你可能会比你的母亲更为敏感、更能捕捉到孩子的需求。许多缺乏母爱的人在为人父母之后都能交出比上一辈更好的答卷，他们天生具备较高的敏感性，而自身的经历又让他们更有能力同调自己的孩子。因为他们希望自己未曾得到的那些东西，至少孩子能得到。

第十四章 改写你的故事

第三，你可以学习，我也鼓励你这么做。要提供良好的养育，需要我们对孩子在不同年龄段的发展水平有充分的了解，还得知道如何应对成百上千的新状况。为什么不去咨询一下专家呢？无论是去看书、去医院找医生，还是向经验丰富的父母或保姆请教都好。正如我在开头所言，养育孩子或许是这个星球上最为重要的一项工作，所以，为此而寻求帮助不是理所当然的事吗？

可以肯定的是，要为人父母，就必须要照顾好自己，这样你才能保持清醒，而不会被过度卷入，陷入"自动驾驶"状态。在"自动驾驶"状态下，我们更容易重蹈"家族传承"的覆辙，并做出那些我们立誓永不再做的事情。一个人越能从失能的原生家庭中疗愈，就越能解构旧的家族影像所留下的印记。

有一种说法认为，家长在给孩子提供自己渴望拥有的东西时，也是在疗愈自己。这有一定道理，但并不总能奏效。我已经说过多次了，这种给予甚至更难，因为它会摩擦你的伤口，激活你潜在的创痛。我也见过许多女性，她们能把孩子照顾得很好，但在治愈自身母爱创伤方面的进展却乏善可陈。这有一部分是由于人体的组织结构十分复杂——受伤的孩童部分是被封闭起来的，除非我们能承担起养育自己的责任，否则它们永远也无法痊愈。因此，尽管好好养育子女有助于我们发展健康的人格结构，但它并不是唯一的方法。

虽然我在此处的陈述都是直接面向女性群体的，但是，对想要成为好父亲的男性群体而言，这些也同样适用。

坚持做自己，保持自我

假如你已经开启了这项进程，走在了疗愈的路上，你就会明白这是何其艰苦的一项工作。这是重建的大工程，毕竟，你要完成的是在如此丰富的层面上进行自我改造的工作——从边缘脑的神经连接到核心信念，从自我概念到与他人的关系，从溢满胸口的焦虑到能爱、能赚钱、能睡个好觉。

这一过程可能要耗费几年乃至几十年的时间。我并不想这么说，因为我不希望让你感到灰心丧气。不过，如果你觉得这是可以速成的事情，你也可能会迅速幻灭，继而体验到相同的沮丧。时间是必需的，在我所知范围内，还没有人能很快就完成这种疗愈。

因此，最重要的是要能把控好自己的节奏，要学会休息，要能看到自己的进步并为自己感到骄傲。你应该不想再复刻母亲的反应了吧，毕竟她从没看到过你的成就，更别说为之庆贺了。

成长并非一个线性的过程，它呈现螺旋上升的趋势，你会反复经历类似的问题。当你感到自己深陷循环又毫无长进的时候，可能就是要去寻求更多帮助的时候了，那也可能是要提醒你，去哀悼自己的缺失，释放在不公中体验到的悲伤，然后一而再再而三地救自己于水火之中，满足那些从未得到满足的心愿。一切都会过去的。疗愈的过程自有恩典，虽然好好哭一场并不足以弥补被压抑多年的悲恸，但它仍能带你去往你不曾想象过的远方。

"好妈妈"会理解，成长从非坦途，所以，她们也不会在孩子退却的时候去羞辱或责骂他们。要在内心保有这份慈悲与耐心，这很重要。我们已经尽了全力，只不过，有些日子确实比其他时候更为难熬。

疗愈是否有尽头

尽管疗愈的过程永远不会真正结束，但伤害却是有终点的，那种"我是个没妈的孩子"的感受也是有可能完全消失的。疗愈之所以永无止境，是因为人是在不断变化的。一旦从过往中解脱出来，即便只是普通的时间流逝，也有可能改变我们的观点。因此，在做了大量创伤疗愈工作之后的头两年和疗愈十年之后，我的体验可能会十分不同。十年后的我们会将创伤视为更加遥远的回忆。

对重大创伤而言，即便疗愈已经完成，人们也无法完全摒弃它所产生的影响。哪怕我们没有因此而变得过度敏感，关于创伤的记忆也会被永久地留存下来。不过，随着伤口的愈合，它的威力会逐渐减弱，当刺激因素再次出现的时候，我们的反应也会发生变化。不要陷入被唤醒的童年感受，问问你的内在小孩，他现在需要什么，学着稍稍转移一下注意力。尝试回应这些情感，而不是被情感裹挟。

我们的身份认同也会在疗愈过程中慢慢改变。毕竟，故事变了，生活变了，对自己的内在叙事也该变了。就像有个人对我说的："伤口还在，但它已无法主宰我的生活，也无法定义我的人生了。"

那些能够接受"好妈妈"替身的照顾,或是能成为自己内在小孩的"好妈妈"的人,通常都能以受到良好养育的感受来取代母爱匮乏的感觉。你有能力感知到爱、支持以及关怀。不,你无法回到过去重活一次,但你仍然配享当下所受之无愧的一切。正如小说家汤姆·罗宾斯(Tom Robbins)所言:"拥有快乐的童年永远不会太晚。"

附录　三种母亲，三种信息：可视化指导

为了了解不同类型的母亲会对孩子产生多大的影响，我们来切身体验一下与三种类型的母亲相处分别是什么感受：吹毛求疵型母亲、情感缺席型母亲，以及"好妈妈"的原型。你的首要任务是分别塑造这三种母亲的角色。以下内容可能会对你有所帮助：

先说第一个角色。我们应该都和爱挑刺的人相处过，所以这应该不难想象。这类人都很挑剔、易怒并且苛刻。顺便说一下，本书第七章中描述的情感虐待型母亲就属于吹毛求疵型母亲。而针对第二个角色，要是你的母亲就属于情感缺席型，请尽力回忆一下，或者尽量想象与其相处的感受。最后一种——"好妈妈"，或许你也曾在生活中遇到过能像"好妈妈"一样滋养你的人，你可以以这个形象为模板来体验。要是你从未有过类似的经历，也可以回忆一下在影视作品中看到过的慈母形象。

这作为一种意向导引练习的时候效果最好。刚开始时，你要让自己放松下来。可以找个人来帮你朗读导引部分，这样你就能更深入地沉浸到这种体验之中。或者也可以把导语部分录下来，自己播放使用。还可以在书本内容和内在体验之间来回切换。有的人只要阅读，

然后闭上眼睛,置身其中,就能获得良好的体验。

这项练习会让你产生某些强烈的感受,所以,你可能得留点时间来做事后反思。当然,也要确保练习环境不受干扰,所以,请关掉手机,至少为练习留出半个小时的时间。在每个问题之后,给出足够的停顿空间来展开你的体验,不要让它们被匆匆带过。我们将分别从三个不同年龄段的孩子视角来设想每种类型的母亲,现在先从吹毛求疵型母亲开始看起。

∽

找一个能让你舒舒服服靠着的位置,要是你愿意,也可以躺下。做几次深呼吸,在每次呼气的时候感受身体的放松。给自己一点时间安静下来,享受这种放松的感觉。如果你觉得更舒服的话,可以把眼睛轻轻闭上。

这项练习并不需要你做什么,只要放松及听从指示就好。当你到达越来越深的松弛及幸福状态时,允许感受、意向及感觉信息进入你的体验。

先说吹毛求疵型母亲。关注你脑中与这类母亲相关的任意感受及意向。好好体会她的能量。

想象你躺在阳光明媚的婴儿房或是房间的毯子上。你是个人约六个月大的婴儿,周围有鸟儿歌唱的声音。注意墙壁和毯子的颜色,以及室内的温度。这时候,妈妈进来喂你了。当她走近时,你有什么感觉?她的声音是什么样的?她的动作如何?她是怎样抱起你的?她与你有哪些互动?你的身体有什么感觉?你的呼吸发生了什么变化?(长时间的停顿)

附录 三种母亲,三种信息:可视化指导

现在想象:你长到了 4~6 岁。你在家中玩耍。你在做什么?她又在做什么?她会陪你一起玩吗?注意她的声音、动作以及面部表情在传达什么信息。她待在这儿让你有什么感觉?你的身体是否出现了什么变化?仔细观察你当前的内心状态。你觉察到了什么样的想法、意象或是感觉?你出现了怎样的情绪?(长时间的停顿)

好,现在你已经 8~10 岁了。想象一下:你待在自己挑选的环境中,母亲就在不远处。你在做什么?母亲离你有多远?她和你一同待在这个场景中,让你感觉如何?关注你的身体感受。

暂时把自己拉回现实。我会给你一点时间写下关于上述体验的关键词。

现在,我们要去体验与情感缺席型母亲相处的过程。花点时间关注你对她的感受。

首先,想象六个月大的你自己躺在阳光明媚的婴儿房里。妈妈进来喂你。注意你们之间互动的质量,尤其关注你的身体和情绪感受。与这位母亲共处的体验是什么样的?(长时间的停顿)

接着,想象你已经长到了 4~6 岁。你在家中玩耍。妈妈在离你不远的地方。你在做什么?她又在做什么?她会陪你一起玩吗?注意她的声音、动作以及面部表情在传达什么信息。她待在这儿让你有什么感觉?你的身体是否出现了什么变化?仔细观察你当前的内心状态。(长时间的停顿)

好,现在你已经 8~10 岁了。想象一下:你待在自己挑选的环境中,母亲就在不远处。你在做什么?母亲离你有多远?她和你一同待在这个场景中,让你感觉如何?关注你的身体感受。(停顿)

暂时把自己拉回现实。我会给你一点时间写下关于上述体验的关键词。

现在，我们要踏上本次旅程的最后一站——体验与"好妈妈"相处的感觉。把自己放回婴儿房。倾听她靠近你时所发出的声响。她发出了哪些声音？她是怎么看向你的？她脸上有什么表情？注意她伸手触摸你的动作，这些动作具备哪些特点？她触摸你时，你有什么感觉？和她在一起，你有什么感觉？你的身体有什么感受？（长时间的停顿）

接着，想象你已经长到了 4~6 岁。你在家中玩耍。可以是家中的任意地点，室内室外都可以。妈妈在陪着你。如果你想和她互动，她就在那里。她是怎么和你玩的？注意她的声音、动作以及面部表情在传达什么信息。她陪你一起玩，让你有什么感觉？你的身体是否出现了什么变化？仔细观察你当前的内心状态。（长时间的停顿）

好，我们再换一个年龄段，现在你已经 8~10 岁了。关注一下，你在哪里，在做什么。母亲离你有多远？她和你一同待在这个场景中，让你感觉如何？关注你的身体感受。

把自己拉回现实。我会给你一点时间写下关于上述体验的关键词。

你有何发现？待在不同的母亲身边，分别让你产生了怎样的感受？

大部分情况下，在与吹毛求疵型母亲（以及吹毛求疵的其他人）相处的时候，我们会收紧肌肉、屏住呼吸，自发性也会受到抑制。因为我们所做的一切可能都是错的，所以待在这样的人身边会让我们倍感压抑。许多人在与这类人相处时都会感觉"如履薄冰"。通常，人

们都不太愿意跟他们打交道。

  与此相反，我们很喜欢待在能滋养我们的母亲身边，这能激发出我们身上有爱的那一面。你会笑意盈盈、心情愉悦，这样的母亲总会给你许多特权和支持，既能让你勇敢尝新，也会允许你做些傻事。

  情感缺席型母亲常表现得心不在焉。与这样的母亲在一起，会让人体验到疏离和脱节，她们也很少陪在孩子身边。在想象与她们共处一室的时候，或许你会感觉自己必须保持严肃，也可能会感到有点孤独。有的人也会体验到愤怒，甚至会想搞点大动作来引起对方的注意。

  现在，对"母亲的基本性情及能量风格会对孩子产生深远的影响"这一点，还有什么可争议的吗？

注 释

本书介绍

1. Robert Karen, PhD, *Becoming Attached: First Relationships and How They Shape Our Capacity to Love* (New York: Oxford University Press, 1998), p. 230.

第一章 母亲的养育

1. David J. Wallin, *Attachment in Psychotherapy* (New York: Guilford Press, 2007), n. 1, p. 24.
2. Diana Fosha, *The Transforming Power of Affect: A Model for Accelerated Change* (New York: Basic Books/Perseus p, 2000), p.64.
3. 出处同前, p. 65。
4. 出处同前。
5. 清单中大部分内容均为本书作者原创，但也有部分内容出自以下著作：Jack Lee Rosenburg with Marjorie L. Rand and Diane Asay's book *Body, Self & Soul: Sustaining Integration* (Atlanta: Humanics, 1985), pp. 207-14。此外，对本书关于发展阶段研究结果的确认也可

见于：Pamela Levin, *Cycles of Power: A User's Guide to the Seven Seasons of Life* (Deerfield Beach, FL: Health Communications Inc., 1988，后由 Nourishing Company 自行出版)。其首次认可这一观点是在这本著作中：Pamela Levin, *Becoming the Way We Are: An Introduction to Personal Development in Recovery and in Life* (Berkeley, CA: self-published, 1974)。

第二章 "好妈妈"的多种面貌

1. Harville Hendrix, PhD, and Helen Hunt, MA, MLA, *Giving the Love That Heals: A Guide for Parents* (New York: Pocket Books, 1997), p. 214.

第三章 依恋：最初的基石

1. 剖腹产与母婴依恋鸿沟之间存在关联。经由剖腹产方式娩出婴儿的母亲"需要更长时间才能展开与婴儿的互动，其在婴儿出生后发出的积极反应较少，在家中与婴儿的互动数量也更少。某项研究表明：在剖腹产后一个月内，产妇与婴儿的眼神交流相较于顺产母亲要少很多"。Susan Kuchinskas "母婴依恋鸿沟"摘自：www.hugthemonkey.com/2006/10/the_motherbaby_html on April 25, 2008。
2. 该项研究显示：相较于孕期催产素水平较低的产妇，催产素水平较高的母亲"注视婴儿的时间更长，更愿意亲昵地抚摸婴儿，与婴儿互动时的表情更积极，检查婴儿状态的频率也更高"。Miranda Hitti, "Hormone May Help Mom and Baby Bond: Pregnancy Levels of the Hormone Oxytocin May Influence Mother-Child Bonding," *WebMD Medical News*, October, 16, 2007，摘自：

webmd.com/parenting/baby/news/20071016/hormonemay-help-baby-bond on April 25, 2008。

3. 当婴儿存在明显的感官及神经问题，并影响到了其表现依恋行为的能力时，情况就会有所变化。但这些差异可以经由恰当的干预行为得到克服，届时，母亲的行为将再次成为关键。

4. Allan Shore, 发表于: Sue Gerhardt, *Why Love Matters: How Affection Shapes a Baby's Brain* (New York: Brunner-Routledge, Taylor & Francis Group, 2004), p. 41。

5. Mario Mikulincer and Phillip R. Shaver, *Attachment in Adulthood: Structure, Dynamics, and Change* (New York: Guilford Press, 2007), p. 38.

6. Karen, *Becoming Attached*, p. 238.

7. Susan Anderson, *The Journey from Abandonment to Healing* (New York: Berkeley Books, 2000), pp. 77-78.

8. Daniel J. Siegel, "Toward an Interpersonal Neurobiology of the Developing Mind: Attachment Relationships, 'Mindsight,' and Neural Integration," *Infant Mental Health Journal* 22, no. 1: p. 77 (citing Cassidy and Shaver, 1999).

9. Wallin, *Attachment in Psychotherapy*, p. 22.

10. Ruth P. Newton, PhD, 引自 2005 年研究: L. A. Sroufe, B. Egeland, E. Carlson, and W. A. Collins, in *The Attachment Connection: Parenting a Secure and Confident Child Using the Science of Attachment Theory* (Oakland, CA: New Harbinger Publications, 2008), p. 27。

11. Shirley Jean Schmidt, MA, LPC, 引自 Siegel, "Toward an Interpersonal

Neurobiology," in *The Developmental Needs Meeting Strategy* (San Antonio: DNMS Institute, 2006), p. 17。

12. Siegel, "Toward an Interpersonal Neurobiology," p. 77.
13. Gerhardt, *Why Love Matters*, pp. 65-79.
14. 该领域的书籍专业性较强。可参考的作者包括：Allan Schore, PhD, 及 Daniel J. Siegel, MD。这方面最为易读的研究著作是 Sue Gerhardt 的 *Why Love Matters*。
15. Gerhardt, *Why Love Matters*, pp. 38, 44.
16. 相关研究显示：美国中产阶级儿童的不安全依恋比例相对略低，约为 30%；而针对全美所有儿童所展开的研究则得出结论，该比例接近 38%。Karen, *Becoming Attached*, pp. 220, 224.
17. 出处同前，p. 329。
18. 出处同前，pp. 156, 373, 报告了 Ainsworth 及 Main 的研究结果。
19. Gerhardt, *Why Love Matters*, p. 93.
20. Mary Main, 见：Karen, *Becoming Attached*, p. 224。
21. Fosha, *Transforming Power of Affect*, p. 52.
22. Kathryn Black, *Mothering Without a Map*, (New York: Penguin Books, 2004), p. 64.
23. Karen, *Becoming Attached*, p. 387.
24. 由依恋研究先驱 John Bowlby 发现的一种模式。
25. Malcolm L. West and Adrienne E. Sheldon-Keller, *Patterns of Relating: An Adult Attachment Perspective* (New York: Guilford, 1994), p. 75.
26. Newton, 引自 1999 年研究：Belsky, *Attachment Connection*, p. 29。

27. Main and Hesse, 1990, 引自：Siegel, "Toward an Interpersonal Neurobiology," p. 78。也可见于别处。
28. Newton, *Attachment Connection*, p. 30.
29. Siegel, "Toward an Interpersonal Neurobiology," p. 78.
30. Daniel J. Siegel, "Attachment and Self-Understanding: Parenting with the Brain in Mind," in *Attachment and Human Survival*, ed. Marci Green and Marc Scholes (New York: Karnac, 2004), p. 34.
31. Joan Woodward, "Introduction to Attachment Theory," in *Attachment and Human Survival*, ed. Marci Green and Marc Scholes (New York: Karnac, 2004), p. 16.
32. Newton, *Attachment Connection*, p. 30.
33. 出处同前。
34. Siegel, "Attachment and Self-Understanding," p. 29.
35. Gerhardt, *Why Love Matters*, p. 147.
36. Fosha, *Transforming Power of Affect*, p. 54.
37. 上述条目出自不同量表及描述，包括"成人依恋风格测量方法"，Hazan and Shaver (1987), 引自：Mikulincer and Shaver, *Attachment in Adulthood*。
38. Karen, *Becoming Attached*, p. 227.
39. 出处同前, p. 228。

第四章　其他养育模块

1. 如 Diana Fosha 所言："焦虑是对照料者不在身边或缺乏回应的一种反应，其根源在于面对心理危险时所产生的孤独感。" *Transforming Power of Affect*, 47. 该书前序阶段也提出过类似的观点："正如安全感源于与可获得的、反应敏锐的照料者之间的安全依恋关系（Bowlby，1988；Sandler，1960），同样，焦虑以及……由焦虑所导致的防御机制也源于与不可获得或反应迟钝的照料者之间的依恋关系。"(pp. 39-40)

2. Michael St. Clair, *Object Relations and Self Psychology: An Introduction*, second edition (Pacific Grove, CA: Brooks/Cole Publishing, 1996), p. 79.

3. Ashley Montagu, *Touching: The Human Significance of the Skin*, third edition (New York: Harper Paperbacks, 1986), p. 126.

第五章　妈妈，你在哪里

1. Karen, *Becoming Attached*, p. 340.

2. 出处同前, p. 339。

3. Daniel N.Stern, MD, *Diary of a Baby*(New York: HarperCollins/Basic Books, 1990), p.61.

4. Black, *Mothering Without a Map*, p. 60.

5. Stern, *Diary of a Baby*, p. 62.

6. T. Berry Brazelton, MD, and Bertrand G. Cramer, MD, *The Earliest Relationship: Parents, Infants, and the Drama of Early Attachment* (Reading. MA: Addison-Wesley/A Merloyd Lawrence Book, 1990), p. 109.

7. Gerhardt, *Why Love Matters*, p. 124（引用研究）。

8. 出处同前, p. 21。

9. Brazelton and Cramer, *The Earliest Relationship*, p. 110.

10. 我并不涉猎早期干预领域的相关研究，但此处是个例外。如果婴儿存在神经或感官障碍，母婴双方通常就需要干预措施来帮助婴儿建立依恋。

第六章　与情感缺席型母亲一起生活

1. Rose-Emily Rothenberg, "The Orphan Archetype," in *Reclaiming the Inner Child*, ed. Jeremiah Abrams (Los Angeles: Tarcher, 1990), p. 92.

第七章　童年期的情感忽视与虐待

1. Catherine Robertson Souter, "Psychologist Examines 'Childhood Emotional Neglect,'" *New England Psychologist,* March 1, 2015, nepsy.com/ articles/leading-stories/psychologist-examines-childhood-emotional-neglect.
2. "Childhood Psychological Abuse as Harmful as Sexual or Physical Abuse," American Psychological Association press release, October 8, 2014, apa.org/ news/press/releases/2014/10/psychological-abuse.aspx.
3. Centers for Disease Control and Prevention, "About the CDC-Kaiser ACE Study," cdc.gov/violenceprevention/acestudy/about.html.

第八章　母亲出了什么问题

1. Fosha, *Transforming Power of Affect*, pp. 54-55.
2. Lindsay C. Gibson, PsyD, *Adult Children of Emotionally Immature Parents: How to Heal from Distant, Rejecting, or Self-Involved Parents* (Oakland, CA: New Harbinger Publications, 2015).

3. Christine Ann Lawson, PhD, *Understanding the Borderline Mother* (Northvale, NJ: Jason Aaronson, Inc., 2000), p. 9.

4. 出处同前。

5. Diane Dweller, *Mom, Mania, and Me* (Tucson, AZ: Writing Ink, 2017).

第九章 疗愈的过程

1. John Bradshaw, *Homecoming: Reclaiming and Championing Your Inner Child* (New York: Bantam, 1990), p. 75.

2. 出处同前, p. 78。

3. Gibson, *Adult Children of Emotionally Immature Parents*, p. 41.

第十章 与"好妈妈的能量"建立连接

1. Dennis L. Merritt, PhD, "Brief Psychotherapy: A Jungian Approach," 2008 年 6 月 24 日摘自：dennismerrittjungiananalyst.com/Brief_Psychotherapy.htm。

2. Anderson, *Journey from Abandonment*, p. 76.

第十一章 聚焦内在小孩的疗愈工作

1. 我相信弗洛伊德用过此法，其门生西奥多·雷克（Theodore Reik）当然也用过。19 世纪诗人威廉·华兹华斯（William Wordsworth）和杰拉德·曼利·霍普金斯（Gerard Manley Hopkins）也用过。最近，它也被用到了歌曲、专辑以及电视剧标题中。

2. 引自：Bradshaw, *Homecoming*, p. 205。

3. Nancy J. Napier, *Recreating Your Self: Help for Adult Children of Dysfunctional Families* (New York: W. W. Norton, 1990), p. 151.

第十二章 心理治疗：有关母亲的议题及养育需求

1. Edward Z. Tronick, "Dyadically Expanded States of Consciousness and the Process of Therapeutic Change," *Infant Mental Health Journal* 19, no. 3 (1998): pp. 290-99.
2. "Donald Winnicott," 2008 年 4 月 12 日摘自：en.wikipedia.org/wiki/Donald Winnicott。
3. Wallin, *Attachment in Psychotherapy*, p. 121.
4. 出处同前, p. 119。
5. Soonja Kim, "Sweet Re-Mothering for Undermothered Women," 首版于：*Open Exchange Magazine*。此处于 2017 年 1 月 27 日摘自作者个人网站：motheringwomen.com。
6. 出处同前。
7. 出处同前。
8. dianepooleheller.com.
9. "David Wallin's Schedule of Upcoming Public Presentations, Workshops, and Conferences," davidjwallin.com/calendar.cfm.
10. "Workshop Overview: Therapist Training," Dr. Karyl McBride 的网页，willieverbegoodenough.com/workshop-overview-therapist-training。

第十三章 更多治疗步骤及实操技巧

1. Jean Illsley Clarke and Connie Dawson, *Growing Up Again: Parenting Ourselves, Parenting Our Children* (Center City, MN: Hazeldon, 1999), p. 8.
2. Bradshaw, *Homecoming*, p. 71.

3. 出处同前, p. 72。

4. Gerhardt, *Why Love Matters*, p. 26.

5. Jett Psaris, PhD, and Marlena S. Lyons, PhD, *Undefended Love* (Oakland, CA: New Harbinger, 2000), p. 141.

6. 您可登录 rickhanson.net 发掘各类项目，还可订阅其时事通讯。

7. Rick Hanson, "Taking in the Good," Greater Good Science Center, November 1, 2009, greatergood.berkeley.edu/article/item/taking_in_the_ good.

8. Alex Korb, PhD, "The Grateful Brain: The Neuroscience of Giving Thanks," *Psychology Today*, November 20, 2012, psychologytoday.com/ blog/prefrontal-nudity/201211/the-grateful-brain; "Thanks! The Beneficial Effects of Expressing Gratitude," Positive Psychology Program, March 23, 2014, positivepsychologyprogram.com/beneficial-effects-expressing-gratitude.

第十四章　改写你的故事

1. Evelyn Silton Bassoff, PhD, *Mothering Ourselves: Help and Healing for Adult Daughters* (New York: Dutton/Penguin Group, 1991), p. 175.

2. Peg Streep, *Mean Mothers: Overcoming the Legacy of Hurt* (New York: William Morrow, 2009), p. 28.

3. Laura Davis, *I Thought We'd Never Speak Again* (New York: HarperCollins, 2002), p. 213.

资 源

疗愈养育创伤

- 《爱无能的母亲：送给女儿们的疗愈指南》
(*Mothers Who Can't Love: A Healing Guide for Daughters*)
——苏珊·福沃德（Susan Forward）博士和唐娜·弗雷泽·格林（Donna Frazier Glynn）
(New York: HarperCollins, 2013)

该书通过对大量案例的描述，介绍了五类有毒的母亲以及她们会对孩子产生的影响，同时，作者还为成年人提供了建议，告诉大家要如何与难相处的母亲打交道、如何自我照顾，建议包括如何对待受伤的内在小孩。

- 《刻薄的母亲：克服伤害的代际传递》
(*Mean Mothers: Overcoming the Legacy of Hurt*)
——佩格·斯特里普（Peg Streep）
(New York: William Morrow, 2009)

该书研究资料翔实，除学术资源外，还包括在治疗情境外收集到的感人故事。

- 《难相处的母亲：理解并战胜其强权》

(*Difficult Mothers: Understanding and Overcoming Their Power*)

——特里·阿普特（Terri Apter）

（New York: W. W. Norton & Company, 2013）

介绍了几类难相处的母亲，并为与其共处提供了建议。

- 《不成熟的父母》

(*Adult Children of Emotionally Immature Parents: How to Heal from Distant, Rejecting, or Self-Involved Parents*)

——琳赛·C. 吉布森（Lindsay C. Gibson, PsyD）

（Oakland, CA: New Harbinger, 2015）

该书描述了不成熟的父母具有哪些情感上的特点，并给出了一些与此类父母打交道的策略。

- 《被忽视的孩子》

(*Running on Empty: Overcome Your Childhood Emotional Neglect*)

——乔尼斯·韦伯博士（Jonice Webb, PhD）和克里斯蒂娜·穆塞洛（Christine Musello, PsyD）

（New York: Morgan James, 2013）

该书描述了情感忽视型父母的类型、他们会对孩子产生的影响，还给出了聚焦于情感的自助策略。本书的案例也非常丰富。

- 《温暖顽石小孩：有关弃儿及孤儿的神话故事》

(Warming the Stone Child: Myths and Stories About Abandonment and the Unmothered Child)

——克拉丽莎·平可拉·伊斯特斯博士（Clarissa Pinkola Estés, PhD）

〔Louisville, CO: Sounds True (audiobook), 2004〕

荣格治疗师、畅销书作者、诗人。伊斯特斯博士是说故事的高手，许多人在听这本有声书的时候都会产生沉浸式的体验。本书重点讲述的是缺乏母爱的孩子对指导的需求。

- 《我是母亲的女儿：在还来得及的时候与妈妈和好》

(I Am My Mother's Daughter: Making Peace with Mom—Before It's Too Late)

——艾里斯·克拉斯诺（Iris Krasnow）

(New York: Basic Books, 2006)

聚焦成年女儿与母亲间关系的修复，内含大量访谈记录。

注：市面上有许多记录功能障碍母亲回忆录的书籍（主要是电子书）。我没有在此列出，读者可通过自行上网搜索相关零售商找到这类图书。

边缘型父母

- 《超越让你备受折磨的母女关系》

(Understanding the Borderline Mother: Helping Her Children Transcend the Intense, Unpredictable, and Volatile Relationship)

——克里斯汀·安·劳森博士（Christine Ann Lawson, PhD）

(Northvale, NJ: Jason Aaronson, Inc., 2000)

除了对边缘型人格进行描述之外，劳森还对四种类型的边缘型母亲进行了划分，详细介绍了每种母亲会对孩子产生的影响，并提供了与其相处的最佳指南。

• 《边缘型父母的生存之道：如何疗愈童年创伤、建立信任、边界与自尊》

(Surviving a Borderline Parent: How to Heal Your Childhood Wounds and Build Trust, Boundaries, and Self-Esteem)

——金伯利·罗斯（Kimberlee Roth）和弗雷达·B. 弗里德曼（Freda B. Friedman）

(Oakland, CA: New Harbinger, 2004)

本书针对如何克服边缘型父母给成长带来的破坏性影响这一问题提供了有用的信息与指导。

自恋型父母

• 《母爱的羁绊》

(Will I Ever Be Good Enough?: Healing the Daughters of Narcissistic Mothers)

——卡瑞尔·麦克布莱德博士（Dr. Karyl McBride, PhD）

(New York: Atria/Simon & Schuster, 2009)

这是一本系统性很强的书，内容关系到如何识别自恋型母亲，以及如何在成年之后与其打交道。

• 《自私的父母》

(Children of the Self Absorbed: A Grown-up's Guide to Getting over

Narcissistic Parents）

——妮娜·W. 布朗（Nina W. Brown, EdD, LPC）

（Oakland, CA: New Harbinger, 2nd edition, 2008）

本书描述了自恋型父母的特征及其会对儿童产生的影响，着重介绍了相关的治疗策略。包括自恋型人格障碍测试，以及评估儿童与母亲分离程度的实用量表。

· daughtersofnarcissisticmothers.com

这是个备受读者好评的信息来源。

该网站由达努·莫里根（Danu Morrigan）创建，之后，他还著有《疯的不是你，而是你妈妈！——理解并疗愈自恋型母亲的女儿》（You're Not Crazy—It's Your Mother!: Understanding and Healing for Daughters of Narcissistic Mothers），不过本书只有 kindle 版本。

内在小孩

·《内在小孩的复原：解放内在自我的公认法宝》

（Recovery of Your Inner Child: The Highly Acclaimed Method for Liberating Your Inner Self）

——露西雅·卡帕席恩博士（Lucia Capacchione, PhD）

（New York: Simon & Schuster, 1991）

这是一本实用、引人入胜又温暖人心的指南书，它将指导你如何对待你的内在小孩。书中包含四十多项练习。

- 《回归内在：与你的内在小孩对话》
(Homecoming: Reclaiming and Healing Your Inner Child)

——约翰·布拉德肖（John Bradshaw）

（New York: Bantam, 1992）

这是一本告诉我们如何对待受伤的内在小孩的指南书。除了对整个工作过程进行了一般性描述之外，它还介绍了内在小孩的不同发展阶段及每个阶段的需求。布拉德肖的作品也包含视频及有声读物形式，读者可自行上网搜索。

- 《与自己和解：治愈你内心的内在小孩》
(Reconciliation: Healing the Inner Child)

——一行禅师（Thich Nhat Hahn）

（Berkeley, CA: Parallax Press, 2006）

所有喜欢一行禅师的人或是佛教徒都会欣赏他对内在小孩所怀抱的深刻的慈悲心。

依恋，早年生活

- 《母爱决定命运：爱如何塑型婴儿的大脑》
(Why Love Matters: How Affection Shapes a Baby's Brain)

——苏·格哈特（Sue Gerhardt）

（New York: Routledge, 2nd edition, 2014）

强烈推荐本书。该书对依恋神经科学领域最新发现的描述非常易读并且容易理解。

- 《依恋的形成：母婴关系如何塑造我们一生的情感》
 (*Becoming Attached: First Relationships and How They Shape Our Capacity to Love*)

——罗伯特·卡伦（Robert Karen, PhD）

（New York: Oxford University Press, 1998）

本书详细介绍了依恋研究和思想的历史及观点，它非常引人入胜且文笔优美，更适合专业人士阅读。

- 《没有地图的养育：寻找内心的好妈妈》
 (*Mothering Without a Map: The Search for the Good Mother Within*)

——凯瑟琳·布莱克（Kathryn Black）

（New York: Penguin, 2005）

本书非常适合那些自身没有得到过足够养育，但又正在或正打算成为母亲的女性阅读。书中对成长过程里缺乏母爱的女性进行了访谈，还对依恋研究做出了回顾。

雅虎讨论组：groups.yahoo.com/group/mothering_without_a_map。

- 《重新长大：养育自己，养育我们的孩子》
 (*Growing Up Again: Parenting Ourselves, Parenting Our Children*)

——琼·伊尔斯利·克拉克（Jean Illsley Clarke）和康妮·道森（Connie Dawson）

（Center City, MN: Hazelden, 2nd edition, 1998）

这是一本相对短小精悍的心理自助书，其写作风格简单、直接，对缺乏母爱的人可能会有帮助。

资　源

依恋，伴侣关系

- 《读懂恋人心：如何在未知中相爱，在懂得后相守》
(Attached: The New Science of Adult Attachment and How It Can Help You Find—and Keep—Love)
——阿米尔·莱文（Amir Levine, MD）和雷切尔·海勒（Rachel Heller, MA）
（New York: TarcherPerigee, 2012）

本书重点介绍了安全型依恋风格及另外两种不安全依恋风格，以此帮助您识别伴侣的依恋风格，为解决冲突和走向健康提供指导。

注：许多受过更严重的情感虐待及情感忽视的人的依恋风格可能是混合的，但本书并未涉猎这种类型的依恋风格。

- 《你的 Ta 在想什么：如何了解伴侣的大脑和依恋风格、化解冲突、稳定感情》
(Wired for Love: How Understanding Your Partner's Brain and Attachment Style Can Help You Defuse Conflict and Build a Secure Relationship)
——斯坦·塔特金（Stan Tatkin, PsyD, MFT）
（Oakland, CA: New Harbinger, 2012）

本书从神经科学、依恋理论及情绪调节出发，提出了可以改善关系的十项指导原则。

- 《不安全的爱：焦虑型依恋如何让你感到嫉妒、贫乏和忧虑，以及你能做些什么》
(Insecure in Love: How Anxious Attachment Can Make You Feel

Jealous, Needy, and Worried and What You Can Do About It）

——莱斯利·贝克尔-菲尔普斯（Leslie Becker-Phelps, PhD）

（Oakland, CA: New Harbinger, 2014）

本书重点关注伴侣关系中的焦虑型（迷恋型）依恋风格，并提供了富有同情心的自我意识及人际关系技巧来帮助读者改善与伴侣的关系。

· 《依恋与亲密关系：伴侣沟通的七种 EFT 对话》
(*Hold Me Tight: Seven Conversations for a Lifetime of Love*)

——苏珊·约翰逊（Sue Johnson）

（Little, Brown and Company, 2008）

苏珊·约翰逊是情绪取向伴侣治疗（Emotionally Focused Couples Therapy）学派的创始人。本指南可作为治疗的辅助（或替代）工具，指导夫妻处理在伴侣关系中发生的常见冲突，识别双方的深层依恋需求。

· 《从遗弃到疗愈的旅程》
(*The Journey from Abandonment to Healing: Surviving Through and Recovering from the Five Stages That Accompany the Loss of Love*)

——苏珊·安德森（Susan Anderson, CSW）

（New York: Berkeley Books, revised and updated edition, 2014）

这是一本极富洞见的图书，它讲述了我们的依恋需求会如何影响我们的亲密关系，以及当这种关系失败并激发了被遗弃的创伤时人要经历怎样的痛苦过程。

自我评估

• 你可以在网上找到各种各样正式或非正式的测试,从依恋风格到情感忽视、人格障碍,以及某些非正式的状态判定(比如是不是一个高敏感的人)。某些自评工具的可靠性比其他更高些。请记住:多种状态之间是可以重叠的。如果你有治疗师的话,请将评估结果带给治疗师。

致　谢

书和孩子一样，都需要好的家庭。我衷心感谢马修·洛尔（Matthew Lore）及实验出版社（The Experiment）为本书提供了如此温馨的归宿与专业的照料。他们在2016年向我发出邀请，希望我能为本书写一个增订的版本，这让我非常激动。在首版书出版后的八年中，我学到了很多东西，能在增订版里与读者分享更多新知是我的荣幸。感谢巴蒂亚·罗森布鲁姆（Batya Rosenblum）将本书的新版编辑成册，也感谢安娜·班（Anna Ban）将之扩展成各种译本及有声读物，进而增加了它的影响力。

多年以来，我有幸聆听许多人对其内在生命的分享，其中既包括他们童年的快乐时光，也有许多的失望与沮丧。感谢愿意与我分享故事的来访者、学生和朋友们，也感谢抽出时间为本书内容接受采访的慷慨之人们。愿你们的苦难及当中来之不易的经验教训能助益他人的人生旅程。在写作本书两个版本之间的这些年里，是来访者与我的携手并进帮助我成长，所以，我要向那些选择我作为治疗师的人致敬并表达感激。谢谢你们对我的教导与激励！

谢谢在本书首版问世过程中帮助过我的人：感谢莎拉·琳恩·斯

致　谢

威夫特（Sara Lynn Swift）、薇洛·阿利纳（Willow Arlenea）和贝特西·卡布利克（Betsy Kabrick）为本书提供宝贵的见解与反馈；感谢拉吉·拉曼（Raji Raman）给出的编辑建议；感谢安伯·瓦洛顿（Amber Vallotton）为初期的在线支持小组（现已停止）付出的热情与帮助。

最后，我将永远对康斯坦茨·哈克（Konstanze Hacker）抱有最为深切的谢意。她是我多年来的治疗师，我从她身上体验到了与"好妈妈"共处的感觉，是她帮助我内心那个可爱的小孩慢慢成长并崭露头角，是她耐心及老练的指导引领我穿越了整条疗愈之路。

关于作者

贾丝明·李·科里，心理学硕士，持照心理咨询师。她是美国科罗拉多州博尔德市的私人执业心理治疗师，专长是为曾在童年时遭受过情感忽视与情感虐待的成年人提供治疗。

作为一名经验丰富的教育工作者，贾丝明曾在多所学院及专业学校教授过十几门不同的心理学课程，其中也包括对治疗师进行的咨询技能培训。她还有在人道服务机构工作的经历。

贾丝明著有《从创伤中治愈：帮助幸存者理解其症状并重获新生》（*Healing from Trauma: A Survivor's Guide to Understanding Your Symptoms and Reclaiming Your Life*，2008）、《沉思之道：重新规划内在生活》（*The Tao of Contemplation: Re-Sourcing the Inner Life*，2000）、《塔罗牌的转变》（*The Tarot of Transformation*，与薇洛·阿利纳合著，2002）、《真性情的魔力：偶尔"犯规"的心灵发展指南》（*The Magic of Your True Nature: A Sometimes Irreverent Guide to Spiritual Development*，2013）以及一本神秘诗集。她通过一系列印刷品或网络渠道发表自己撰写的文章，也会在网站上发博客：*jasmincori.com*。

关于作者

闲暇时，贾丝明喜欢远足、参加鼓励表达的运动团体、与大自然和灵性事物交流、参加政治运动以及与朋友共同挥洒创意或是玩耍。